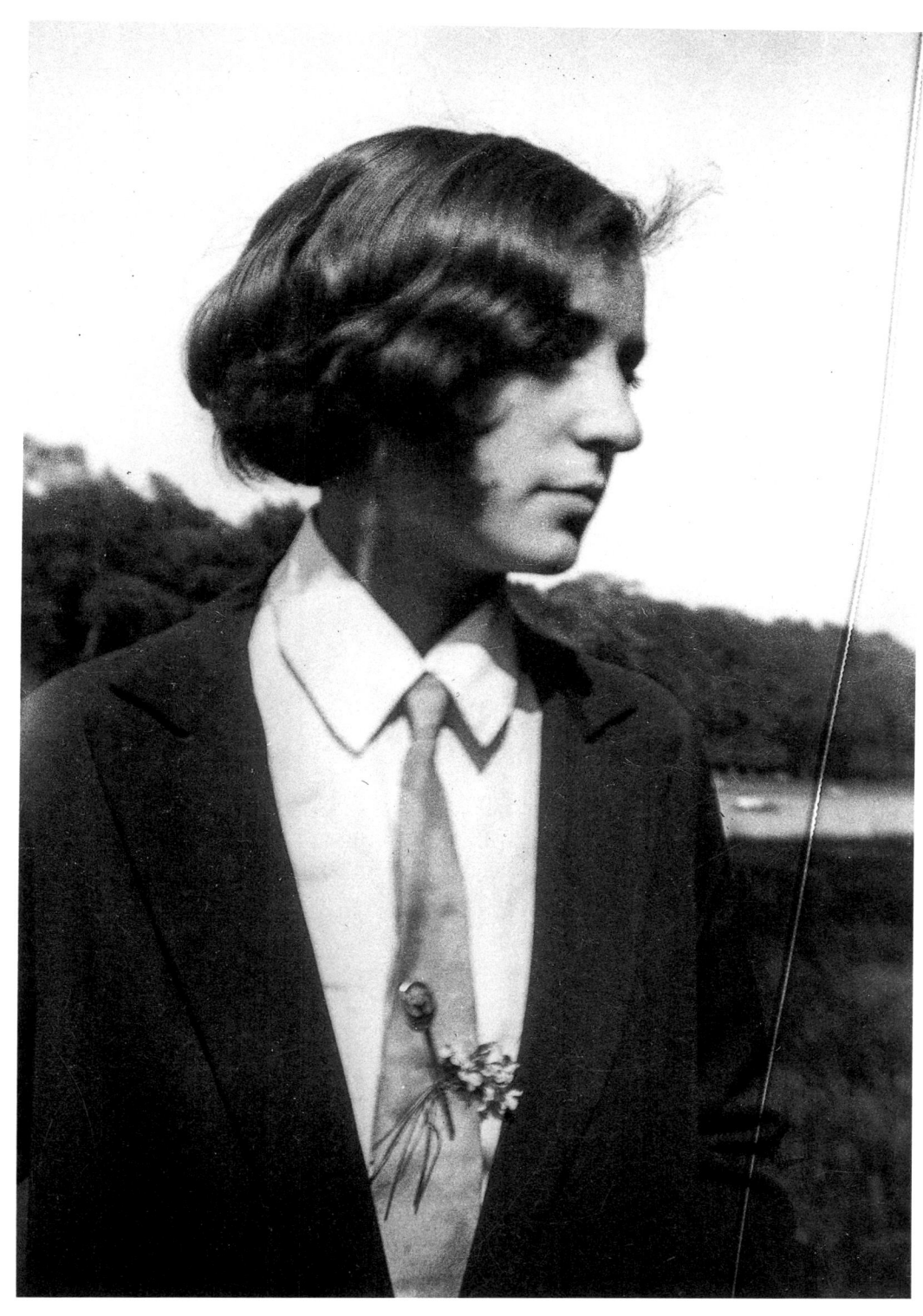

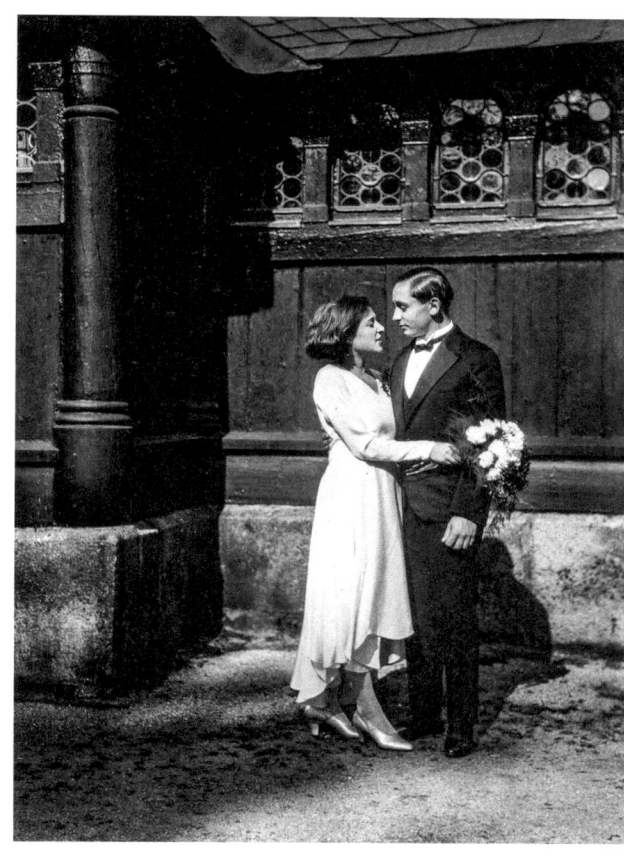

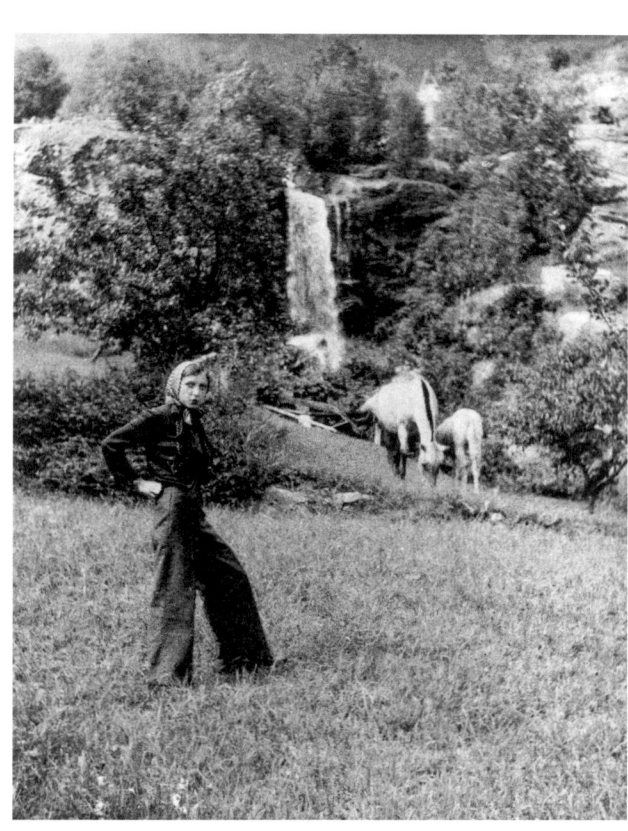

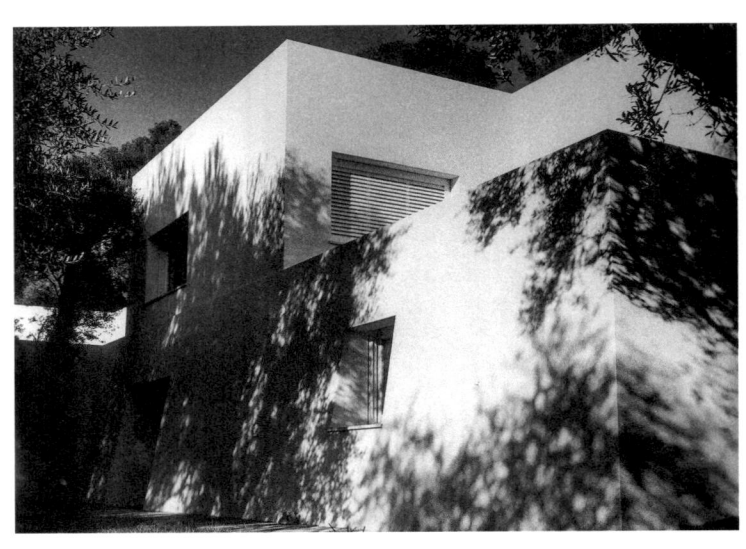

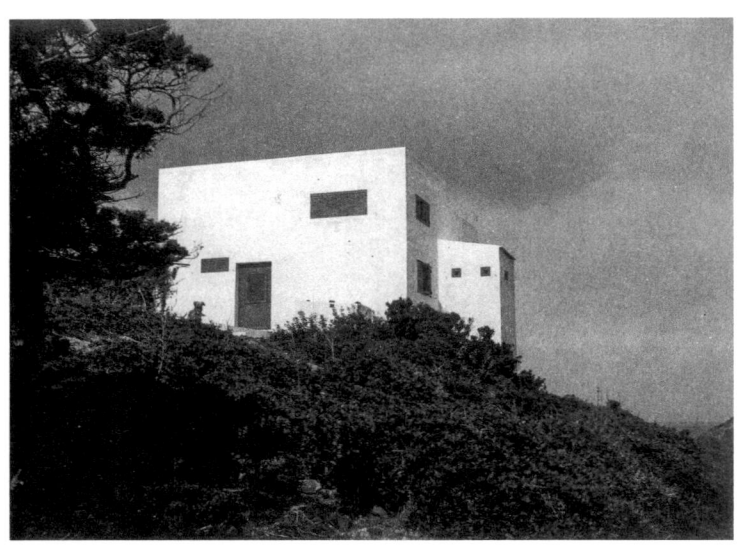

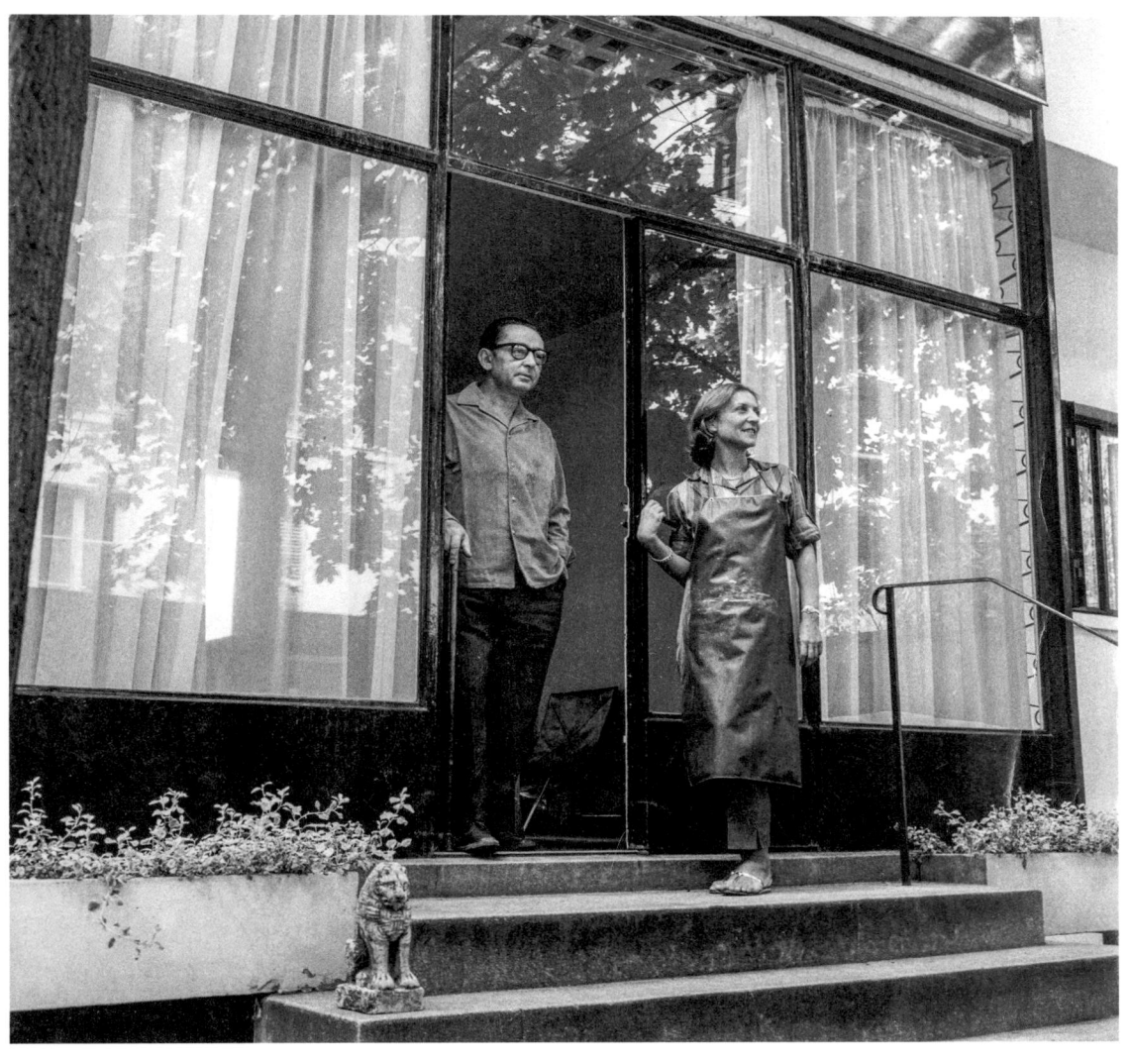

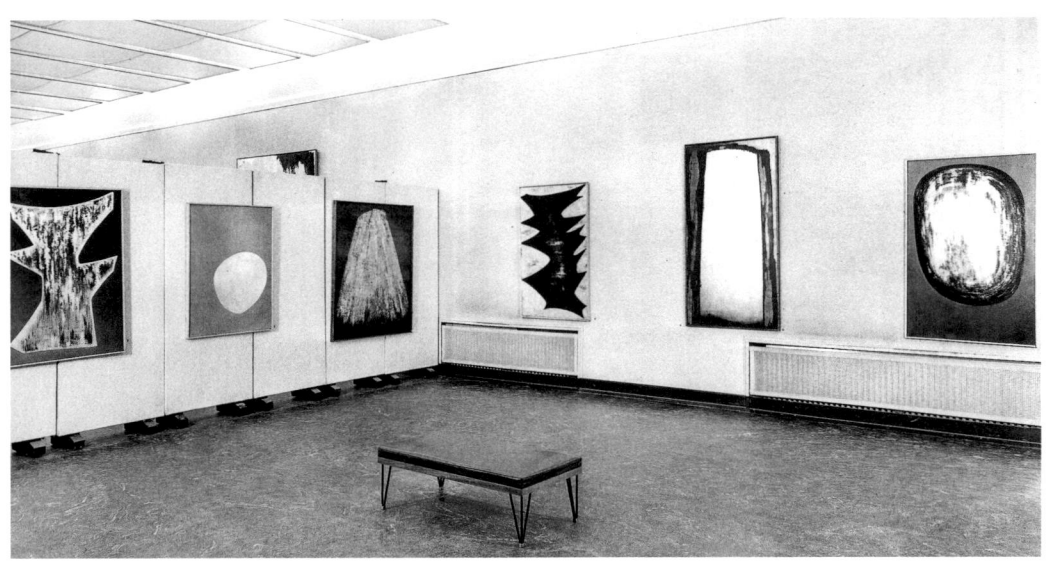

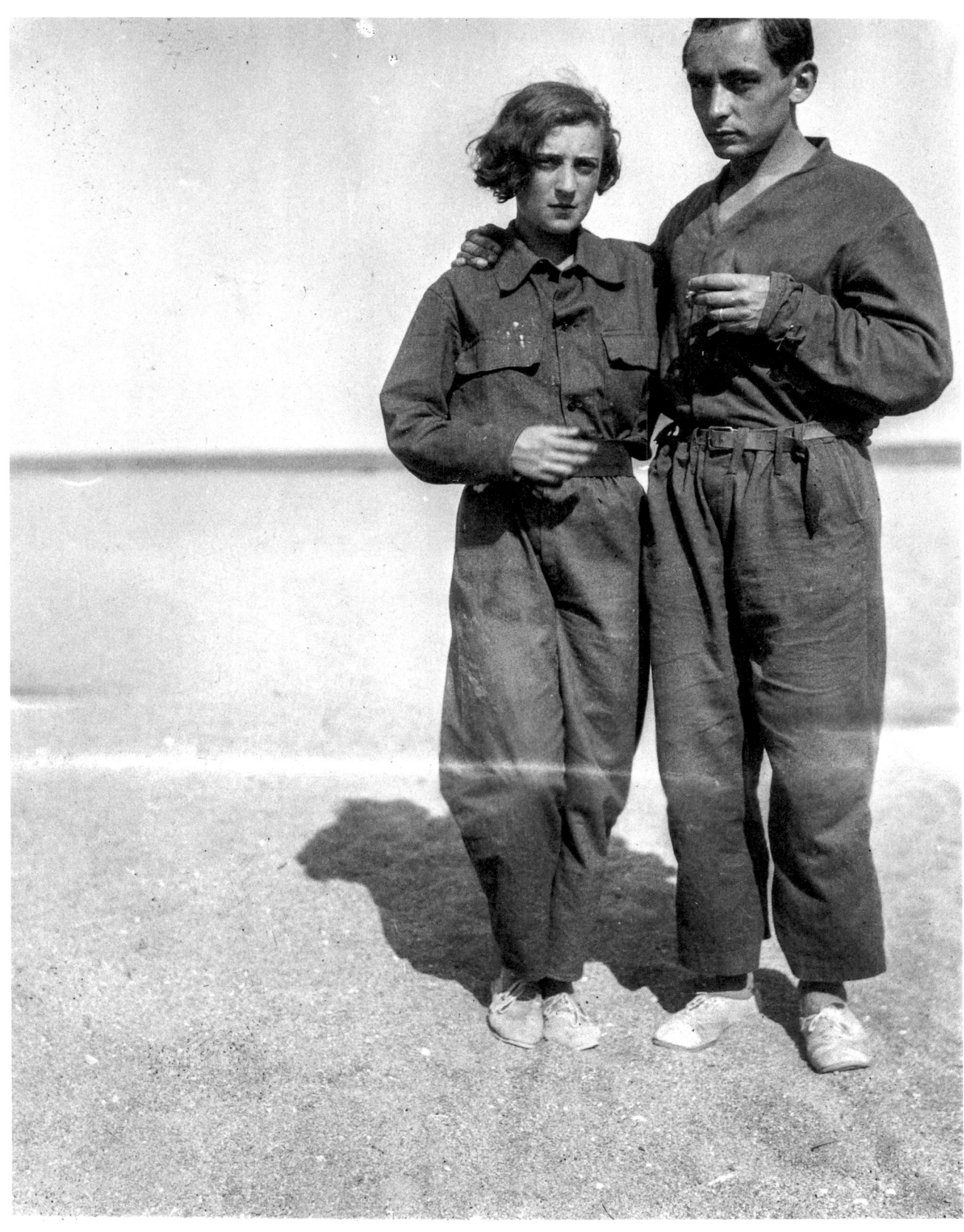

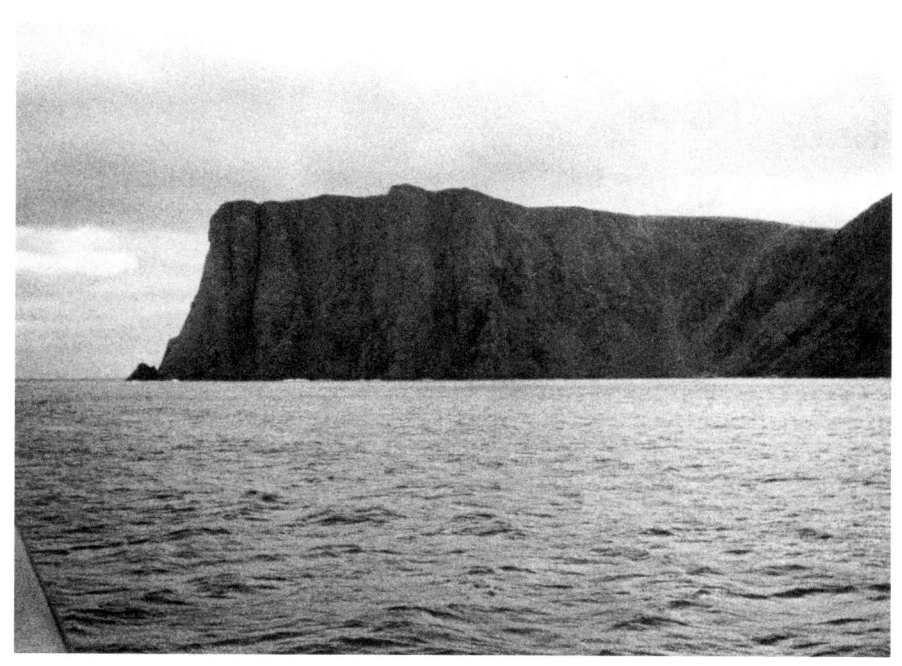

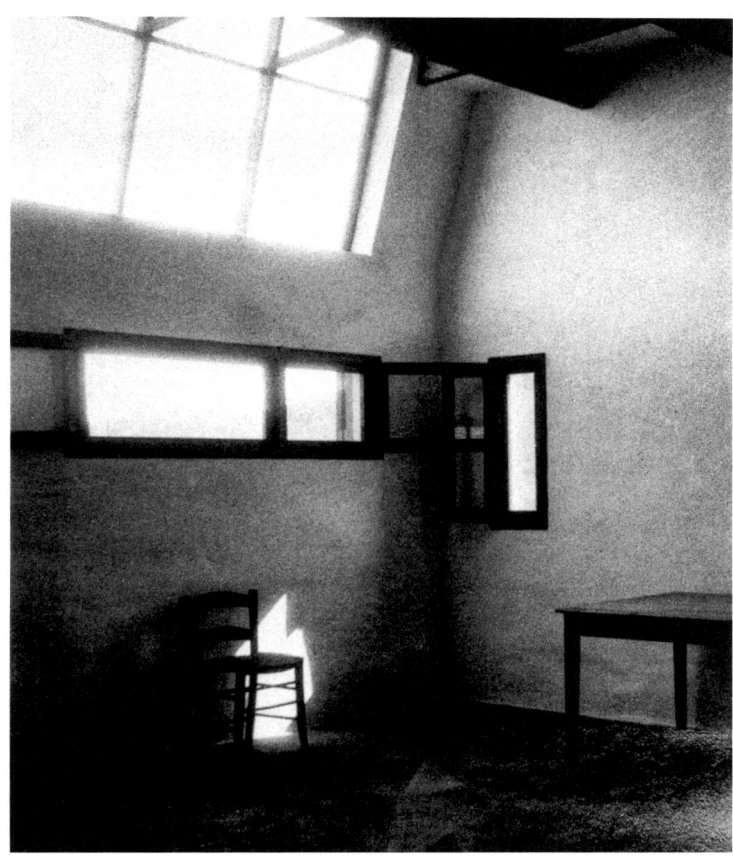

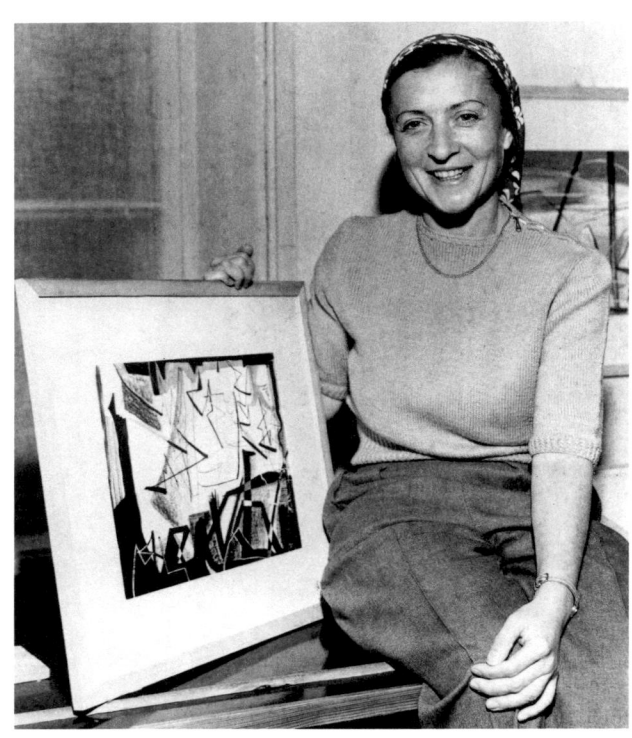

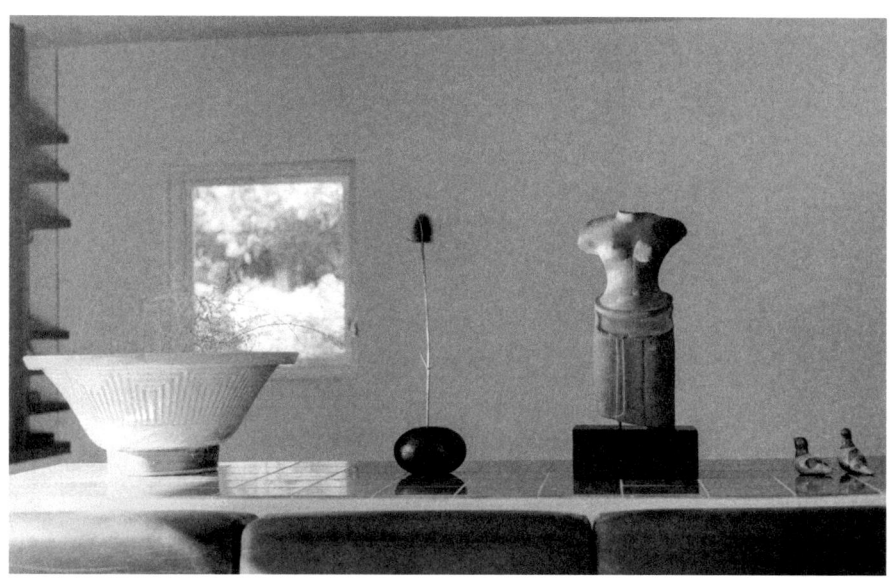

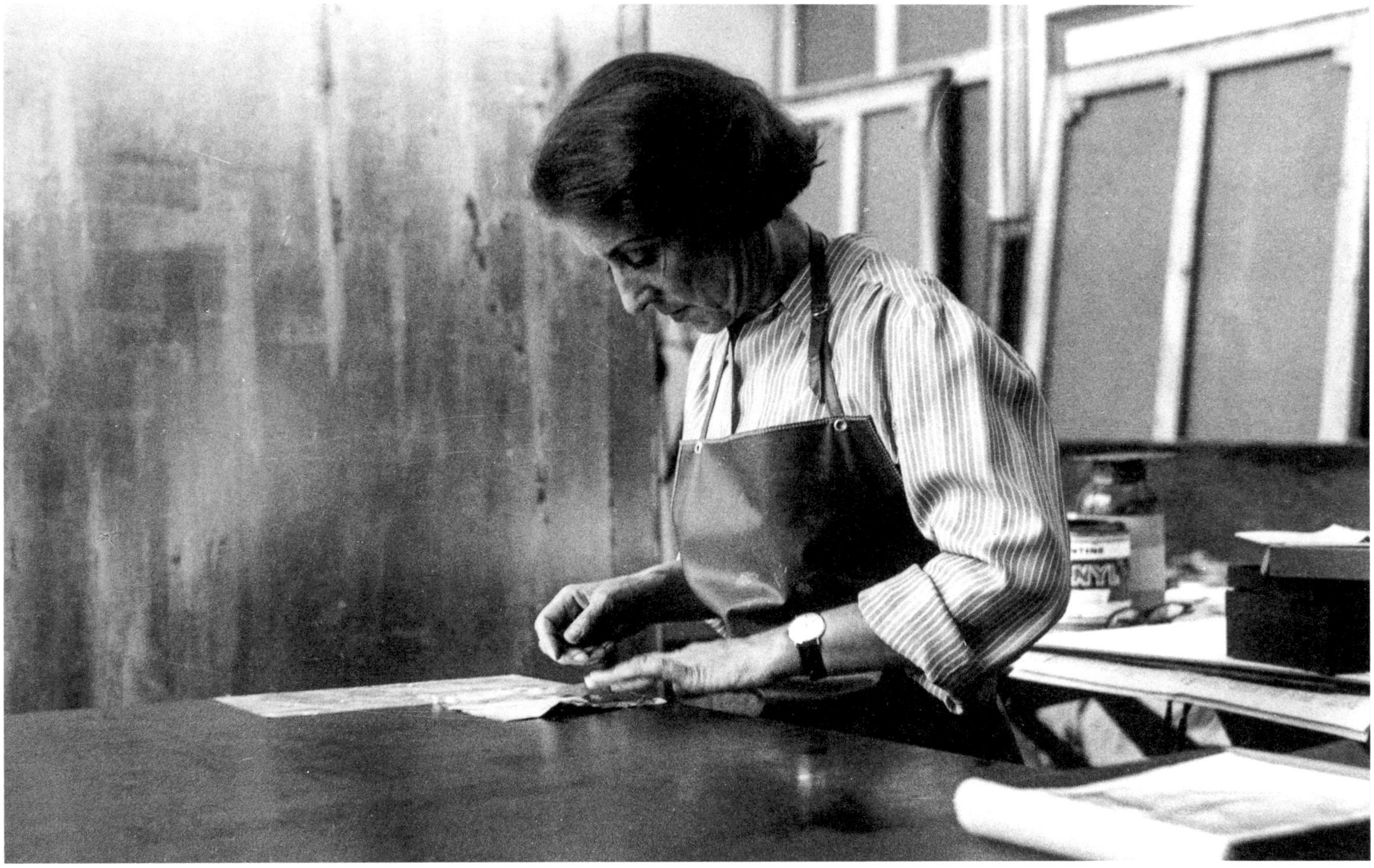

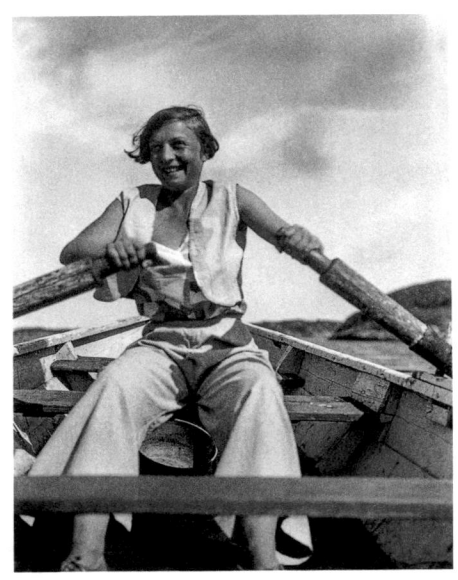

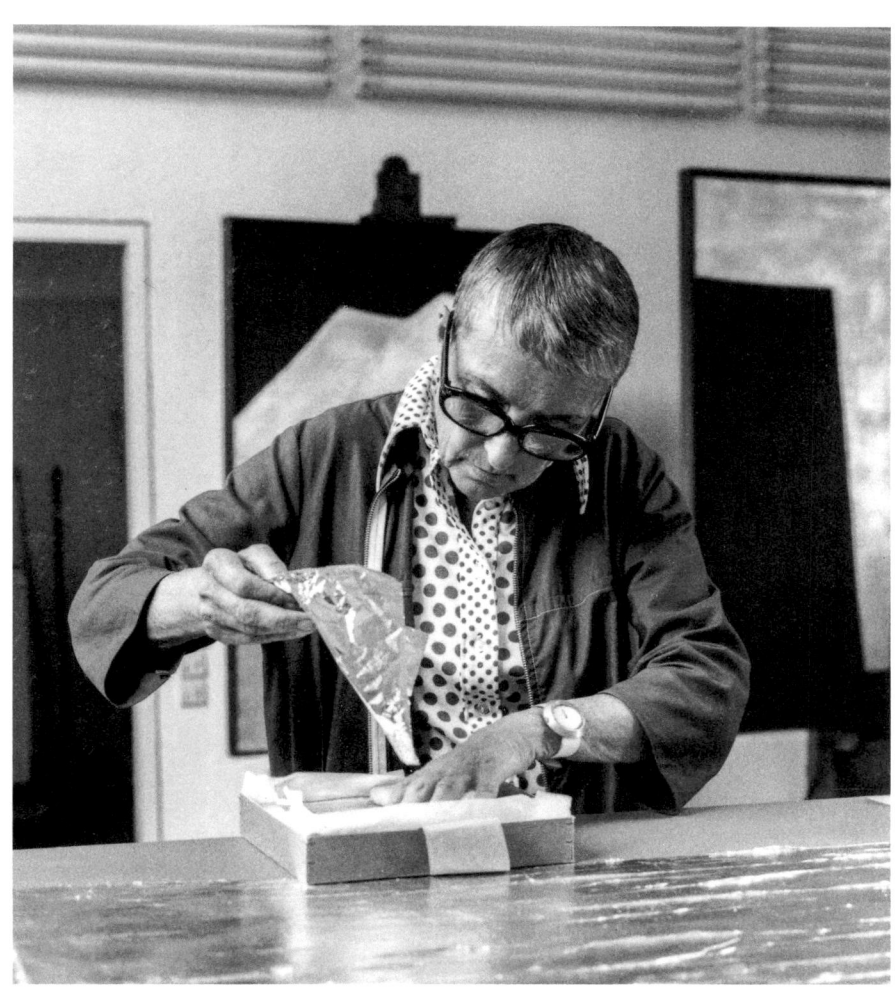

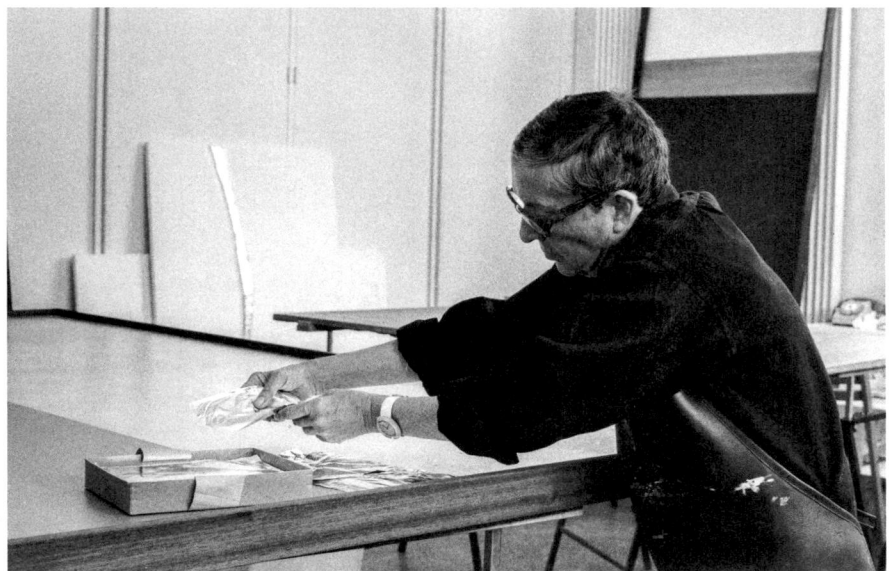

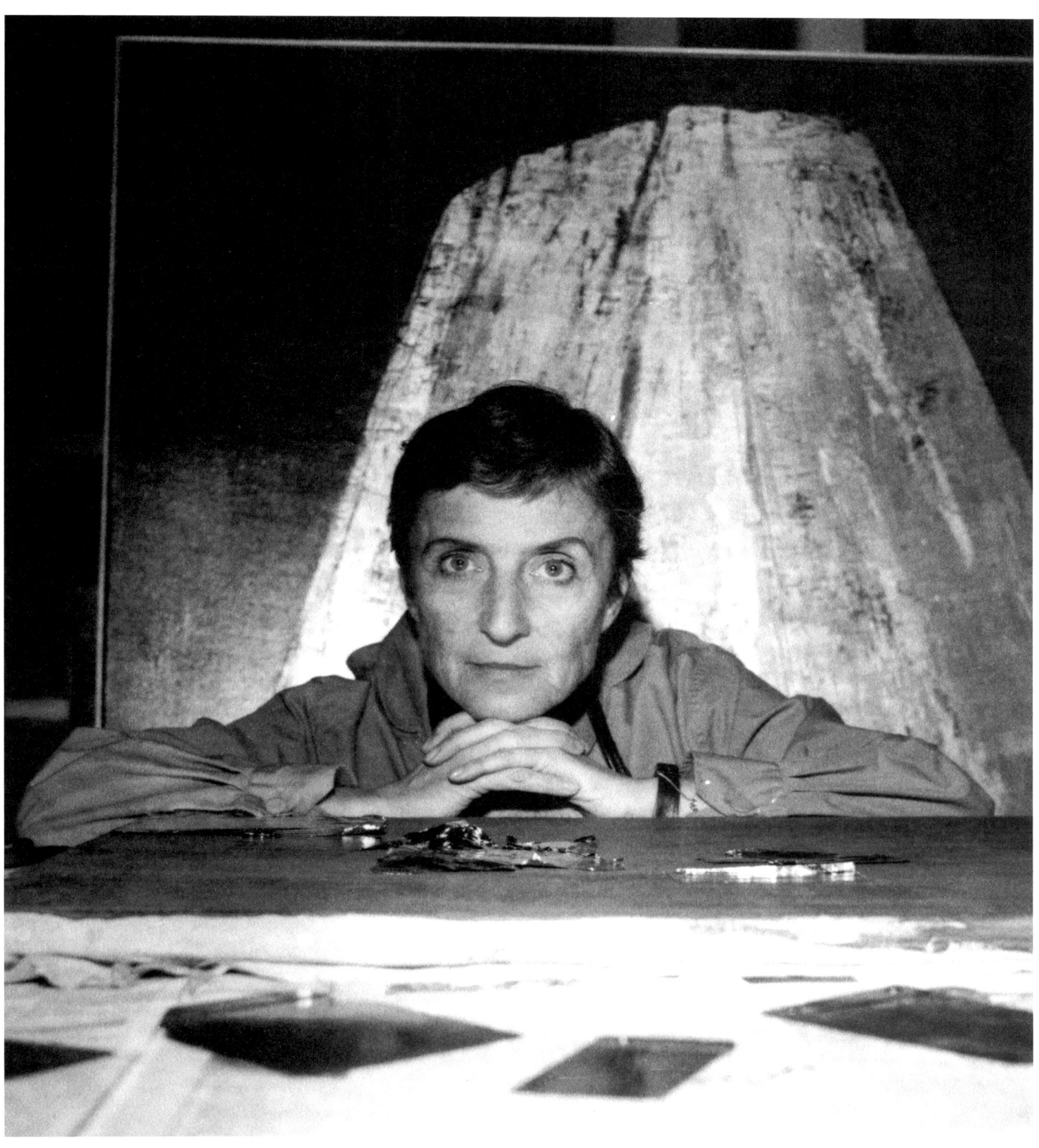

Anna-Eva Bergman

Hun blir Anna-Eva Bergman
Becoming Anna-Eva Bergman

Nasjonalmuseet for kunst, arkitektur og design
The National Museum of Art, Architecture and Design

Forord

Utstillingen «Hun blir Anna-Eva Bergman» er viet den norske kunstneren Anna-Eva Bergman (1909–1987) og hennes malerier fra perioden 1950–1975. I dette tidsrommet utviklet Bergman et nytt kunstnerisk språk og slo igjennom internasjonalt. Med sin særegne kombinasjon av impulser fra norsk og internasjonal kunst og sitt blikk for både samtid og fortid, ble hun en viktig del av etterkrigstidens abstrakte kunstscene. Da Bergman holdt sin første utstilling i UKS (Unge Kunstneres Samfund) i 1950 ble hun med rette omtalt som «kosmopolitt», altså verdensborger. Fra 1928 til 1939 studerte og bodde hun utenlands med tilhold i Wien, Dresden, Berlin, Paris og på Menorca. Hun studerte i Wien under Eugen Steinhof og hos André Lhote i Paris, hun ble introdusert til et internasjonalt kunstliv, og hun kjente blant andre kunstnere som Vasilij Kandinskij, Piet Mondrian og Joan Miró. Etter å ha tilbrakt krigsårene i Norge, etablerte hun seg på nytt som kunstner med et abstrakt uttrykk. I denne perioden utviklet og eksperimenterte hun med det som skulle bli hennes kunstneriske signatur, nemlig å «male» med metall. Med bladmetall skapte hun lys og rom, flater i stadig bevegelse som fanger betrakteren.

I 1952 brøt Bergman opp fra Norge og bosatte seg i Frankrike. Først i Paris, deretter Antibes i Sør-Frankrike, der hun bodde resten av livet. I Paris ble hun del av et pulserende kunstliv og deltok på en rekke prestisjefylte internasjonale utstillinger og mønstringer.

Bergman etterlot seg en enestående samling verk og hadde en karriere som står frem i norsk kunsthistorie. Utstillingen i Lyshallen i Nasjonalmuseet samler flere av hennes mest kjente monumentale malerier. De forenklede fremstillingene av fjell, hav, måne og horisonter taler til oss i dag. «Veien til kunsten går gjennom naturen og vår innstilling til den», skrev Bergman i 1950. I dag får utsagnet fornyet aktualitet med tanke på en sårbar natur og menneskets avtrykk på kloden. Gjennom sine bilder forsetter hun å engasjere og skape rom for refleksjon rundt dette tema.

For første gang siden 1956 vises hennes tredelte maleri *Komposisjon* (1951). Verket, som ble malt på oppdrag for Hotell Farris Bad i Larvik, er ambisiøst og viser hennes kunstneriske kurs før hun flyttet fra Norge. Lenge var det ukjent hvor verket befant seg, før det dukket opp på auksjon i 2013 og ble innkjøpt til Nasjonalmuseets samling. Maleriet legger en ny brikke til forståelsen av Bergmans kunstnerskap, når det gjelder hennes forhold til det abstrakte, naturen og bruken av bladmetall.

Utstillingen «Hun blir Anna-Eva Bergman» er et samarbeid med Fondation Hartung-Bergman og Musée d'Art Moderne de la Ville de Paris. En stor takk til begge for langt og godt samarbeid, lån av verk og all hjelp. Takk til Henie Onstad Kunstsenter for utlån av verk, og til alle som har bidratt til utstillingen og utstillingskatalogen. Vi gleder oss til å invitere inn til et rikt og særpreget kunstnerskap.

Ingrid Røynesdal
Direktør, Nasjonalmuseet for kunst, arkitektur og design

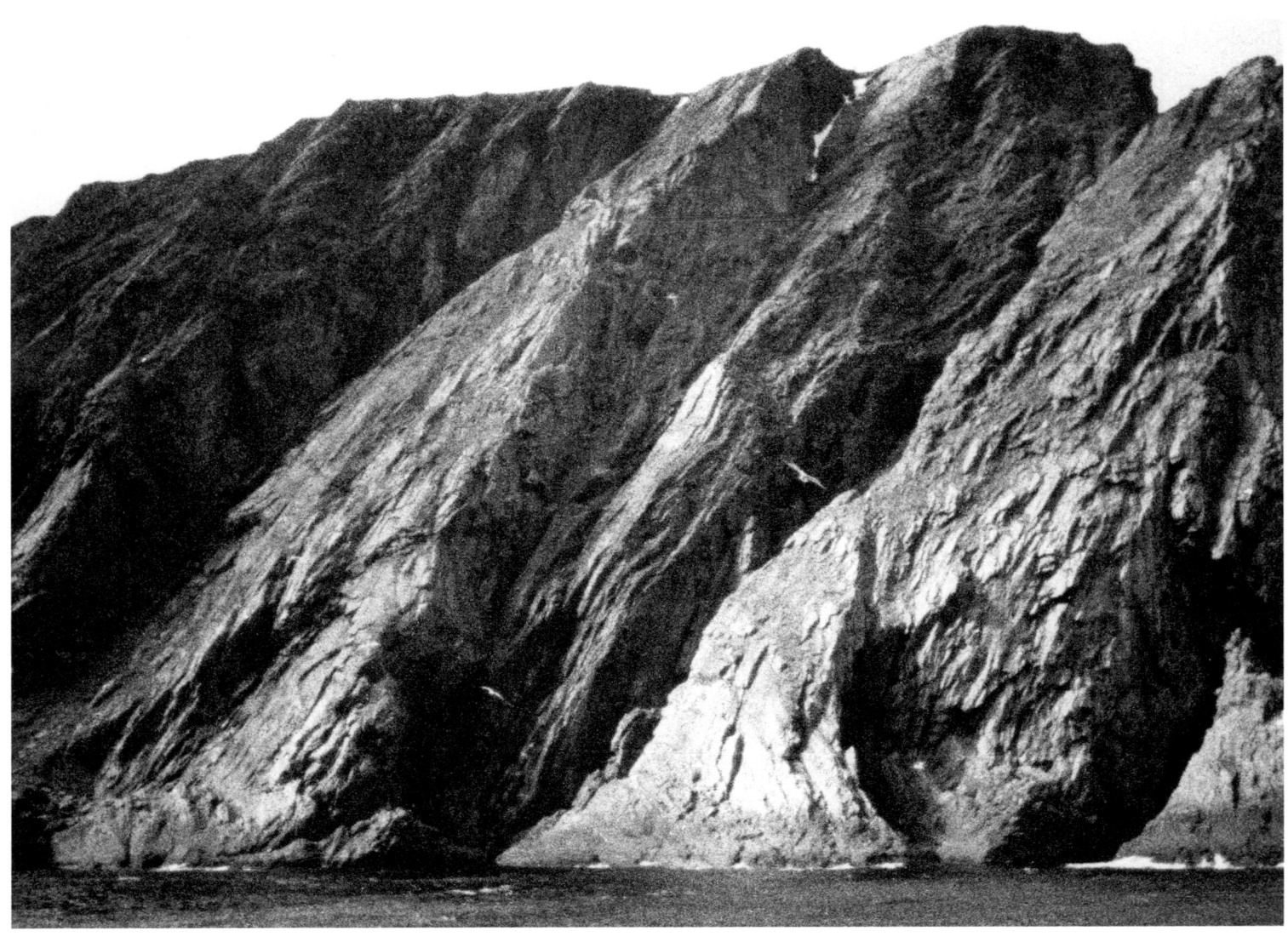

Finnmark, Norge, 1964
Antibes, Franrike, 1976 →

Hun blir Anna-Eva Bergman

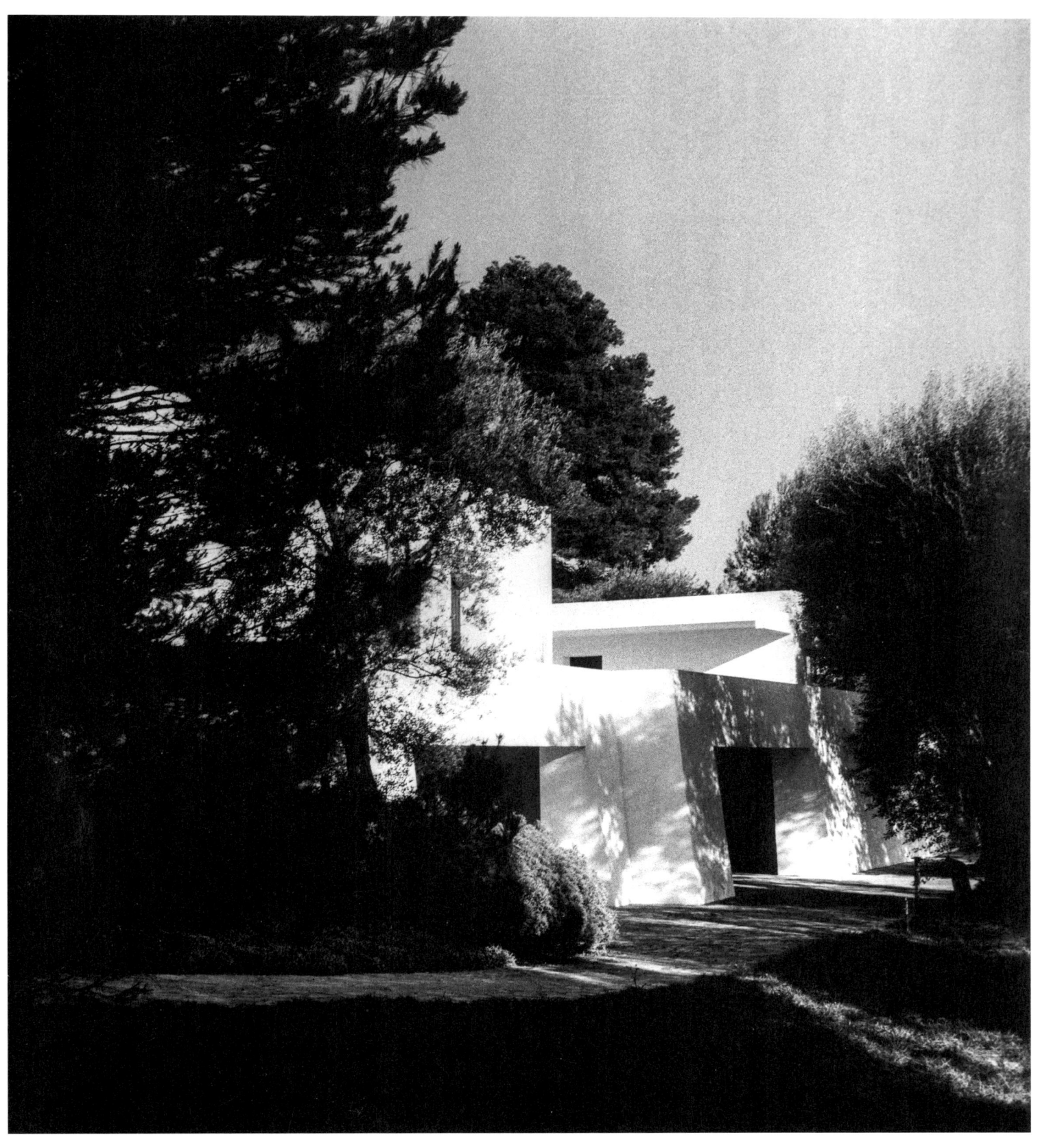

Hun blir Anna-Eva Bergman

Hun blir Anna-Eva Bergman

Wenche Volle

«Veien til kunsten går gjennom naturen og vår inn-
stilling til den.»[1]

I 1959 var Anna-Eva Bergman (1909–1987) represen-
tert på den andre utgaven av utstillingen Documenta
i Kassel. Blant de tre maleriene hun viste i utstillings-
lokalene i Museum Fridericianum, var *N°4-1957 La
grande montagne* [ill. 1].[2] En monumental, sølvgli-
trende form mot en blå bakgrunn.

Den internasjonale kunstmønstringen er fortsatt
toneangivende og arrangeres hvert femte år i samme
by. Documenta II var viet kunsten etter 1945 og gjorde
opp status over etterkrigstidens kunst. Parolen var
«Kunsten har blitt abstrakt».[3] Utstillingen rommet
1770 verk av 336 kunstnere og ble sett av 134 000
besøkende. Bergman var én av seks kvinnelige kunst-
nere representert med maleri.[4] I dette mindretallet
var hun i selskap med blant andre amerikanske Joan
Mitchell (1925–1992), Helen Frankenthaler (1928–
2011) og portugisiske Maria Helena Vieira da Silva
(1908–1992). En del av mønstringen presenterte
dessuten den første generasjonen abstrakte malere,
som Vasilij Kandinskij (1866–1944) og Piet Mondrian
(1872–1944), kunstnere Bergman hadde stiftet
bekjentskap med i Paris allerede i 1930-årene.[5] I
rekken av kunstnere fra hennes egen generasjon var
eksempelvis ektemannen, tysk-franske Hans Har-
tung (1904–1989)[6] og hans tyske malerkollega
Wols (Alfred Otto Wolfgang Schulze, 1913–1951) og
franske Georges Mathieu (1921–2012), samt ameri-
kanske kunstnere som Jackson Pollock (1912–1956)
og Mark Rothko (1903–1970). Sistnevnte skulle hun
bli personlig kjent med og blant annet besøke
i New York på 1960-tallet, da han arbeidet med
bildene til det såkalte Rothko-kapellet i Houston.[7]

De amerikanske kunstnerne var godt represen-
tert og gjorde seg bemerket med sine malerier i
store formater. Dette skulle også bli Bergmans for-
mat i årene fremover, bilder i stor skala som nærmest
omslutter betrakteren fysisk i rommet.

Utstillingsarkitekturen i Kassel bar fortsatt spor
etter krigens ødeleggelser og dannet en alvorsfylt
ramme rundt mønstringen. Hvordan skape kunst
etter andre verdenskrig? Maleriets todimensjonale
flate ble en arena for å uttrykke følelser gjennom
fysiske gester og ulike materialvirkninger. Den ab-
strakte kunsten ga kunstnerne frihet til å uttrykke
seg, men også betrakteren frihet i fortolkningen av
kunsten.[8] Et anliggende ble også å undersøke gren-
sene for den menneskelige fatteevne; hvordan var
krigens grusomhet mulig, og hvordan kunne kunsten
respondere på hendelsene? For Bergman ble forhol-
det til naturen meningsbærende og en måte å møte

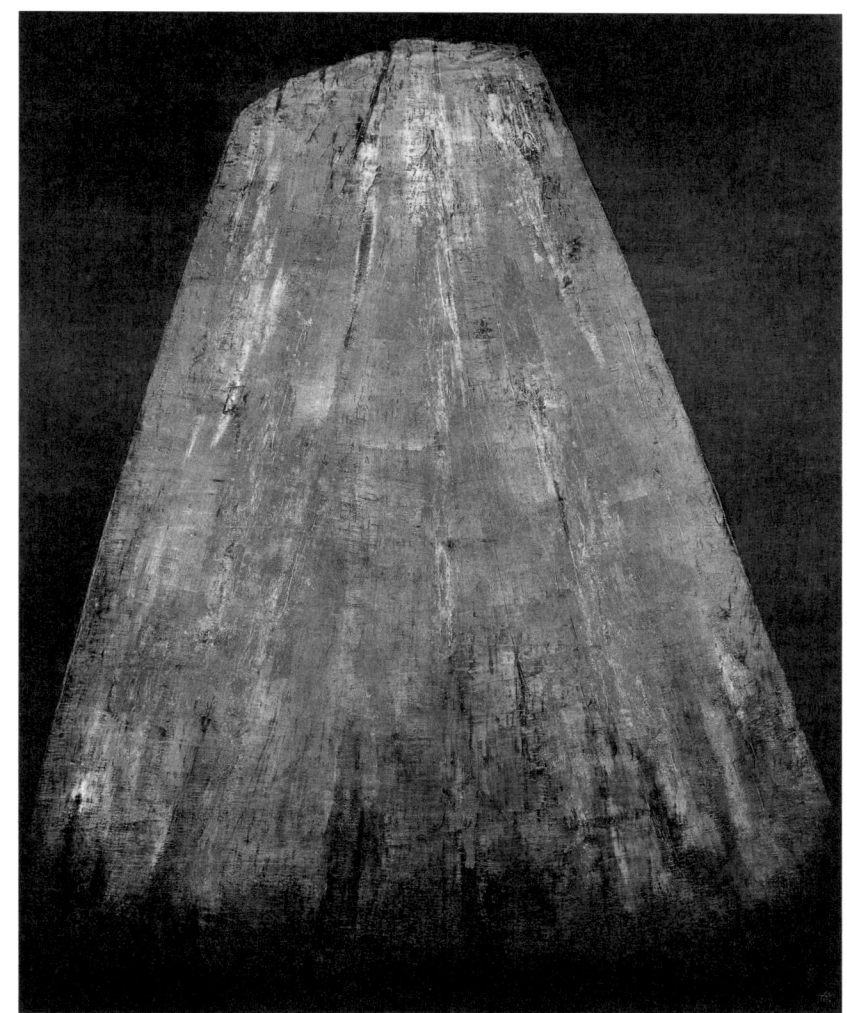

1 Anna-Eva Bergman, *N°4-1957 La grande
montagne*, 1957

de store eksistensielle spørsmålene på. Hun ønsket å skape kunst som kunne fange virkeligheten «med all dens skjønnhet, kamp og lidelse – med dens dynamikk – rytmer, harmonier og disharmonier».[9]

Et fjell av sølv

N°4-1957 La grande montagne møter deg ved inngangen til utstillingen i Lyshallen i Nasjonalmuseet.[10] En sølvfarget form lik et ruvende fjell fyller billedflaten, samtidig som det nærmest svever i rommet. Går det i oppløsning eller samler det seg mot oss? Sølvfjellet er formet som en trapesoide, en geometrisk figur, i midten av bildet. Biter av bladmetall, funklende sølv, gjør fjellet lysende, nesten vibrerende, energisk. Bruken av bladmetall ble Bergmans kunstneriske signatur. Siden 1948 hadde hun eksperimentert med bladmetall i maleriet, hun «maler» med ulike metaller, slik malerikonservator Ida Antonia Tank Bronken har studert.[11] Teknikken har tradisjon tilbake til middelalderen og bysantinske kirkeutsmykninger. Bladmetallet reflekterer lys og er sensitivt for sine omgivelser. I *N°4-1957 La grande montagne* har Bergman lagt lag på lag med metall og maling for så å skrape i de ulike lagene. Resultatet blir en ru og taktil flate, på samme tid solid og flyktig. Fjellet glitrer og er konstant i endring i takt med omgivelser og betraktere.

Materialitet og håndverk spiller viktige roller i Bergmans kunst. Arbeidet med bladmetall og måten hun arbeidet frem en taktilitet i bildene på, viser både kunnskap om og vilje til å eksperimentere med materialer og maleprosessen. Hun var i takt med sin tid; Pollock dryppet og Frankenthaler dynket lerretet med tyntflytende farge, Mathieu ble kjent for sine performative påføringer av maling på lerretet. I Norge hadde blant andre Olav Strømme (1909–1978) og Sigurd Winge (1909–1970) eksperimentert med pulver og sand i maleriet. Materialitet var i fokus, og bildet skulle bære spor av kunstnerens hånd, kropp og tilstedeværelse.

Forut for Bergmans malerier ligger også et grundig arbeid med skisser, der hun tegnet opp motivet etter geometriske oppmålinger og plasserte det i det gylne snitt. I flere passasjer skriver hun om det gylne snitt:

De gamle mestere fant at det gyldne snitt var den mest harmoniske deling. Det er bevart gjennom 100vis av år. Man plasserer hovedkomposisjonen i bildets gyldne snitt.[12]

Det gylne snitt er et klassisk prinsipp for komposisjon i kunst og arkitektur som bygger på et bestemt geometrisk delingsforhold. Det innebærer en oppdeling av et linjestykke i to deler, der forholdet mellom hele linjestykket og den store delen er det samme som forholdet mellom den største delen og den minste.[13] Målet er å oppnå harmoni og ro. Det gylne snitt kan spores tilbake til antikken og var også et sentralt prinsipp i renessansemaleriet. Senere har Bergman uttalt at det gylne snitt hadde trengt seg inn i underbevisstheten.[14] Det var blitt en del av hennes måte å arbeide med kunsten på.

Skape lys

Det første maleriet vi kjenner fra Bergman hvor bladmetall er brukt, er *N°ca-1948-50* [ill. 2]. Bildet viser to gylne former mot en mørk bakgrunn, maleriet har et lite, beskjedent format og det er usikkert hva det forestiller, er det et tre, en revne, en abstrakt form? I løpet av kunstnerskapet varierte hun bruken av bladmetall fra å skape enkle former, legge på, i enkelte tilfeller polere, skrape i og gni bladmetallet eller legge de som geometriske ruter (eller byggesteiner) på lerret eller plate. De mange fotografiene av Bergman i arbeid gir innsyn i den teknisk krevende og fysiske prosessen. Gjennom bruken av bladmetall fant Bergman sitt personlige kunstneriske uttrykk.[15] Hun gjenopplivet en gammel teknikk og oppfant seg selv som kunstner. Hun blir Anna-Eva Bergman.

Natur

N°4-1957 La grande montagne er representativt for Bergmans malerier fra begynnelsen av 1950-tallet og fremover. Det er bilder tømt for menneskelignende figurer, konsentrert om enkle former eller formler med tilknytning til natur: stein, fjell, trær og himmellegemer. Fra 1950 kom hun til å forfølge og bearbeide disse motivene, lik et kunstnerisk alfabet eller et leksikon av former. Hun fant sitt visuelle språk i et abstrakt uttrykk med rot i natur. I en rekke sitater formulerte hun sitt forhold til naturen. November 1946 noterte hun:

Liksom frosten er et middel til å skape vakre iskrystaller, er menneskene et middel til å skape kunstverker. Det vil ikke si å gjengi og etterlikne naturen så nøyaktig som mulig, – det vil tvert imot si å skape en ny natur i bildet.[16]

Naturen, ikke som imitasjon eller kopi, men som kunst på egne premisser. Parallelt med eksperimenteringen med bladmetall vendte Bergman seg fra figurasjon til abstraksjon, men hun ga aldri opp forbindelsen til den virkelige verden. Hun fant frem til et kunstnerisk språk som både kunne uttrykke

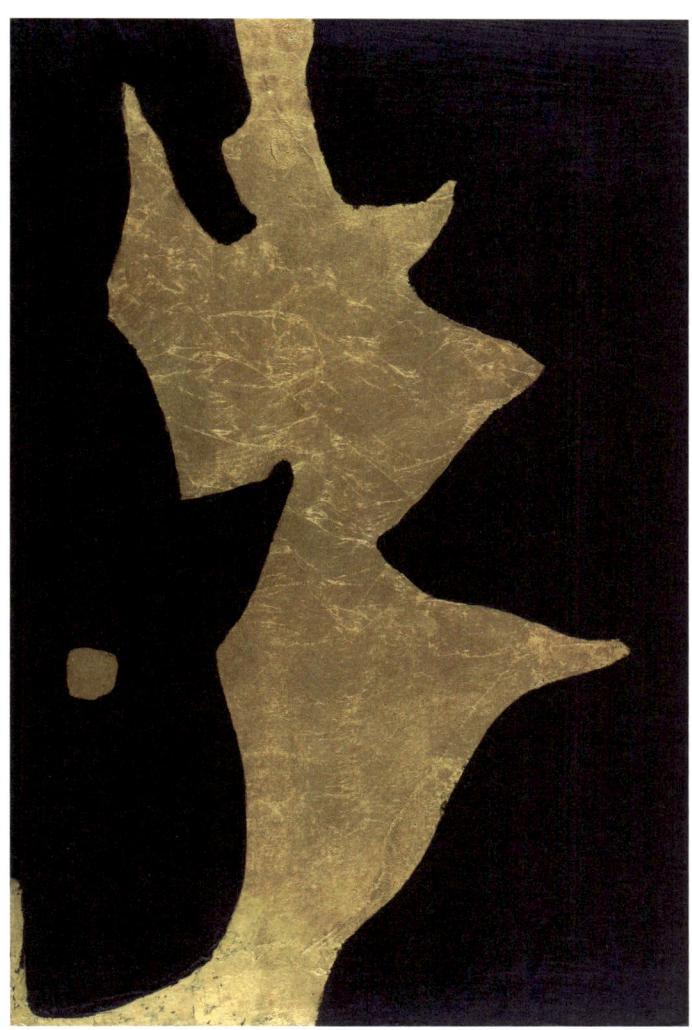

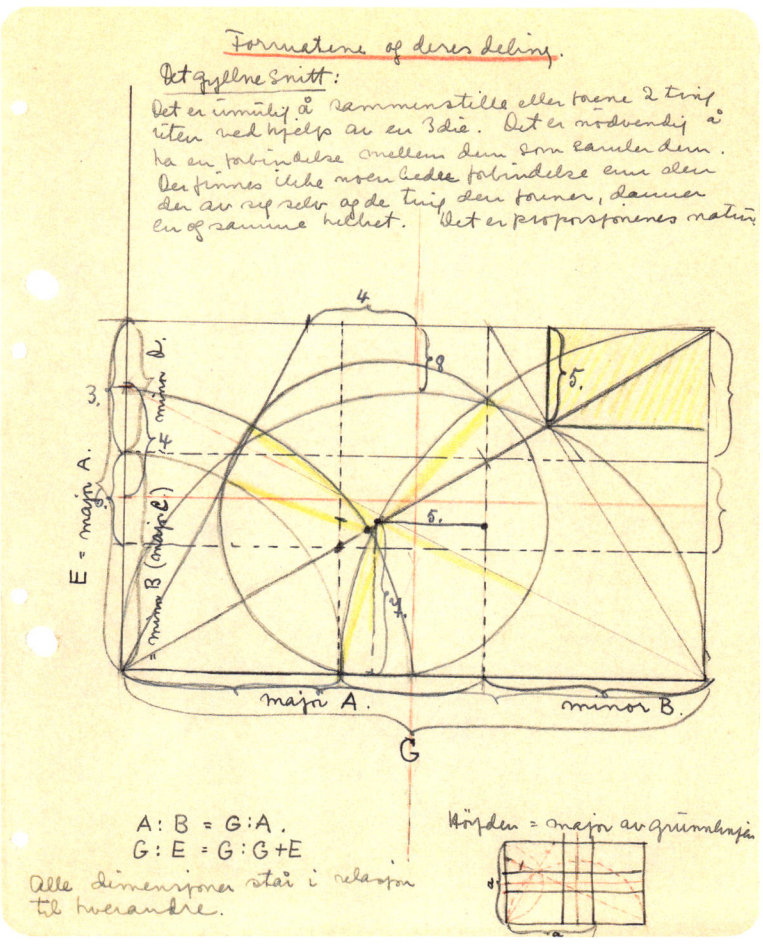

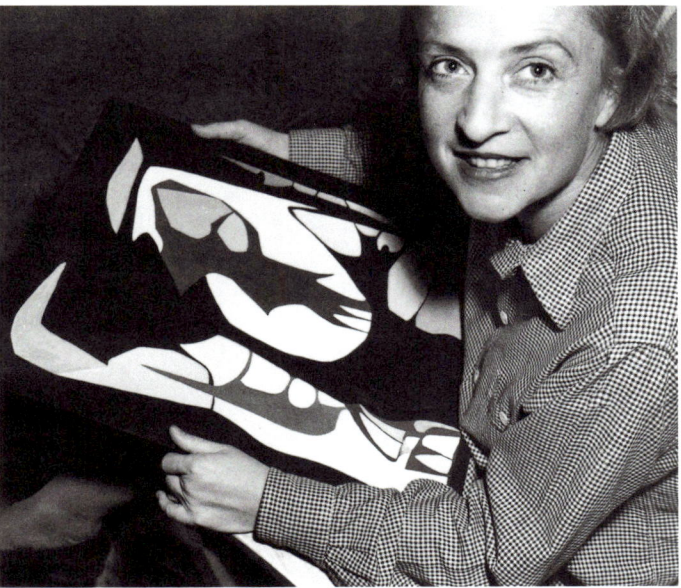

2   Anna-Eva Bergman, *N°ca-1948-50*,
    1948–1950
3   Anna-Eva Bergman med *Sort stilistisk
    (sort hvidt oker)*, Oslo, 1951
4   Anna-Eva Bergman, *Formatene og deres
    deling*, 1949

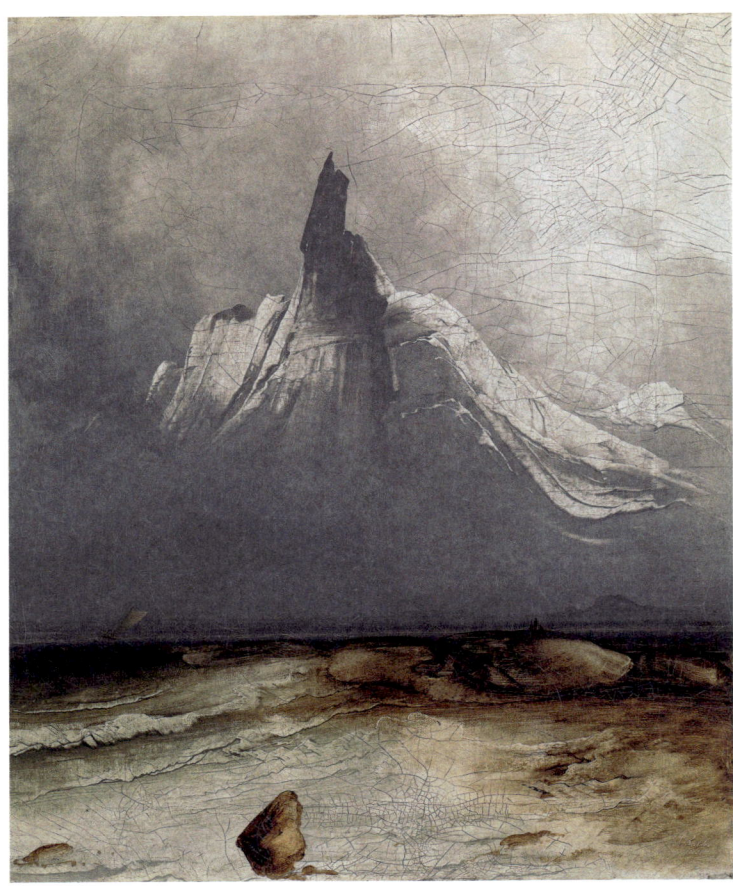

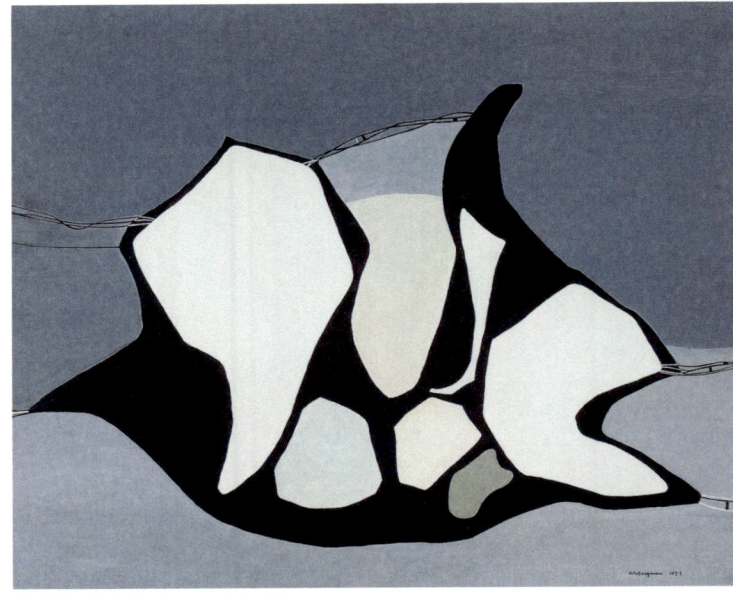

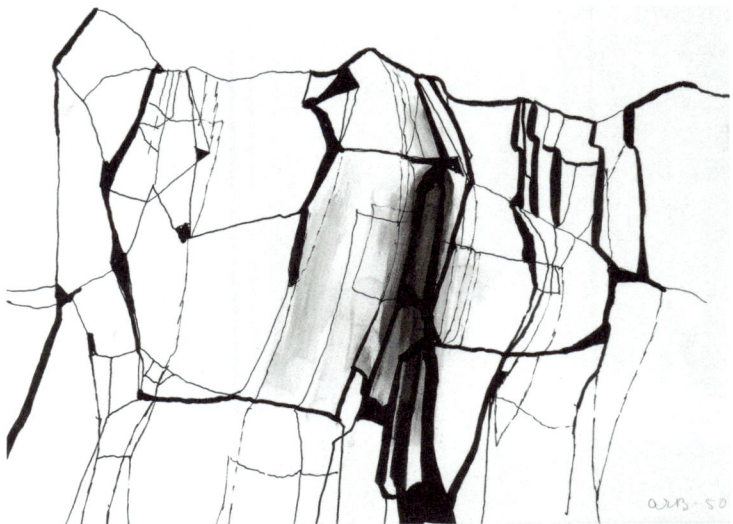

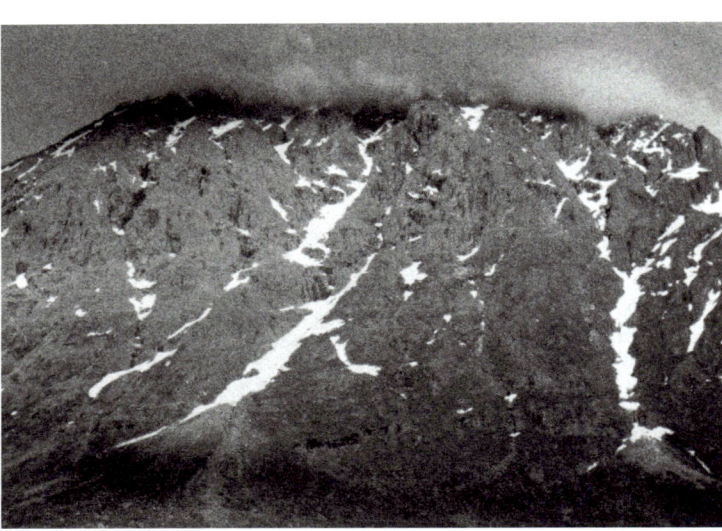

5　Peder Balke, *Stetind i tåke*, 1864
6　Fra reisen i Nord-Norge, 1964

7　Anna-Eva Bergman, *N°32-1951 Fragment
　　d'une île en Norvège*, 1951
8　Fra serien «Fragments d'une île en Norvège»,
　　1950

maleriets grunnleggende elementer: linjer, form, farge og tekstur, men også gjenkjennelige former fra naturen: stein, fjell, trær, hav og himmel. Blikket vekslet mellom å være tett på natur til å «kikke» ut i verdensrommet til svevende himmellegemer og fremstillinger av månen. I tillegg til naturreferansene kom fremstillingene av arkitektur: huset, pyramiden, gravkammeret og murene.

Å peile seg inn mot det abstrakte betød ikke å vende ryggen til naturen. Abstrakt kunst er forankret i erfaringen av den virkelige verden.[17] Historien om den abstrakte kunsten handler ikke bare om formale oppfinnelser, men også om kunstens respons på sosiale, politiske og kulturelle endringer.[18] I nedtegnelser og uttalelser har Bergman uttrykt at hun gjennom kunsten ønsket å fremstille sitt «verdensbilde»: «Jeg maler min oppfatning av verdensbildet.»[19]

Etterkrigstidens kunstnere tok opp tråden fra den første generasjonen abstrakte kunstnere, som Kandinskij, Mondrian og Kasimir Malevitsj (1879–1935), som alle hadde det til felles at de hadde beveget seg fra et figurativt til et abstrakt uttrykk. Både Mondrian og Hilma af Klint (1862–1944) startet som landskapsmalere før de slo over i et abstrakt uttrykk. Mondrians og af Klints abstraksjon var ikke en avvisning av naturen, men åpnet opp for nye måter å tenke *rundt* naturen på.[20] Dette har relevans også for Bergman. I 1950 noterte hun: «[Vi] flykter ikke fra naturen, vi bare gjengir nye sider av den.»[21] Utsagnet åpner blikket for nye sammenhenger mellom abstraksjon og representasjon av natur. Om det abstraktes forhold til naturen skrev Bergman:

> For å kunne skape noe «abstrakt», må man studere naturen, ja man kan overhodet ikke studere den grundig nok eller komme langt nok til bunns i den – både den natur som omgir oss, og den natur som er i oss – vår egen indre natur.[22]

Etterkrigstidens abstrakte kunstnere fulgte ikke bare i den første generasjonen abstrakte kunstneres fotspor, men var preget av surrealistiske strømninger og deres betoning av indre liv, drøm, følelser, intuisjon, det ubevisste og spontanistiske metoder. I utkrystalliseringen av et nytt maleri mot slutten av 1940-tallet er surrealistiske impulser synlige i Bergmans kunst.[23]

Landskap
Med *N°4-1957 La grande montagne* og andre beslektede bilder med former som gir assosiasjoner til fjell, føyer Bergman seg inn i en større fortelling i norsk og europeisk maleri. Hun står på skuldrene til

Johannes Flintoe (1787–1870), J.C. Dahl (1788–1857) og Thomas Fearnley (1802–1842) og deres interesse for fjellet som motiv i norsk kunsthistorie, men også Harald Sohlbergs (1869–1935) ikoniske *Vinternatt i Rondane* (1914), Nikolai Astrups (1880–1928) fjell med inspirasjon fra både landskapet i Jølster på Vestlandet og japansk tresnitt, Theodor Kittelsens (1857–1914) mystiske og eventyrlige fremstillinger av fjell eller Peder Balke (1804–1887), som Bergman har blitt vist i sammenheng med, og hans midtsentrerte og øde fjellformasjoner [ill. 5].[24] Tråklet inn i den norske landskapsfortellingen er også tyske Caspar David Friedrich (1774–1840), som Bergman kan ha sett bilder av i Nasjonalgalleriet i Oslo, Dresden eller Berlin. Friedrich gjør det lille menneskets møte med mektig natur, det være seg fjellet, havet, horisontene, treet eller månen, til bilder på forholdet mellom universets evighet og menneskets forgjengelighet. *N°4-1957 La grande montagne* konfronterer oss med fjellet og erfaring av det sublime.

Forestillingen om det sublime ble tematisert på 1700-tallet av Edmund Burke (1729–1797), som beskrev kilden til det sublime som det som «frembringer den sterkeste følelsen sinnet er i stand til å føle».[25] Begrepet var egnet til å beskrive romantikkens kunst og subjektets opplevelse av verden.

> Når det store og sublime i *naturen* virker på sitt mektigste, kalles den bevegelsen disse årsakene skaper for forbløffelse, og forbløffelse er den sjelstilstand der alle sjelens aktiviteter blir opphevet med en viss grad av frykt.[26]

I forlengelsen av romantikkens malere og forestillingen om det sublime inviterer Bergmans *N°4-1957 La grande montagne* til å kontemplere vårt forhold til naturen og vår plass i et større hele. I lys av det akutte behovet for å stoppe global oppvarming og minske menneskets fotavtrykk på kloden får Bergmans utsagn om «innstilling til naturen» en ny klangbunn.[27] Forestillingene om naturen er radikalt endret fra romantikkens «forbløffelse» og skrekkblandede fryd til dagens prekære situasjon med mennesket i en truende hovedrolle. Bergmans bilder skjerper blikket for den naturen vi har, og vår relasjon til den.

Norske landskap og Hardanger
Reisen til Nord-Norge i 1950 og sommeroppholdene på Citadelløya utenfor Stavern sør for Oslo i årene 1949–1951 var formende for Bergmans vei mot et nytt kunstnerisk uttrykk. Med båten Brand V reiste hun langs kysten fra Bergen til Nordkapp og tilbake, hun opplevde landskapet, de lyse nettene, og på fastland

ble hun vitne til byer, kirker, kirkeutsmykninger, spor etter krigen og gjenreisningen. Nedtegnelsene fra reisen forteller hvor hun var og hva hun så, men er også en kilde til å forstå kunsten hun kom til å skape i de kommende årene.[28] I 1964 tok hun med seg Hartung på en tilsvarende reise i Nord-Norge; møtet med naturen og landskapet ga ny inspirasjon til kunsten hennes. Fotografiene de begge tok underveis, gir en inngang til bildene i årene som fulgte [ill. 6].

Inntrykkene og studiene fra reisen til Nord-Norge og Citadelløya sommeren 1950 dannet utgangspunkt for de abstrakt, surrealistiske bildene hun stilte ut i UKS (Unge Kunstneres Samfund) i november 1950. Utstillingen viste de siste årenes vendepunkt fra det figurative og forestillende til ulike former for abstraksjon; en forening av geometrisk abstraksjon, rytmisk og spontanistisk linjeføring og organiske former. Det var tydelig at Bergman hadde grundig kjennskap til den tidlige abstrakte kunsten og utforsket ulike posisjoner innen dette feltet [ill. 7].

Oppholdene i kunstnerkollektivet på Citadelløya brakte henne i nærkontakt med et landskap karakterisert ved blankskurte svaberg og særpregede steinformasjoner. Dette landskapet ga næring til et nytt kunstnerisk språk. Sammen med blant andre kunstnerne Carl Nesjar (1920–2015) og Rigmor Holter (1906–2004) var studiet og observasjon av naturen her nærmest et kollektivt prosjekt.

Bergman vekslet mellom gjenkjennelige fremstillinger av naturen og det mer abstrakte, konsentrert om linjespill og enkle, avklarte former. I billedserien med samletittelen «Fragments d'une île en Norvège» [ill. 8] ser vi hvordan abstraherte formler for steinformasjoner og en øy utkrystalliserte seg. I denne perioden arbeidet hun med et stort verk på oppdrag for Hotell Farris Bad i Larvik til hotellets nye bar, det tredelte maleriet med tittelen *Komposisjon* (1951) [s. 96–97]. Triptyket samler opp i seg mye av det hun har arbeidet med de siste årene. Her forener hun et rytmisk linjespill med store, avklarte former med assosiasjoner til Citadelløyas og Larvikskystens bergarter og geologi. Fargene er jordbundet med innslag av sterke regnbuefarger. Karakteristisk er bruken av bladmetall og materialitet. Det monumentale verket vises i utstillingen i Nasjonalmuseet for første gang i sin helhet siden 1956.[29]

Landskapene hun opplevde i Nord-Norge og på Citadelløya, blir gjerne vektlagt i tekster om Bergmans kunstnerskap. Mindre fremhevet har tilknytningen til Hardanger og spesielt Lofthus i Ullensvang kommune vært. Kunsthistoriker og Bergman-kjenner Ole Henrik Moe retter søkelyset mot Hardanger i sin biografi *Anna-Eva Bergman. Liv og Verk* fra 1990:

[Det] ligger nær å anta at det var der i Hardanger at de fremtidige motiver for hennes modne kunst: fjorder, fjellvann, isbreer, klipper og fjellrygger festnet seg i hennes bevissthet. Det skulle gå ennå ti år før det konkretiserte seg i hennes kunst.[30]

Bergmans mor Edvardine Magdalene Margrethe Lund (1878–1967), kalt Bao, var født og oppvokst i Skrivargarden, en embetsmannsgård i Lofthus.[31] Her vokste hun opp med en tallrik søskenflokk.[32] I Hardanger tilbrakte Bergman barndommens somrer, og hit vendte hun stadig tilbake. Skrivargarden hadde utsikt til høye fjell, isbreen Folgefonna og Sørfjorden, som munner ut i Hardangerfjorden. Det er et vakkert og spektakulært landskap, vilt og dramatisk, som endrer seg i takt med årstidene. Stedet har et gunstig klima for dyrking av epler og plommer og er kjent for fruktdyrking; hundretusenvis av trær vokser i de bratte bakkene opp fra fjorden. Landskapet er et syn når trærne står i full blomst på våren, snøen i fjellet smelter og breene får kalvende renner. Årstidenes sykliske endringer er synlige gjennom frukttrærnes blomstring, modning, innhøsting og blader som faller. Komponisten Edvard Grieg (1843–1907) kom hit for første gang i 1877 og la sin elsk på stedet. Han vendte jevnlig tilbake til Lofthus, og her skrev han flere av sine komposisjoner, deriblant *Våren* (1881), et verk som skildrer syklusen fra liv til død, om naturens og livets gang. Tett på naturen, værets skiftninger, årstidenes og kretsløpets dynamikk, og med relevans for Bergmans bildetemaer. Lofthus var rik på folkekunst og folkemusikk som ble inspirasjon for norske kunstnere, forfattere og komponister. Hardanger ble Bergmans første paradis og kimen til hennes nære forhold til naturen og dens sykliske endringer. Her gikk hun i fjellet, samlet stein, tegnet og malte.[33] Før Bergman begynte på Statens Håndverks- og kunstindustriskole, malte hun flere bilder fra Lofthus, trær i blomstring med utsikt til fjellet og fjorden.

São Paulo-biennalen 1969
10 år etter deltagelsen på Documenta II ble Bergman valgt som Norges representant til São Paulo-biennalen X i 1969.[34] Bergman var representert med hele 16 malerier i stort format, blant disse var fremstillinger av norske landskap, fjell, horisonter, hav og månen [ill. 9 A–B]. Horisontene der hav og himmel møtes, var et motiv hun stadig vendte tilbake til. De ble et bilde på det uendelige, overgangen til det ukjente, en grense for den menneskelige forstand som vi ønsker å overskride, har hun uttalt.[35] *N°8-1969 Grand horizon bleu* (1969) er en av hennes mest oppsiktsvekkende

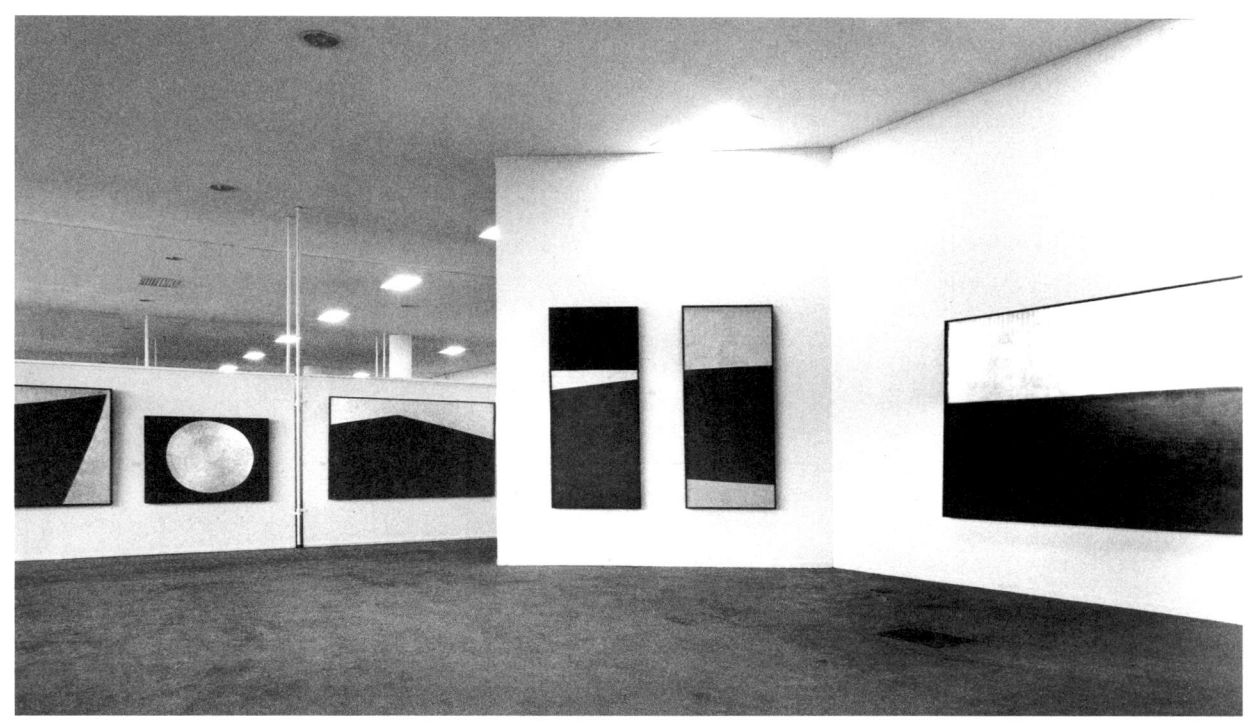

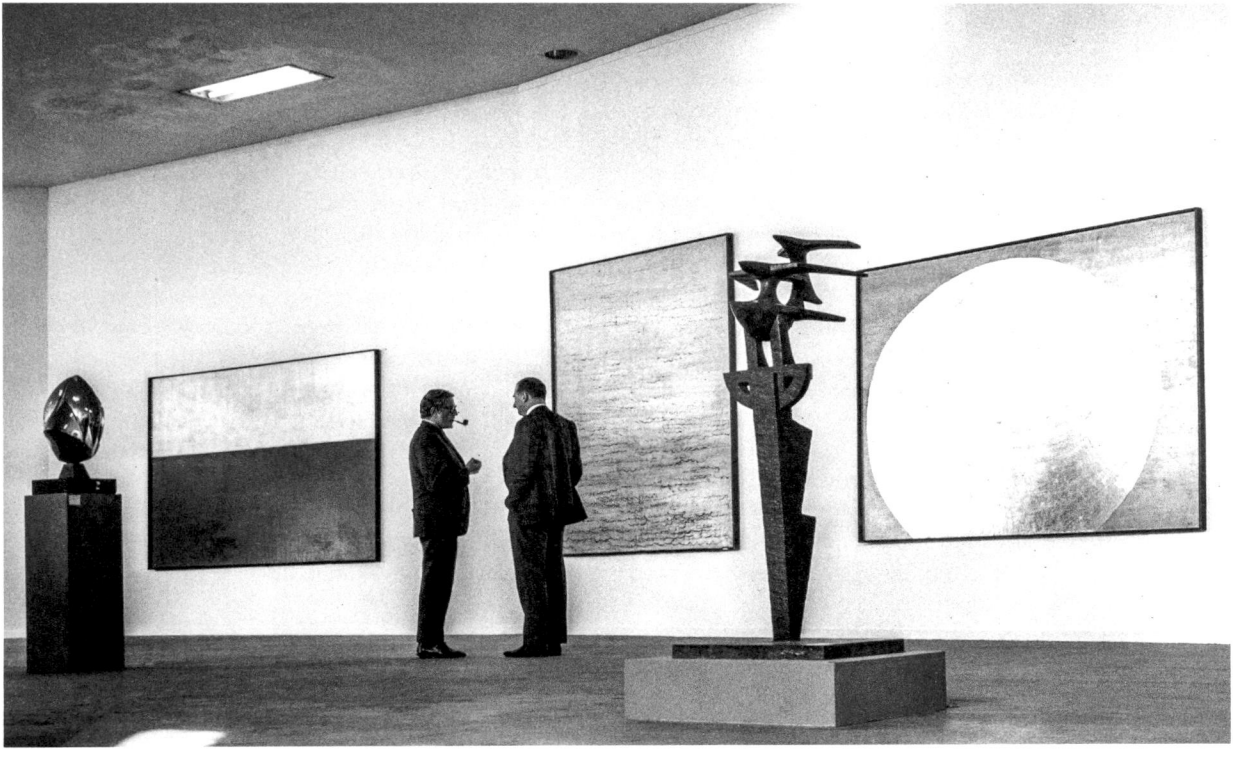

9 A–B Bergmans bidrag til biennalen i São Paulo, Brasil, 1969

horisonter; et intenst blått hav, en himmel av sølv, adskilt av en lysende gul linje [s. 152]. På biennalen var det stilt ut ved siden av *N°67-1966 Grand océan* (1966) [s. 139], der Bergman gikk tett på havet og bølgenes linjespill, vannets rytmiske bevegelser og ulike nyanser av farger, lilla, rosa og blått, som kommer til syne. Nærmest som et sublimt triptykon avsluttes det hele med *N°11-1968 Grand rond* [s. 147]. Verket er en monumental fremstilling av månen, som nesten sprenger seg ut av det store formatet, svevende mot en dus blå, eterisk bakgrunn. Månen er et sentralt motiv i Bergmans kunst, ikke bare som romantisk lengsel, men også i lys av vitenskapelige oppdagelser, romfart og kappløpet i forkant av månelandingen i 1969. Bildet er malt ett år før Apollo 11 landet på månen. I utstillingskatalogen til São Paulo-biennalen ble året bemerket:

> What an extraordinary year this 1969! For the first time man has realized the dream so long nourished in the quests of Galileo, Copernicus, Kepler, Jules Verne and Meliès, the last two of whom, already on the threshold of science-fiction and science-cinema, envisioned the ascent to the moon.[36]

Månen har fascinert kunstnere, forfattere, filosofer og vitenskapsfolk til alle tider, og invitert oss til å fantasere, drømme og spekulere. Med månelandingen var en grense overskredet for hva mennesket var i stand til å oppnå. Månen som motiv finner vi også hos Bergmans samtidige: norske Synnøve Anker Aurdal (1908–2000) og Gunnar S. Gundersen (1921–1983), franske Yves Klein (1928–1962) og amerikanske Robert Rauschenberg (1925–2008). Månen står sentralt også i Edvard Munchs (1863–1944) oeuvre. Bergman hadde et nært forhold til hans kunst; hun hadde besøkt Nasjonalgalleriet og Aula-utsmykningen i Universitetsbygningen.[37] I 1927, samme år som hun begynte på Kunstakademiet, ble den store Munchutstillingen arrangert i Nasjonalgalleriet. Hele andre etasje ble ryddet for å vise Munchs kunstnerskap i sin helhet. I Munchs formidling av det moderne menneskets sjeleliv stod samspillet med naturen sentralt. På 1890-tallet utviklet han sine emblematiske formler for månen med den karakteristiske månesøylen, den bølgende strandlinjen og de stiliserte bjørketrærne som er med på å skape det emosjonelle rammeverket eller arkitekturen i bildet.

I 1951 ble Bergman valgt ut til en stor mønstring av norsk kunst i Stockholm. I utstillingen «Norsk Nutidskonst» var hun representert med tre abstrakte malerier og tre tusjtegninger.[38] Blant verkene var også et motiv fra serien «Fragments d'une île en Norvège», et konsentrat av en øy, *N°26-1951 Fragment d'une île en Norvège IV*. For Bergman, som hadde ønsket å få et fotfeste i det nordiske kunstlivet, må deltagelsen ha vært et viktig steg i karrieren. På utstillingen var også Munchs bilder bredt representert med blant annet måneskinnsbildet *Strandmystikk* (1892), som viser månen som speiler seg i havet mens steiner og trerøtter er fremstilt som levende vesener. Utstilt var også *Melankoli* (1894) med mannsfiguren i front mot den buktende, energiske strandlinjen.[39] Bergmans «Fragments d'une île en Norvège» tar form i forbindelse med oppholdet på Citadelløya, men fremstår som en konsentrert formel for en øy. Året før hadde hun satt ord på erfaringens betydning: «Å uttrykke seg kunstnerisk vil kanskje si: å gi uttrykk for den gjenklang som det opplevede har etterlatt i en. Å uttrykke gjenklangen av det opplevde.»[40] Dette uttrykket for erindringen og minnets betydning er også i tråd med Munchs effektive patosformler.

Arkitektur

Interessen for arkitektur går som en rød tråd gjennom Bergmans liv og verk, fra kunst og tekster til nettverk, hjem og omgivelser. Fra tidlig alder tegnet hun hus, bygninger og kirker, alt fra enkle sørlandshus til en middelalderkatedral og komplekse byrom. Tidlig på 1930-tallet, på Menorca, malte hun byen Fornells gateløp og plasser med de hvitpussede husene og kirken. Bildene er konsentrert om arkitekturens enkle, rene flater, og komposisjonen er plassert i det gylne snitt. Fra slutten av 1930-tallet til 1946 ga Bergman opp kunsten og viet seg til illustrasjoner og skribentvirksomhet. Etter avbruddet fra kunsten var huset som motiv noe av det første Bergman viet interesse i maleriet *N°33-1947 Maison – «Ensomhet» Huset (gylne snitt)* (1947). Bildet blir gjerne sett i sammenheng med Bergmans og Hartungs sommeridyll på øya Homborøya året 1932.[41] På 1960-tallet malte hun de monumentale bildene *N°6-1960 Pyramide* (1960) og *N°13-1960 Le tombeau de Théodoric* (1960). Motivene fremstiller arkitektur til minne om de døde, med referanser til henholdsvis pyramidene i Egypt og mausoleet i Ravenna [s. 128]. Fremstilling av murer eller vegger er også eksempler på interessen for arkitektur og grunnleggende arkitektoniske elementer. Her bruker hun bladmetallets form som byggesteiner. Bergman og Hartung hadde kontakt med en rekke arkitekter, de var opptatt av både samtidens modernistiske arkitektur, men også historisk arkitektur. Gjennom vennskapet med arkitekten Bernt Arlet

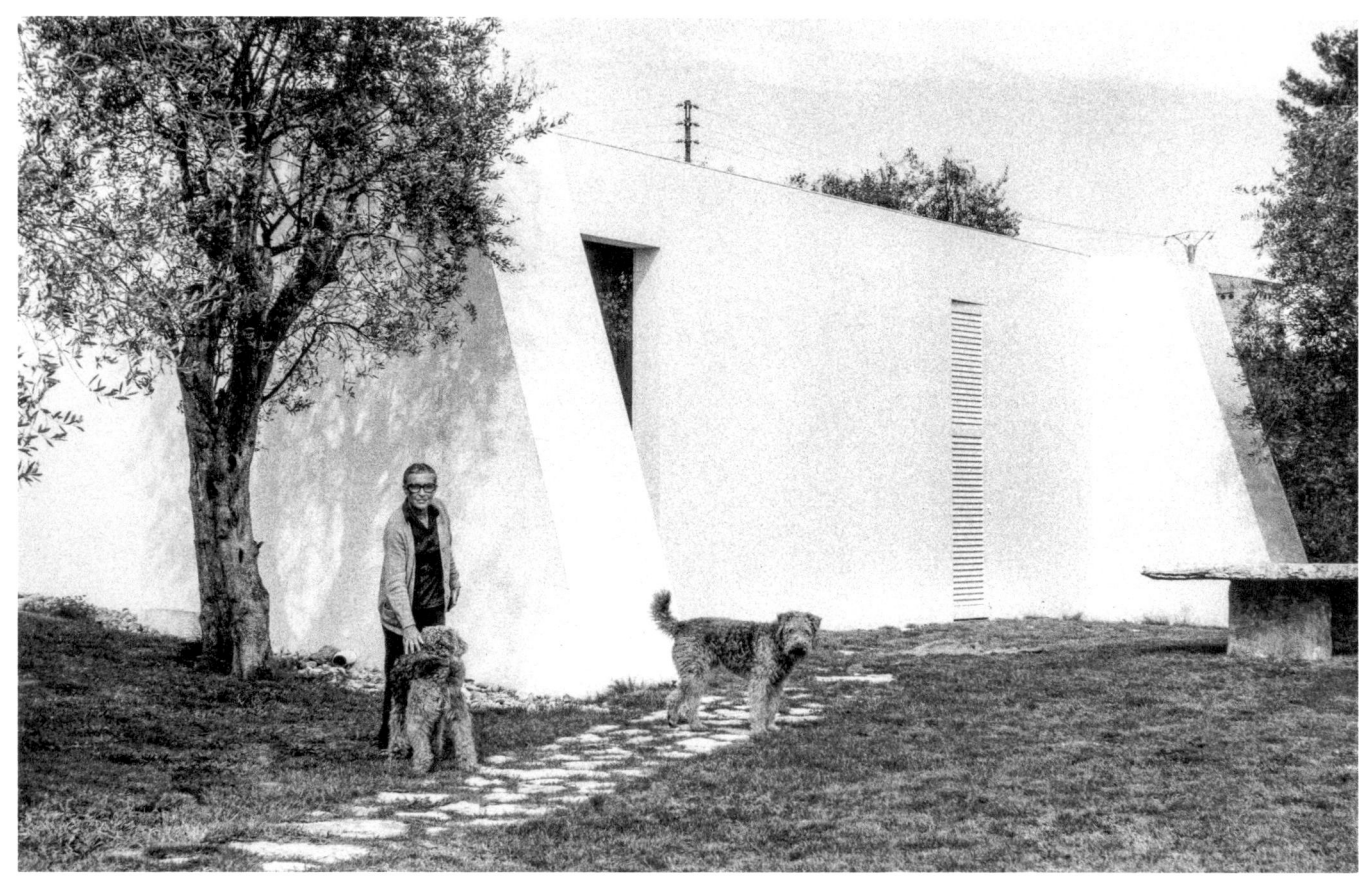

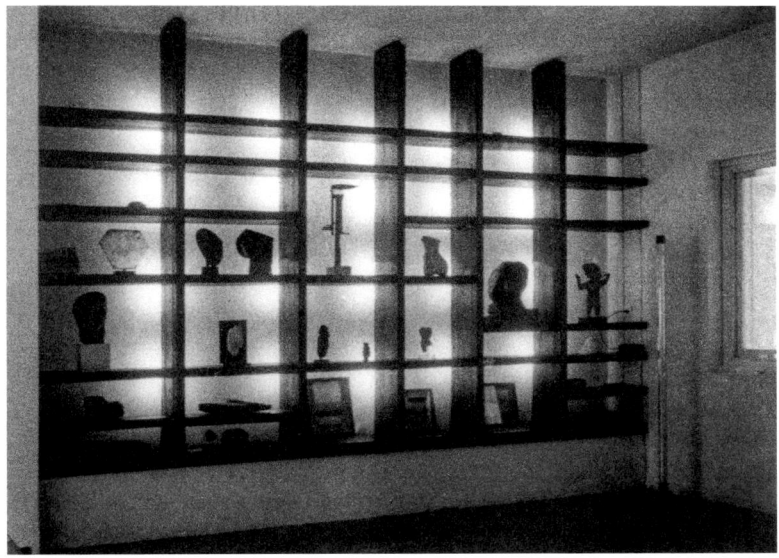

10 Anna-Eva Bergman ved sitt atelier i Antibes,
    Frankrike, 1975
11 Stuen i Antibes, 1981

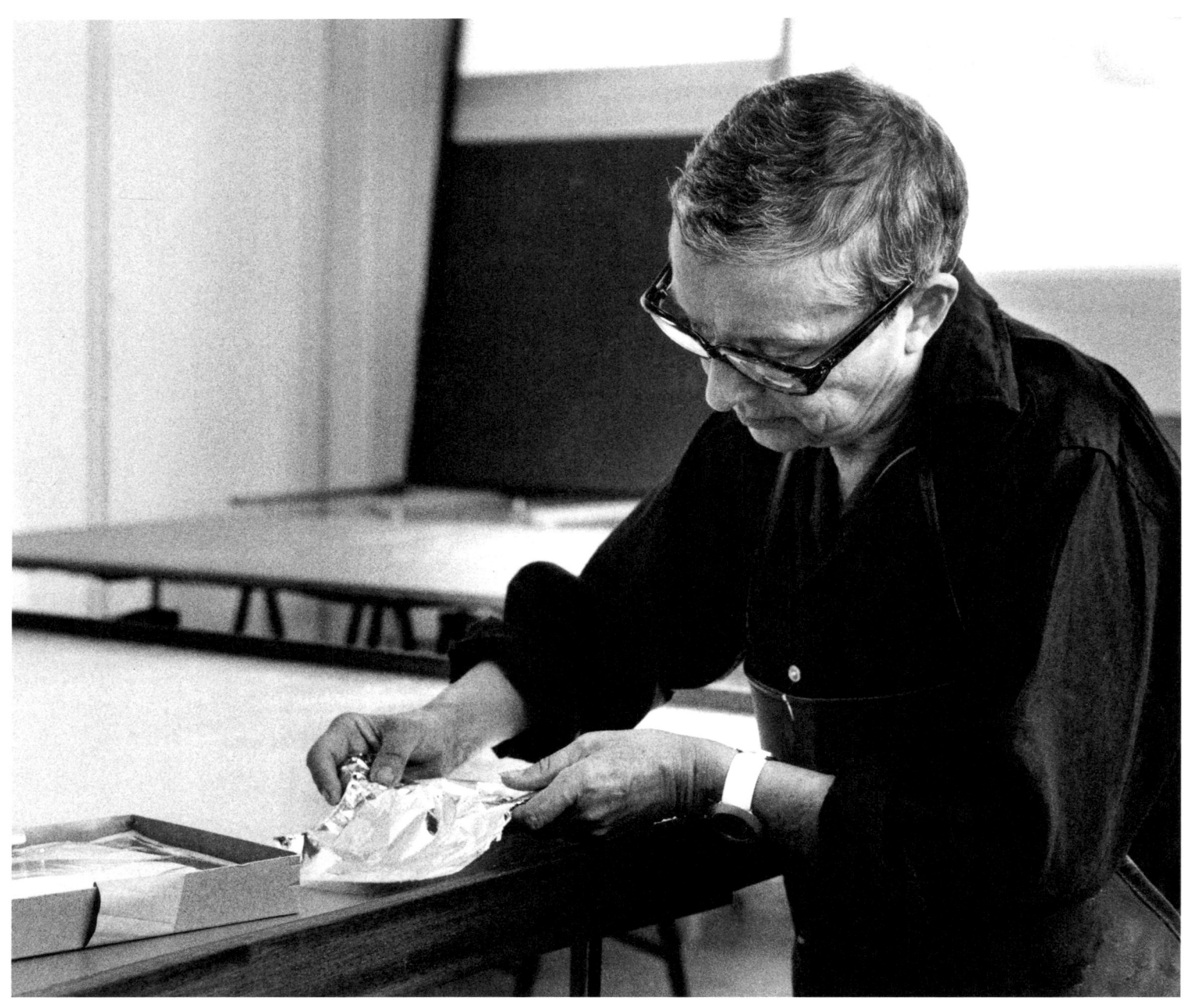

12   Bergman i sitt atelier, Antibes, 1975

Christian Lange (1864–1951), som senere ble hennes svigerfar, hadde Bergman blitt introdusert for middelalderkatedraler og bruken av bladmetall i utsmykninger i disse.[42] For Hotell Farris Bad i Larvik fikk hun i oppdrag å tilpasse triptykonet Komposisjon (1951) til arkitekt Paul Dues (1835–1919) bygning,[43] plassert på en høyde med utsyn til fjorden og med inngangen vendt mot Bøkeskogen.

Betydningen av arkitektur kommer tydelig frem i hjemmene Bergman og Hartung bygget og innredet på Menorca tidlig på 1930-tallet, leiligheten i 5 rue Gauguet i Paris, der de flyttet inn i 1959, og eiendommen i Antibes, som var innflyttingsklar med hus og atelierer i 1973 [ill. 10]. Paret tegnet sammen og formet hjem tilpasset liv og kunst. Kan vi se disse hjemmene i sammenheng med eller som en forlengelse av deres kunst? Gjennomgående er en søken etter en helhet i samspillet mellom inne og ute, det intime rommet og landskap utenfor. De velger modernistisk arkitektur med rene flater, et behersket linjespill, og vindu som ramme for landskapet utenfor.

Drømmen om et hjem
Etter pendling mellom Dresden, Antibes, Norge og Paris bestemte Bergman og Hartung seg i 1933 for å flytte til et sted der det var rimeligere å leve. Valget falt på øya Menorca, Spania. På en høyde med utsyn til Middelhavet fikk de bygget huset de hadde tegnet selv: et kubisk, hvitpusset hus, funksjonelt tilpasset arbeidet med kunsten. Resultatet ble et eksempel på modernistisk arkitektur i dialog med lokal byggeskikk, innvendig møblert med menorkiske møbler, enkle, brunbeisede med innslag av flettverk.

Huset var rammen rundt en lykkelig og kunstnerisk produktiv tid for paret. Men tiden i dette paradiset ble ikke langvarig, da de måtte flykte fra Menorca på grunn av politisk spente forhold under Francos regime. Huset ble senere revet. Hjemmet på Menorca levde videre i fotografiene og minnene og ble en modell for deres senere hjem i Antibes.

Etter at ekteparet fant tilbake til hverandre og giftet seg på nytt, flyttet de i 1959 inn i sitt nye hjem i 5 rue Gauguet i Paris, like i nærheten av Parc Montsouris, et område kjent for sine mange arkitekttegnede hus med atelierer for kunstnere.[44] Arkitekten bak Bergmans og Hartungs hus var polskfødte Marcel Zielinsky, elev av arkitekten Robert Mallett-Stevens og med erfaring fra Le Corbusiers kontor.[45] Leiligheten i 5 rue Gauguet ble avgjørende for Bergmans videre kunstnerskap. Her fikk hun for første gang et eget, stort rom å arbeide i, noe som gjorde det mulig å gå opp i format. Bruken av bladmetall i maleriet innebar en langsom, teknisk, fysisk og plasskrevende prosess. Hun arbeidet med lerretene både liggende og stående.

Fotografiene av interiørene fra 5 rue Gauguet viser den modernistiske arkitekturens forenklede formspråk. Alt de omga seg med, bunnet i bevisste valg, og i likhet med kunsten deres komponerte de interiørene i et harmonisk samspill av flater, linjer og ulike materialiteter [ill. 11].

Som Thomas McQuillan skriver i kapitlet «À chacun son paradis» i denne boken, planla Bergman og Hartung et nytt hjem i Spania, nærmere bestemt i Carboneras. De ønsket å gjenskape paradiset de hadde mistet på Menorca, riktignok i større skala. Økonomien hadde endret seg radikalt til det bedre, men planene forble på tegnebrettet. Isteden kjøpte de en tomt i Antibes, en olivenlund på en høyde over Middelhavet. Her bygget de hus og separate atelierbygninger, nennsomt plassert mellom de mange oliventrærne. De tegnet selv, men med noe hjelp fra arkitekter. Innvendig er interiørene enkelt innredet, hyller som påminner om de menorkiske møblene, veggene er nakne, frie for bilder. Vinduene danner som på Menorca rammer til landskapet og arkitekturen utenfor. På nedsiden av tomten, ute av syne fra hjemmet på toppen, ligger de to atelierene til Bergman og Hartung. Tanken var å skille mellom livet i hjemmet og arbeidet med kunsten. I likhet med de tomme veggene skulle hjemmet være en frisone fra kunsten, eller kanskje viktigst; i atelieret skulle de være frie fra hverdagens hjemlige gjøremål. Fra Bergmans atelier, som er betydelig mindre enn ektemannens, hadde hun utsyn til oliventrærne, og kunne slik være tett på årstidenes skiftende syklus. I Antibes slo Bergman rot, og inn kom franske motiver: bølgene, mistralvinden og middelhavshorisonten. Hun lengtet ikke lenger etter Norge. «Frankrike har blitt mitt hjem», uttalte hun.[46]

Hjemlengsel og minner
I 1952 brøt altså Bergman opp fra Norge og gjorde Frankrike til sitt nye hjemland. Det å stå mellom ulike hjemland og kunstverdener ble imidlertid formende for hennes kunst.[47] Minnet om Norge og norske landskap fulgte henne livet ut og fant veien inn i kunsten. På avstand stod forbindelsen til norsk natur tydeligere frem som kunstnerisk motiv. Samtidig ble hun i Paris del av et pulserende, internasjonalt kunstliv. Den franske kunsthistorikeren Annie Claustres har sett på minnets betydning i Bergmans kunst og hvordan hennes bilder så lett fester seg i betrakterens minne.[48]

It was when she began to mourn Norway that she claimed an artistic language in which images come to occupy places in order to secure the permanence of memory.[49]

I minnets betydning for kunsten ser vi en parallell til den fransk-amerikanske kunstneren Louise Bourgeois (1911–2010), som var samtidig med Bergman. Hun forlot hjemlandet Frankrike og bosatte seg i New York.

«Hjemlengsel – avskåret fra hjemlandet Frankrike som hun var – var også noe som ga næring til arbeidet, og det samme gjorde hennes nye 'habitat', New York, og kunstmiljøet der. Fra dette tidspunktet ble det å *bryte* med fortiden og å *gjenfinne* den, to sider av samme sak.»[50] Det skriver Briony Fer om Bourgeois med relevans også for Bergman. «Det *er* Norge […] Særlig når jeg bor i utlandet, sniker det seg inn», har hun uttalt.[51] Bergman og Bourgeois føyer seg inn i en lang rekke av kunstnere som brøt opp fra sine opprinnelige hjemland, eksempelvis Bergmans ektemann Hartung, Kandinskij, Sonja Ferlov Mancoba (1911–1984), Sonia Delaunay (1885–1979) og Rothko, som Bergman kjente. Både Paris og New York var en smeltedigel for kunstnere fra ulike land. Allerede før avreisen til Paris reflektert Bergman over avstand fra hjemland: «Se seg selv, sin egenart, samt sin nasjons egenart lærer man først når man har tatt avstand fra den en stund.»[52]

Bergman slo igjennom som kunstner i Frankrike på 1950-tallet og gikk fra å være Hans Hartungs kone til å bli kunstneren Anna-Eva Bergman. Hun hadde oppdaget potensialet i bladmetallets lysskimrende og reflekterende virkning, men også dets tiltrekkende, nesten uvirkelige og mystiske karakter.

Kilder

Bergman, Anna-Eva. «Reisen til Nord-Norge, 1950», i *Pistes/Stier*. Redigert av Ole Henrik Moe og Christine Lamothe. Oversatt av Luce Hinsch. Antibes: Fondation Hartung-Bergman, 1999.

Bergman, Anna-Eva. *Pistes/Stier*. Redi-gert av Ole Henrik Moe og Christine Lamothe. Oversatt av Luce Hinsch. Antibes: Fondation Hartung-Bergman, 1999.

Burke, Edmund. «A Philosophical Enquiry into the Origin of our Ideas of the Sublime and Beautiful (1757)», i *Estetisk teori: en antologi*. Redigert av Kjersti Bale og Arnfinn Bø-Rygge. Oslo: Universitetsforlaget, 2008.

Claustres, Annie. *Anna-Eva Bergman: Peindre feuille à feuille / Painting Leaf by Leaf*. Antibes: Foundation Hartung-Bergman, 2000.

Engelstad, Svein. «Anna-Eva Bergman», i *Anna-Eva Bergman. Minne-utstilling* 1989, utstillingskatalog. Oslo: Kunst-foreningen, 1989.

Fer, Briony. «The Ticking of the World», i *Louise Bourgeois. Imaginary Conversations / Imaginære samtaler*. Redigert av Andrea Kroksnes, Briony Fer, Marianne Yvenes og Kristian Wikborg Wiese. Oslo: Nasjonalmuseet for kunst, arkitektur og design, 2023.

Hartung, Hans. *Selbstportrait*, zusammengestellt und bearbeitet von Monique Lefebvre, Schriftenreihe der Akademie der Künste, Band 14. Berlin: Akademie der Künste Berlin, 1981.

Hellandsjø, Karin (red.). *Surrealisme, linje og form. Anna-Eva Bergmans formative år 1949–52*, utstillingskatalog. Høvikodden: Henie Onstad Kunstsenter, 2010.

II. documenta '59. Kunst nach 1845. Malerei, Skulptur, Druckgrafik. International Ausstellung 11. Juli–11. Oktober 1959. Kassel, utstillingskatalog. Köln: Verlag M.Dumont Schauberg Köln, 1959.

Karmel, Pepe. *Abstract Art. A Global History*. London: Thames & Hudson, 2021.

Kovacs, Istvan Korda og Kari Borg Mannsåker. *Møte med malerne Anna-Eva Bergman og Hans Hartung*. NRK, 23. januar 1980.

Lund, Gabriel. *Farsund-Lundene*. Oslo: Dybwad, 1950.

Messel, Nils. *Oppdagelsen av fjellet*. Oslo: Nasjonalmuseet for kunst, arkitektur og design, 2008.

Moe, Ole Henrik. *Anna-Eva Bergman. Liv og verk / Vie et Œuvre*. Oslo: Dreyer Forlag, 1990.

Nabi, Nabila Abdel, Briony Fer, Frances Morris og Laura Stamps.

«Introduction», i *Hilma af Klint & Piet Mondrian: Forms of Life*. London: Tate Modern, 2023.

Norsk Nutidskonst. Den offisielle norske kunstutstilling Stockholm 1951. Liljevalchs konsthall 19. oktober–20. november 1951, utstillingskatalog. Stockholm: Liljevalchs Konsthall, 1951.

Sobrinho, Francisco Matarazzo. «Presen-tation», i *X Bienal de São Paulo: Catálogo*. São Paulo: Fundação Bienal, 1969.

Sørvåg, Tove Aadland. «Alt blir som en visjon: En lesning av Anna-Eva Bergmans verk *Grande Montagne d'argent*». Masteroppgave. Universitetet i Bergen. 2009.

Woll, Gerd. *Edvard Munch: Samlede malerier*. Oslo: Cappelen Damm, 2008.

Noter

1 Anna-Eva Bergman, *Pistes/Stier*, redigert av Ole Henrik Moe og Christine Lamothe (Antibes: Fondation Hartung-Bergman, 1999), upaginert, oppføring datert 2. august 1950.

2 I tillegg til *La grande montagne* (1957) ble *Gong Gong* (1956) og *Le grande crabe* (1957) vist.

3 *Il. documenta '59. Kunst nach 1845. Malerei, Skulptur, Druckgrafik. International Ausstellung 11. Juli–11. Oktober 1959. Kassel* (Köln: Verlag M. Dumont Schauberg Köln, 1959).

4 Til sammen var 12 kvinnelige kunstnere representert med maleri, skulptur og grafikk.

5 Anna-Eva Bergman og Hans Hartung hadde besøk av Kandinskij og hans kone Nina i sitt hjem i rue Daguerre i Paris, og sammen besøkte de Mondrian i hans atelier i Paris. Se Hans Hartung, *Selbstportrait, zusammengestellt und bearbeitet von Monique Lefebvre, Schriftenreihe der Akadmie der Künste, Band 14* (Berlin: Akademie der Künste Berlin, 1981), 87, 91.

6 Anna-Eva Bergman var gift med Hans Hartung to ganger, først i 1929. De skilte seg i 1938, og Bergman vendte tilbake til Norge i 1939. I Norge giftet hun seg med Fritjof Lange, mens Hartung giftet seg med Roberta Gonzales. Bergman og Hartung begynte å korrespondere i hemmelighet i 1948. I 1952 ble de gjenforent i Paris, og de giftet seg på nytt i 1957.

7 Anna-Eva Bergmans erindringer diktert til Andrea Schomburg, 1985, manus i Fondation Hartung-Bergmans arkiv, 86.

I sin selvbiografi beskriver Hartung sitt vennskap med Rothko og erindrer et møte i sitt atelier i Arcueil allerede i 1946 eller 1947. Hans Hartung, *Selbstportrait*, 152.

8 Pepe Karmel, *Abstract Art. A Global History* (London: Thames & Hudson, 2021), 31.

9 Bergman, *Pistes/Stier*, upaginert, oppføring datert 24. mars 1951.

10 Maleriet er utgangspunkt for analyse i Tove Aadland Sørvåg, «Alt blir som en visjon. En lesning av Anna-Eva Bergmans verk *Grande Montagne d'argent*» (masteroppgave i kunsthistorie, Universitetet i Bergen, 2009).

11 Se Ida Bronkens kapittel «Å male med metall» i denne boken.

12 Bergman, *Pistes/Stier*, upaginert, oppføring datert 21. juli 1947.

13 Karl Egil Aubert, «det gylne snitt» i *Store norske leksikon* på snl.no.

14 Anna-Eva Bergmans erindringer, 99.

15 Anna-Eva Bergmans erindringer, 53.

16 Bergman, *Pistes/Stier*, upaginert, oppføring datert 11. november 1946.

17 Se Karmel, *Abstract Art*, som tar for seg den abstrakte kunstens historie og forbindelsene til den virkelige verden.

18 Karmel, *Abstract Art*, 7.

19 Bergman, *Pistes/Stier*, upaginert, oppføring datert 22. september 1949; Istvan Korda Kovacs og Kari Borg Mannsåker, *Møte med malerne Anna-Eva Bergman og Hans Hartung*, NRK, 23. januar 1980.

20 Nabila Abdel Nabi, Briony Fer, Frances Morris og Laura Stamps, «Introduction», i *Hilma af Klint & Piet Mondrian: Forms of Life* (London: Tate Modern, 2023), 9.

21 Bergman, *Pistes/Stier*, upaginert, oppføring datert 15. oktober 1950.

22 Bergman, *Pistes/Stier*, upaginert, oppføring datert 24. juli 1950.

23 Vandreutstillingen «Surrealisme, strek og form. Anna-Eva Bergmans formative år 1949–1952», som åpnet på Henie Onstad Kunstsenter i 2010, satte søkelys på surrealistiske impulser i Bergmans bilder rundt 1950. Karin Hellandsjø (red.), *Surrealisme, strek og form. Anna-Eva Bergmans formative år 1949–1952* (Høvikodden: Henie Onstad Kunstsenter, 2010).

24 Nils Messel, *Oppdagelsen av fjellet* (Oslo: Nasjonalmuseet for kunst, arkitektur og design, 2008). Utstillingen «Sauvages nudités. Peindre le Grand Nord» viste verk av Peder Balke, François-Auguste Biard og Anna-Eva Bergman i Château de Fontainebleau utenfor Paris, 7. juni–8. juli 2019.

25 Edmund Burke, «A Philosophical Enquiry into the Origin of our Ideas of the Sublime and Beautiful (1757)», i *Estetisk teori: en antologi*, redigert av Kjersti Bale og Arnfinn Bø-Rygg (Oslo: Universitetsforlaget, 2008), 34.

26 Burke, «A Philosophical Enquiry», 35.

27 Bergman, *Pistes/Stier*, upaginert, oppføring datert 2. august 1950.

28 Anna-Eva Bergman, «Reisen til Nord-Norge, 1950», i *Pistes/Stier*.

29 Se Bronken, «Å male med metall».

30 Ole Henrik Moe, *Anna-Eva Bergman. Liv og verk / Vie et Œuvre* (Oslo: Dreyer Forlag, 1990), 29.

31 Baos far, Emanuel Christopherson Lund (1830–1911) fikk skjøte på gården i 1880 og var gårddriver, men også offiser, kartograf, kaptein og oberstløytnant. Gabriel Lund, *Farsund-Lundene* (Oslo: Dybwad, 1950), 216.

32 Baos søster, Hilda Othelie Lund (1870–1957), overtok gården etter sin far. Lund, *Farsund-Lundene*, 217–219.

33 Anna-Eva Bergmans erindringer, 69–70.

34 Biennalen ble initiert i 1951 etter modell av Venezia-biennalen. Andre norske som var med, var Trond Botnen (1937–2019) og Arne Malmedal (1937–2018) med grafikk og Arne Vinje Gunnerud (1930–2007) med skulptur.

35 Anna-Eva Bergmans erindringer, 101–102.

36 Francisco Matarazzo Sobrinho, «Presentation», i *X Bienal de São Paulo: Catálogo* (São Paulo: Fundação Bienal, 1969), 14.

37 Anna-Eva Bergmans erindringer, 17–18.

38 *Norsk Nutidskonst. Den offisielle norske kunstutstilling Stockholm 1951. Liljevalchs konsthall 19. oktober–20. november 1951* (Stockholm: Liljevalchs Konsthall, 1951), 10, 52.

39 *Norsk Nutidskonst*, 29–30, 58–59. Edvard Munch var representert med maleriene 281, 359, 605, 1001, 1286, 1579 i Gerd Woll, *Edvard Munch: Samlede malerier* (Oslo: Cappelen Damm, 2008) samt seks grafiske blad utlånt fra Nasjonalgalleriet (Nasjonalmuseet for kunst, arkitektur og design).

40 Bergman, *Pistes/Stier*, upaginert, oppføring datert 1. august 1950.

41 Svein Engelstad, «Anna-Eva Bergman», i *Anna-Eva Bergman. Minneutstilling 1989* (Oslo: Kunstforeningen, 1989), 14. I 1939 vendte Bergman tilbake til Norge, hun sluttet å lage kunst, livnærte seg som skribent og illustratør,

fordypet seg i ulike studier, inntil hun tok opp kunsten igjen i 1946.

42 Bergman møtte Lange etter at hun utgå romanen *Turid i Middelhavet* (1942), og hun giftet seg med sønnen hans, Frithjof Lange, kort tid senere.

43 Dette var en herskapelig bolig opprinnelig oppført for forretningsmannen Christian Christiansen jr. (1825–1894) og hans familie i 1878/79. Bygningen ble i 1888 solgt til legen og helsepioneren Ingebrigt Christian Lund Holm (1844–1918) som flyttet sitt kurbad hit. «Nedre Nanset» på lokalhistoriewiki.no; Sverre Thon, «Ingebrigt Holm» i *Norsk biografisk leksikon* på snl.no.

44 Se Thomas McQuillan, «À chacun son paradis», i denne boken.

45 Huset var opprinnelig tegnet i 1928–1931 for den amerikanske kunstsamleren Théodore Schempp (1904–1988) og bar tittelen Villa Schempp.

46 Anna-Eva Bergmans erindringer, 95.

47 Kovacs og Mannsåker, *Møte med malerne Anna-Eva Bergman og Hans Hartung*.

48 Annie Claustres, *Anna-Eva Bergman: Peindre feuille à feuille / Painting Leaf by Leaf* (Antibes: Foundation Hartung-Bergman, 2000), 22.

49 Claustres, *Anna-Eva Bergman*, 23.

50 Briony Fer, «The Ticking of the World», i *Louise Bourgeois. Imaginary Conversations / Imaginære samtaler*, redigert av Andrea Kroksnes mfl. (Oslo: Nasjonalmuseet for kunst, arkitektur og design, 2023), 69.

51 Jon Lie, «Lavmælt oppstuss på Høvikodden», *Aftenposten*, 27. april 1979.

52 Bergman, *Pistes/Stier*, upaginert, oppføring datert 31. desember 1948.

Anna-Eva Bergman, gjenoppdaget

Hélène Leroy

Takket være den retrospektive utstillingen – den første som ga et overblikk over hele kunstnerskapet hennes – som ble vist på Musée d'Art Moderne i Paris i 2023, ble Anna-Eva Bergman på mange måter gjenoppdaget i våre dager. Nå har hun vel å merke aldri vært noen hemmelig eller underkjent kunstner, heller ikke mens hun levde. Gjennom hele livet reflekterte Bergman dessuten teoretisk over sin egen kunstneriske utvikling.[1] Talentet hennes ble utviklet ved tone-angivende institusjoner i Europa på begynnelsen av nittenhundretallet. Denne utviklingen vitner om en sterk frigjøringstrang samtidig som den reflekterer et forløp som er ganske karakteristisk for kunstnerne som fulgte den modernistiske bevegelsen og som rent instinktivt følte behov for å frigjøre seg fra systemene som risikerte å legge bånd på dem. Før krigen resulterte reisene og utenlandsoppholdene til Bergman i en rekke tekster og bilder som med sitt figurative og journalistiske perspektiv forteller om en skarp observasjonsevne. På denne tiden var hennes forhold til moderne kunst preget av en veloverveid distanse, noe som ble forsterket av hennes vennskap med andre kunstnere og besøk på utstillinger eller i museer. Senere modnet hun og tok et oppgjør med seg selv, noe som førte til at hun etter krigen realiserte sin livsvei som non-figurativ maler. Fra da av ble hun anerkjent og offisielt plassert i kategorien «levende kunst», «art vivant».[2]

Maleri, kategorien «abstrakt kunst»
Hvis vi setter opp en skjematisk framstilling av maleriets historie i annen halvdel av 1900-tallet, ser vi at den dominrende tendensen i etterkrigstidens abstrakte maleri både var en lyrisk abstraksjon, og en geometrisk abstraksjon med optiske og kinetiske oppfølgere. Bergman tilhørte det parisiske miljøet og deltok ved internasjonale utstillinger som gjorde henne til del av «den andre» eller den «nye Paris-skolen». Den første «Paris-skolen» hadde samlet utenlandske kunstnere som var aktive i den franske hovedstaden i mellomkrigstiden, uten at de representerte en stilistisk enhet. Den andre skolen, derimot, samlet non-figurative malere som hadde gjennomlevd andre verdenskrig, da den abstrakte kunsten var blitt forkastet som «entartete Kunst» i Nazi-Tyskland. Disse kunstnerne møttes jevnlig i parisiske gallerier og på utstillinger, spesielt viktig ble Salon de mai, (Vårsalongen), en årlig begivenhet etablert i 1943 under ledelse av kunstkritikeren Gaston Diehl, som protest mot nazistenes kunstsyn. Denne utstillingen ble organisert i lokalene til Musée d'Art Moderne de la Ville de Paris årlig helt fram til 1970, og Bergman stilte ut der hvert år fra 1952.

Merkelig nok har det nesten ikke vært skrevet noe om Bergmans forbindelse til den abstrakte kunsten, selv ikke blant de mest anerkjente kunstkritikerne som har villet forsvare hennes verk, og selv om hun eksplisitt la vekt på det «non-figurative» aspektet eller «kunsten å abstrahere» i egen produksjon. Forfatterne har heller framhevet hennes særegenhet. Tonen er ofte rosende og engasjert, med vekt på verkenes kosmiske og kontemplative dimensjon. Dette gjelder tekster av Michel Ragon, Marcel Seuphor, Alain Jouffroy, Herta Wescher og Roger Van Gindertael i Frankrike, av Josef Paul Hodin i England, av Giuseppe Marchiori i Italia og av Will Grohmann i Tyskland, for å nevne noen av de viktigste navnene i Bergman-bibliografien fra hennes samtid.

I ettertid er det vanskelig å vurdere hvilken mottakelse Bergmans arbeider fikk hos det brede publikum. Men antallet tekster som ble publisert i pressen, i tidsskrifter og i utstillingskataloger, sier noe om hvor synlig arbeidet hennes var. De vitner helt klart om at dette arbeidet ikke gikk upåaktet hen, men det er vanskelig å si noe sikkert om mottakelsen hos et bredere publikum på den ene side, på den andre å vite hvilken anerkjennelse hun fikk i akademiske kretser. Det fins få negative artikler som hadde kunnet spille rollen som konstruktiv motstemme. De få som er fra denne perioden, er anonyme eller skrevet av folk som ikke har noe navn innenfor kunstkritikken og som i knappe ordelag gir uttrykk for sin manglende forståelse. I flertallet av avisomtalene som er bevart i kunstnerens arkiv,[3] er synspunktene svært subjektive og understrekingen av hvor kontemplative bildene til Bergman er, går på bekostning av analysen. Det er som om verkene hennes ennå ikke var modne for kunsthistorien og bare trengte å bli avdekket og betraktet, noe de også ble, skal vi tro antallet utstillinger der hun var representert.

Bergman deltok på 317 utstillinger i 40 land mens hun levde. 140 av dem var i Frankrike, 59 i Norge, 21 i Tyskland. Vi kan telle 71 separatutstillinger hvorav 29 var innenfor institusjonelle rammer (museer, kunstsentre, skoler, kunstakademier), det vil si uavhengig av gallerier og kunstmarked.[4] Når det gjaldt internasjonalt organiserte kollektivutstillinger der hun bidro, var de aller fleste viet grafikk, et tydelig signal om fornyelsen av grafikken som fant sted etter krigen. Begeistringen for grafikk rundt i Europa kan vi se gjennom mengden av salonger, biennaler og sammenslutninger av profesjonelle eller amatører på feltet. Bergmans talent ble også spesielt verdsatt på dette området, og hun samarbeidet med flere av tidens beste grafiske trykkerier, som

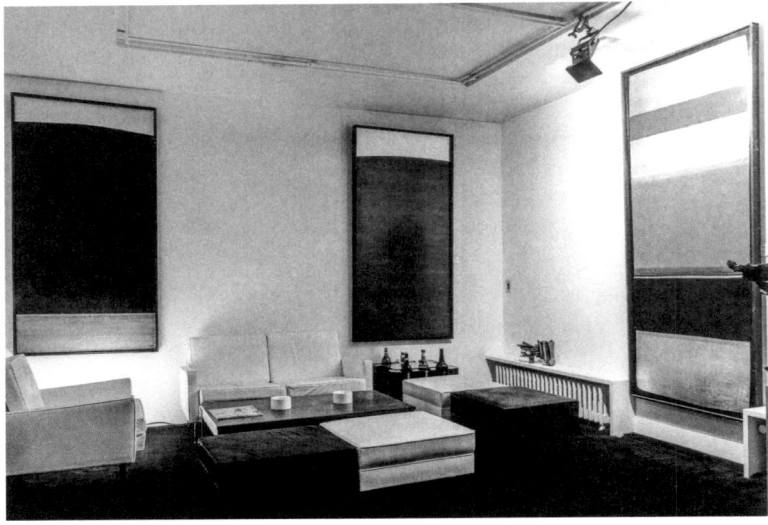

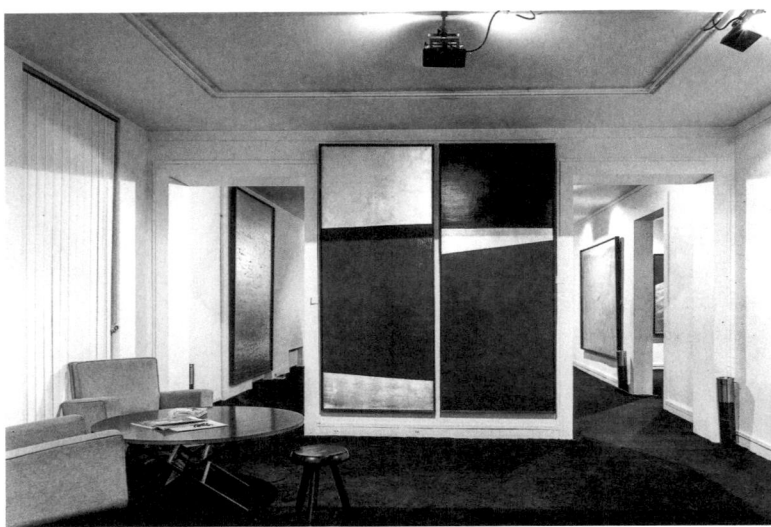

1 A–B   Fra utstillingen «Anna-Eva Bergman.
Œuvres récentes», Galerie de France,
Paris, 1968

Lacourière, noe som bidro til å gjøre henne til en av frontfigurene i grafikkens renessanse.

Kunstnerens gjennombrudd
Bergman holdt sin første separatutstillingen i Unge Kunstneres Samfund (UKS). Den fikk bred omtale, men ble raskt glemt. Først i 1966 ble hennes kunstnerskap gitt oppmerksomhet i Norge med utstillingene i Kunstnernes Hus i Oslo og Bergen Kunstforening. Etter dette holdt hun mange utstillinger i Norge.

Norsk presse dekket kunstbegivenhetene som Bergman deltok på utenfor Norge. Fra 1966 av ble tonen mer panegyrisk, men også mer etterrettelig. Artikkelforfatterne var kunstkritikere, noen av dem er selv kunstnere, som Ole Mæhle eller Bjarne Rise, andre stod for kunsthistoriske framstillinger, som Karl K. Ringstrøm, bosatt i Frankrike, og ikke minst kunsthistoriker Ole Henrik Moe. De fleste av disse artiklene var illustrert med en eller flere gjengivelser av verkene, men ofte også med et fotografi av kunstneren selv [ill. 4 og 6]. Norske samlere, museer og kunstmarkedet har videreført dette perspektivet helt fram til i dag. Den nasjonale tilhørigheten fikk også et internasjonalt tilsnitt da Bergman ble valgt som Norges representant ved biennalen i São Paulo i 1969. Men innenfor den avgrensede norske kunsthistorien kom gjenoppdagelsen av Bergman først relativt sent, det vil si på 1990-tallet, en periode da 1950-årene ble tema for både utstillinger og store historiske studier skrevet av norske kuratorer og kunsthistorikere. I denne sammenhengen ble hennes betydning vektlagt, og Bergmans verk fikk et løft.[5]

Bortsett fra den enestående retrospektive utstillingen i Galleria Civica d'Arte Moderna i Torino i 1962 [ill. 3] var det Frankrike og Tyskland som overtok stafettpinnen fra Norge når det gjaldt å gjøre Bergman kjent. Den første separatutstillingen i utlandet fant sted i Berlin, i Kunstantiquariat Wasmuth, i 1952. I Tyskland spilte kritikeren Will Grohmann, som Bergman hadde møtt via Hans Hartung før krigen, en viktig rolle i promoteringen av hennes arbeid helt fra begynnelsen av 1950-tallet av. Ikke minst bidro han til hennes internasjonale gjennombrudd ved å velge henne ut til den andre Documenta-mønstringen i Kassel i 1959. Det var desto mer bemerkelsesverdig siden det var ytterst få kvinner som var representert på den internasjonale kunstmønstringen (de var sju i 1955, tolv i 1959, åtte i 1964, fire i 1968 og tolv i 1972). Slik sett stiller Bergmans berømmelse henne på siden av den vanlige fortellingen om usynliggjøring av kvinnelige kunstnere. I 1959 figurerte hun sammen med Anne Bonnet, Lynn Chadwick, Helen

Frankenthaler, Terry Haass, Grace Hartigan, Barbara Hepworth, Brigitte Meier-Denninghoff, Fayga Ostrower, Dorothea Tanning, Maria-Helena Vieira da Silva og Unica Zürn. Alle disse kvinnene arbeidet innfor et non-figurativt språk.

Galerie de Frances viktige rolle

I Frankrike bidro spesielt Galerie de France til å gjøre Bergmans kunst kjent. Galleriet organiserte sju viktige separatutstillinger som alle på sitt vis representerte viktige faser i hennes kunstnerskap, og alle fikk solid pressedekning [ill. 5]. Galleriet, som ligger i Rue du Faubourg-Saint-Honoré i Paris, ble drevet av tospannet Myriam Prévot og Gildo Caputo, sistnevnte kom fra Galerie Drouin, et galleri som var kjent for sin avantgardistiske profil. Begge løftet fram kunstnere som opererte innenfor «lyrisk» eller «ekspresjonistisk» abstraksjon, de fleste av dem sto Bergman nær, som Hans Hartung selvfølgelig, men også Zao Wou-Ki, Pierre Soulages, Alfred Manessier, Jean Le Moal og Édouard Pignon.

Myriam Prévot var knyttet til Bergman og Hartung også privat, et vennskap som gjorde henne desto mer engasjert i promoveringen av Bergmans arbeider.[6] Bergman hadde full tillit til Prévot når det gjaldt opphengningen av bilder. Utstillingene i Galerie de France vitner om en dyp respekt for hennes verk, som også kommuniserte perfekt med det minimalistiske interiøret [ill. 1 A–B] Galleriet la vekt på å presentere sine kunstnere i moderne omgivelser, og samarbeidet jevnlig med forretninger som formidlet avantgardistisk design, som møbelbutikken Mobilier International, som lå i nærheten av Faubourg-Saint-Honoré, eller med stormagasinene der grafikk ble solgt. Opphengningene i Galerie de France var elegante og innovative. I 1968 kunne man for eksempel se to store bilder, med titlene *No17–1968 Paysage jour* og *No16–1968 Paysage nuit* arrangert som et diptyk, så tett i tett at de nærmest utgjorde et nytt verk. Den samme presentasjonen blir gjentatt av Bergman selv i Antwerpen i 1970 [ill. 2].

Til alt overmål støttet det parisiske galleriet en rekke andre utstillinger i Frankrike og i utlandet, enten de var arrangert av studenter, kunstforeninger eller kolleger. Galleriet spilte også en rolle som formidler mellom kunstnere og kunstinstitusjoner, initierte utlån og sørget for mediedekning. Bergman var inkludert i en rekke av galleriets prosjekter. En tydelig forskjell kom likevel til uttrykk i salgsverdiene; Bergmans verk ble solgt til langt lavere summer enn hennes mannlige kunstnerkolleger i galleriet. Bildene til Hans Hartung, Zao Wou-Ki eller Pierre Soulages gikk ofte for det mangedobbelte.[7]

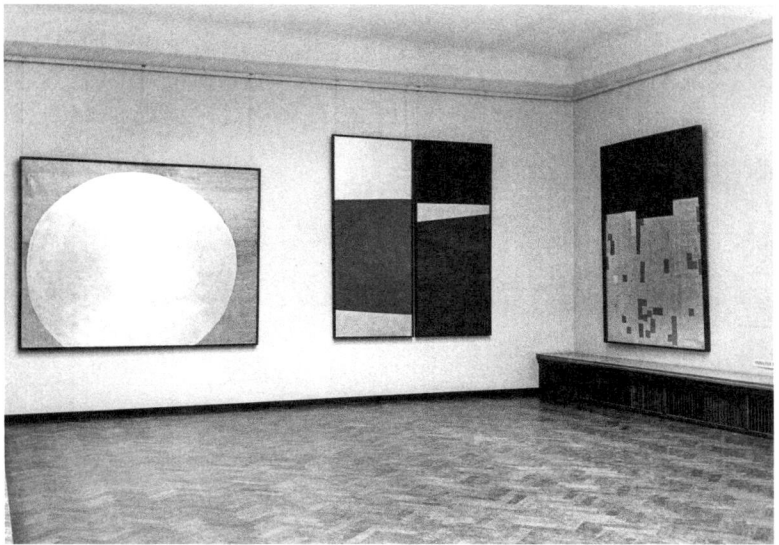

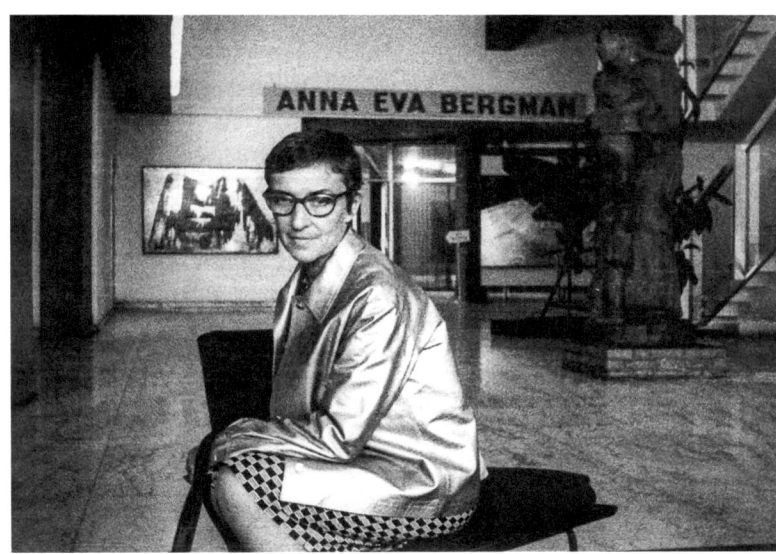

2   Anna-Eva Bergmans verk i Akademie Antwerpens vandreutstilling «10 Noren» arrangert av den norske regjeringen, Akademie Antwerpen, Antwerpen, Belgia, 1970

3   Anna-Eva Bergman på åpningen av utstillingen «Anna-Eva Bergman. Dipinti, Tempere, Disegni», Galleria Civica d'Arte Moderna, Torino, 1967

To utstillinger samtidig

Anna Eva Bergman stiller også ut grafikk i Paris

PARIS i april.

Samtidig som Anna Eva Bergmans maleriutstilling er gjenstand for en berettiget oppmerksomhet fra publikums side (og derfor er blitt forlenget) åpnes en ny utstilling av hennes kunst — denne gangen er det grafiske arbeider. Hun utstiller en rekke tresnitt og etsinger — i sort-hvitt i farver. To utstillinger i Paris er ingen dårlig debut. Men så er også Anna Eva Bergman en betydelig og fremfor alt en meget original kunstnerinne. Med imponerende ærlighet og uryggelig stahet har hun arbeidet med sine problemer og kommet frem til resultater som er forbløffende. Man blir stillet overfor en kunst som kan virke forvirrende i sin tilsynelatende enkelhet. At hennes malerier har vakt oppmerksomhet og at man snakker om Anna Eva Bergman i kunstkretser i Paris viser den store interesse hennes utstilling har vakt. Og hennes kunst har også krav på oppmerksomhet. Den er hverken artistisk raffinert eller utsøkt primitiv, hverken nøkternt beregnende eller heftig uttrykksfull — men den er rolig avbalansert og fylt med menneskelig varme.

Det man i første rekke hefter seg ved i Bergmans grafikk er den ro, den harmoni, hennes arbeider gir uttrykk for. Det er ikke en selvtilfredshetens ro, men en tilkjempet ro. «Det stilleste vann har den dypeste grunn». Bergman har ikke villet fremstille en harmonisk ro — men den harmoniske ro ligger i hennes bilder som en naturlig selvfølgelighet. Og det er i disse arbeider hun yder sitt beste. Her føler man at det er resonnans mellom kunstnerens personlighet og det kunstneriske billedstoff som skal uttrykkes. Her føler man at verkene er opplevet, at de er grepet og tilrettelagt for den billedmessige fremstilling av en fantasi som ikke er presset utover sin ydeevne, men av en fantasi som skaper av indre tvang. I de meget få bilder hvor hun fremstiller aggressive former kan det komme noe ukontrollert over hennes kunst. Man har inntrykk av at kunstneren har gitt etter for et følelsesmessig behov efter å uttrykke sin aversjon, efter å uttrykke sin fiendtlighet overfor noe. Følelsene har fått for frie tøyler og man savner til en viss grad den kunstneriske viljen som tvinger fantasien til å skape den sammenhengende — og levende — form.

Den levende form — de levende former. Dette er kjernen i Anna Eva Bergmans kunst. Hun forsøker ikke å deformere bestemte objekter fra det ytre liv — hun vil ikke beskrive enkeltheter fra hverdagslivets virkelighet, men med utgangspunkt i de abstrakte formelementer vil hun skape verker som er nok i seg selv. De enkelte verker skal leve sitt eget selvstendige liv uavhengig av alle efterlignende faktorer. Bergman ser ikke kunstverkets oppgave som å fremstille noe — men som å være noe. Kunstverket skal ha sin egen realitet og denne realitet skal bygges

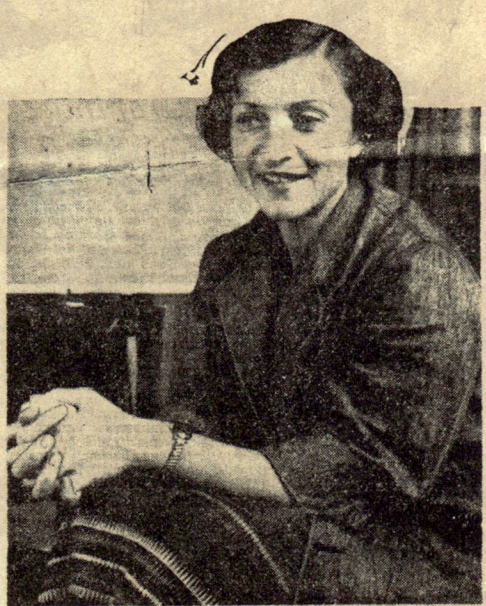

på de abstrakte elementers farve og form.

Var det en gledelig opplevelse å se Anna Eva Bergmans maleriutstilling, var det ikke mindre gledelig å se hennes grafikkutstilling. Med denne slår hun fast at hun også som grafiker er en meget original kunstner. Dessuten — på denne grafikkutstillingen får man anledning til å følge med i hennes kunstneriske utvikling — fra de splittede til de samlede former. Grafikkutstillingen illustrerer på en utmerket måte Bergmans streben efter å uttrykke seg med få og enkle midler — en uttrykksform som ikke bare synes å falle hen-

ne naturlig, men som dessuten er original og personlig.

To utstillinger samtidig i Paris — det viser at man setter pris på Bergmans kunst her i Seinestaden. Og de to utstillinger viser også at man har grunn til å sette pris på hennes kunst. For hun ligger ikke bare i sin non-figurative kunst langt borte fra allfarveien, men hun har også gitt den en meget personlig holdning. Det er verdier i Bergmans kunst — verdier som man har vanskelig for å tro at publikum vil la forbli upåaktet svært lenge.

Karl K. Ringstrøm.

1958/Par.

La Galerie de France vous prie d'honorer de votre présence le vernissage de l'Exposition des peintures récentes d'ANNA EVA BERGMAN, qui aura lieu le Vendredi 7 Février 1958 de 16 à 20 heures, 3, rue du Faubourg St-Honoré, Paris-VIIIe.

Fram i lyset

Til tross for en solid karriere med mange støttespillere, tallrike utstillinger og gode kritikker, dalte oppmerksomheten for Bergmans kunst etter hennes død i 1987. Og selv om flere kunstinstitusjoner, ikke minst i Norge, har arrangert utstillinger av henne, og selv om Fondation Hartung-Bergman har stått bak mange utgivelser, så har det skjedd i et klima som ikke har vært spesielt velvillig stemt overfor kunstnere innenfor det abstrakte.

En skepsis mot etterkrigstidens maleri rammet også Bergman, men i hennes tilfelle virker det også som at nettopp siden det er umulig å kategorisere henne som en hundre prosent abstrakt maler, så har det ført til en slags institusjonell utestengning og bidratt til å forsinke en historisk gjennomgang og plassering av kunstnerskapet hennes. Dette paradokset blir illustrert ved at hun er omtalt i Michel Seuphors *Dictionnaire de la peinture abstraite* (1957), mens hun er fraværende fra *Elles font l'abstraction*, et samleverk utgitt i 2021 av Musée National de l'Art Moderne – Centre Pompidou, i en kontekst der man ønsket å gjenfortelle abstraksjonens historie ved å framheve bidragene fra kvinnelige kunstnere. Det er ikke tvil om at Bergman hadde tette forbindelser til de største innenfor abstrakt kunst og amerikansk minimalisme. I dag ser vi dette desto tydeligere, takket være ny dokumentasjon av hennes kontakt med disse kunstnerne, eksempelvis Mark Rothko.[8] Forbindelsen mellom dem var allerede dokumentert mens hun levde, blant annet i en pressemelding, men dette var for vagt og isolert til å bli tillagt vekt. Dette forholdet, som aldri har vært gjenstand for en teoretisk analyse eller en visuell presentasjon, kan nå bli satt i fokus.

Det samme gjelder forbindelseslinjene til surrealismen i Bergmans kunstnerskap etter krigen. Det dreier seg spesielt om perioden fra slutten av 1940 til starten av 1950, knyttet til billedserien «Fragments d'une île en Norvège». En slik nylesning er resultat av norske kunsthistorikeres arbeid med forbindelsen mellom den lyrisk abstrakte retningen innen malerkunsten og surrealismen. I Norge har dette perspektivet kommet til uttrykk i studiet også av andre kunstnere som var samtidige med Bergman.[9] Forbindelsen skurrer kanskje litt hvis man holder seg til tradisjonelle framstillinger av surrealismen, for den konsentrerer seg gjerne om mellomkrigstiden, men i dag kan en slik plassering godt forsvares takket være studier som vektlegger videreføringen av surrealismen i en mer global sammenheng etter krigen.[10] Når Bergman nå blir trukket fram i lyset igjen, er det bare å understreke at den iboende originaliteten i

hennes verk sammen med dialogen hun stadig opp-
rettholder med de viktigste kunstretningene i sin
samtid, gjør henne til en stadig like aktuell kunstner.

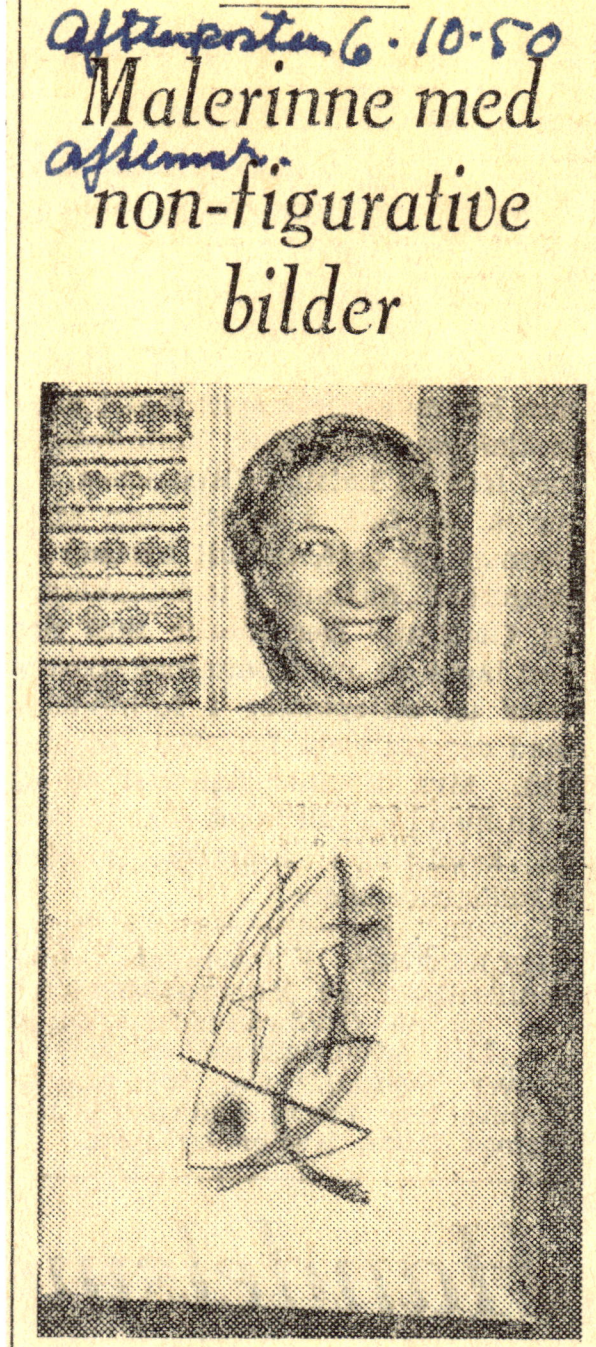

Kilder

Eckhoff, Audun (red.). *Fokus 1950. Norsk billedkunst i etterkrigstiden*, utstillingskatalog. Oslo: Spartacus / Museet for samtidskunst, 1998.
Fondation Hartung-Bergmans arkiv
Hellandsjø, Karin og Lars Toft-Eriksen (red.). *Surrealisme, linje og form. Anna-Eva Bergmans formative år 1949–52*, utstillingskatalog. Høvikodden: Henie Onstad Kunstsenter, 2010.
Bergman, Anna-Eva. *Pistes/Stier.* Redigert av Ole Henrik Moe og Christine Lamothe. Oversatt av Luce Hinsch. Antibes: Fondation Hartung-Bergman, 1999.

Noter

1. Se kunstnerens skrifter, spesielt i Ole Henrik Moe og Christine La-mothe (red.), *Pistes/Stier* (Antibes: Fondation Hartung-Bergman, 1999). Anna-Eva Bergman gjen-fortalte for øvrig sine erindringer i 1985 i samtale med Andrea Schomburg. Disse er aldri blitt utgitt, men finnes i arkivet til Fondation Hartung-Bergman.
2. Vanligvis omtaler vi i dag aktuell kunst som «samtidskunst», det samme gjelder kunst fra andre halv-del av 1900-tallet, men betegnelsen var lite brukt i kunstkritikken og i kunstinstitusjonene mellom 1930-tallet og i etterkrigstiden. Da fore-trakk man betegnelsen «art vivant», «levende kunst».
3. Fondation Hartung-Bergmans arkiv.
4. Vi kan telle 24 separatutstillinger i Frankrike, 22 i Norge, ti i Tyskland.
5. Se Audun Eckhoff (red.), *Fokus 1950. Norsk billedkunst i etterkrigs-tiden* (utstillingskatalog), (Oslo: Spartacus / Museet for samtids-kunst, 1998).
6. Myrian Prévot og Gildo Caputo var forlovere da Anna-Eva Bergman og Hans Hartung giftet seg igjen i 1957.
7. Disse opplysningene kan vi finne i arkivene til Galerie de France (utstillinger, oversikt over kunst-nere, salgspriser og presseomtaler), de er arkivert ved Institut Mémoires de l'édition contemporaine (Imec).
8. Se Thomas Schlessers kapittel «Fra Fra Angelico til Rothko» i denne boken.
9. Se Karin Hellandsjø og Lars Toft-Eriksen, *Surrealisme, linje og form. Anna-Eva Bergmans formative år 1949–52* (utstillingskatalog), (Høvikodden: Henie Onstad Kunst-senter, 2010).
10. I den forbindelse viser jeg til utstil-lingene «La fureur poétique» på Musée de l'Art Moderne de la Ville de Paris i 1967, «La planète affolée. Surréalisme, dispersion et influen-ces. 1938–1947» i Centre de la Vie-ille Charité i Marseille i 1986, «Le surréalisme dans l'art américain» samme sted i 2021 og «Surrealism beyond borders» i Metropolitan Museum of Art i New York og Tate Modern i London i 2021–22.

4. Karl Ringstrøm, «To utstillinger samtidig», *Morgenbladet*, 27. april 1955
5. Pierre Humboin, «À Paris…», *Nice-Matin*, 3. desember 1968
6. «Malerinne med non-figurative bilder», *Aftenposten*, 6. oktober 1950

Å male med metall

Ida Antonia
Tank Bronken

Anna-Eva Bergman malte med metall. Ved hjelp av bladmetall og geometri fikk hun frem både lys og dybde i sine malerier, uten perspektiv. I sitt hjem i Antibes etterlot hun seg utallige notater, inskripsjoner, malingstuber, verktøy og andre kilder som i dag er uvurderlige for forståelsen av hennes kunstnerskap. Teknikk og materialbruk er viktige nøkler til hennes kunst. Og hun poengterte ettertrykkelig: «Jeg ville bare være ærlig og innrømme at jeg ikke er en ren gullmaler.»

Etterkrigsårene i Norge var formative for Bergman. I denne perioden endret hun gradvis både maleteknikk og motiver. Mellom 1948 og 1951 eksperimenterte hun seg frem til en bruk av bladmetall som ble kimen i hennes kunstneriske prosjekt. Arbeidet med materialer, motiv og ny teknikk kulminerte med *Komposisjon* fra 1951 [s. 96–97], som regnes som hovedverket fra Bergmans tid i Norge. Konservering og undersøkelser av dette tredelte verket, et såkalt triptyk, gir oss ny kunnskap om Bergmans metode og kunstneriske orienteringer. Det monumentale triptyket, som er 4 meter bredt, ble kjøpt inn av Nasjonalmuseet i 2013 og har ikke vært vist offentlig siden 1956 før Nasjonalmuseets utstilling i 2024. Det ble malt til Hotell Farris Bads hotellbar i Larvik.

Kunsthistoriker og Bergman-biograf Ole Henrik Moe (1920–2013) hevdet at Bergman først i 1952 ble en «moden» maler.[1] Studier av *Komposisjon* (1951) tilsier at Bergman alt i Norge hadde funnet sin vei i maleriet. Et teknisk gjennombrudd, anvendelsen av metall, la grunnen for hennes typiske særpreg – å male lys med metall.

Komposisjon (1951) er malt på treplate. Dette underlaget og det tredelte triptykon-formatet gjør det nærliggende å se det i sammenheng med kirkekunst, særlig på grunn av bruken av bladmetall. Denne står i sterk kontrast mot fargefelt som er matte eller har høyglans. Et viktig trekk i nettopp dette verket er i tillegg bruken av gjennomskinnelige blå, røde og lilla fargelag over bladmetallet. *Komposisjon* (1951) er et resultat av Bergmans søken etter et nytt maleri; verket forener en rekke ulike impulser. Tiden i Norge bød ikke bare på viktige landskapserfaringer, men også fordypning og inspirasjon fra middelalderkunst, geometri og arkeologi.

Å male med metall

Bergman har uttalt at hun lærte, eller ble inspirert til, å bruke bladmetall av sin venn og da svigerfar, arkitekten Bernt Arlet Christian Lange (1864–1951). I et brev til sin tidligere og snart kommende ektemann Hans Hartung beskrev hun Lange som en vidunderlig, gammel lærer, en gotisk arkitekt.[2] Sammen diskuterte

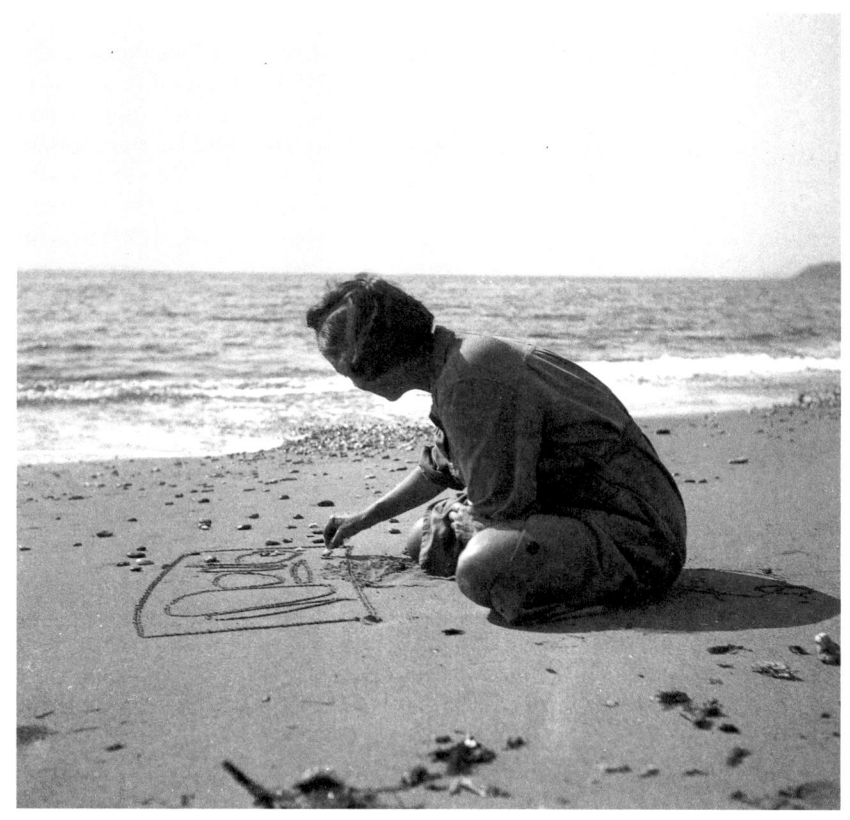

1   Anna-Eva Bergman i La Croix-Valmer, Frankrike, 1953

Bergman og Lange geometri og det gylne snitt. Lange hadde inngående erfaring med det gylne snitt blant annet fra tiden da han bidro med illustrasjoner til Fredrik Macody Lunds (1863–1943) *Ad Quadratum* [ill. 2].[3] Macody Lund, som også var Bergmans fjerne slektning, var en selvlært historiker og meget interessert i norsk middelalderhistorie. Blant annet hadde han mange ideer til restaurering av Nidarosdomen i Trondheim.[4] Lange og Lund samarbeid tett om disse planene.[5] Lunds og Langes arbeid ga gjenklang hos Bergman. I årene 1946–1949 arbeidet hun med og skrev om arkitektur og geometriske former [ill. 3], og hun siterte blant andre Macody Lund.[6] Lange hadde som arkitekt bakgrunn fra Sentral-Europa. Han var utdannet i Kassel, deretter Hannover. Før han flyttet tilbake til Norge, hadde han arbeidet for arkitekt Josef Kauzer og professor Imre Steindl i Budapest.[7] Han hadde blant annet arbeidet i St. Elisabeth-domkirken i Košice og St. Egedius-basilikaen i dagens Bardejov i Slovakia (tidligere Kaschau og Bartfeld).[8]

Lange var sentral for Bergman i valget om å bruke bladmetall i maleriet. Selve utprøvingen og eksperimenteringen stod Bergman for selv. I et intervju satte hun teknikken i sammenheng med «de gamle mestere»:

– Teknikken?
– Det er den de gamle mestere brukte. Gullgrunn preparert med jordfarger. En gammel arkitekt lært meg den, det vil si han kjente den bare teoretisk. Vi eksperimenterte, og fant fram til en slags prosess, som jeg siden har forbedret.[9]

Lange ble en viktig samtalepartner for Bergman. I likhet med Lange var Bergman bereist; hun hadde sett kunst og arkitektur i både Tyskland, Østerrike, Frankrike og Italia, før hun vendte tilbake til Norge i 1939. Hun hadde ved selvsyn sett hovedverk fra kunsthistorien. At hun ikke bare var oppdatert på sin samtids kunst, vitner hennes notater om: «Bysantinsk kunst og kunst i kjølvannet av Giotto interesserer meg mer og mer, med deres ekstraordinære uttrykkskraft skapt med minimale midler og deres store respekt for billedlig teknikk.»[10]

Her kommer hennes interesse for teknikk til syne. Kunsthistoriker Annie Claustres ser Bergmans bruk av gullgrunn i sammenheng med mosaikker og ikoner.[11] Å reflektere lys er her et fellestrekk og noe Bergman søkte mot. Bergman malte ikke som en håndverker i middelalderen ville gjort, men de malte platene i *Komposisjon* (1951) trekker allikevel noen linjer bakover, mer bestemt mot en nærere middelalder enn store mosaikker i bysantinsk stil. Bergmans

verk fra 1948 til 1951 ble laget for å reflektere lyset. Maleriene er påført bladmetall over maling for deretter å bli malt over på nytt, en teknikk som minner lite om de geometriske og harde tessera i mosaikk. Slike ruter av glass eller keramikk med gull reflekterer også lyset, men når Bergman malte med metall, oppnådde hun dette med en helt annen teknikk.

Lange har i stor grad fått æren av å være den som introduserte Bergman for bladmetall. Han fortalte sikkert om de store alterskapene i kirkene han jobbet med under sitt opphold i Slovakia og Budapest. Men viktigere er hva Bergman selv kan ha sett. I Norge er det nærliggende å tenke på kirkekunst fra middelalderen. Her finner vi eksempler på gjennomskinnelige fargelag over sølv. De best bevarte overflatene fanger og reflekterer lyset – selv i dag, opptil 800 år etter de ble laget. Dette er nesten umulig å gjengi i fotografier. Den visuelle effekten av bladmetall, med eller uten lasurer (delvis gjennomskinnelig maling) over, er derfor ikke lett å reprodusere i bøker. Så hva kan hun ha sett av middelalderkunst i virkeligheten?

Det store skiftet – 1948

Etter andre verdenskrig ble samlinger og kunsten igjen tilgjengelig i Norge. Et viktig bekjentskap for Bergman i denne sammenheng var den norske arkeologen og etnografen Gutorm Gjessing (1906–1979). Flere brev fra Gjessing viser at han beholdt kontakten med Bergman i minst to tiår.[12] I tillegg viser et brev fra Gjessing til Bergman datert 1955 at Gjessing ønsket å dele sitt akademisk arbeid. I Bergmans boksamling finner vi hele sju av Gjessings bøker, titler om forhistorisk kunst, vikingskipsfunnene og etnografi med dedikasjoner fra Gjessing.[13] I årene 1940–1946 var Gjessing ansatt ved Universitetet i Oslos Oldsaksamling under Anton Wilhelm Brøgger (1884–1951).[14] Han hadde tatt sin doktorgrad på norsk arkeologi i merovingertiden (ca. år 500–800). Han både skrev og underviste med et stort faglig spenn, om blant annet båtfunn, gravhauger, magisk symbolisme, figurasjon og abstraksjon i bergkunst og billedsteiner.[15] Under krigen var de aller viktigste gjenstandene i Oldsaksamlingen gjemt vekk, så studier av gjenstander og tilgang til bibliotekene kan ha vært vanskelig både for ansatte og publikum. I tillegg til å være den største arkeologiske samlingen i Norge er Oldsaksamlingen en av de aller viktigste samlingene av bemalt kirkekunst fra middelalderen. I 1947 ble Gjessing utnevnt til professor på Universitet i Oslo og tok over som leder for etnografisk museum. Både Oldsaksamlingen og Etnografisk museum var den gang, som i dag, lokalisert i Historisk museum, som er nærmeste nabo til Nasjonalgalleriet midt i Oslo sentrum, like i nærheten av Bergmans hjem i Bogstadveien.

I avisintervjuer har Bergman uttalt at hun studerte geometri, arkeologi og middelalderkunst.[16] I et intervju med Ulf Renberg kommer det frem at hun var inspirert av norsk middelalderhistorie, religionshistorie og studier i filosofi, arkeologi og geometri.[17] I et annet intervju formidlet hun sin fascinasjon for arkeologi.[18] I dagboken sin har hun notert følgende betraktning:

Oldtidens (kinesisk, indisk, persisk, egyptisk, arkaisk, gresk) og middelalderens [kunst] som den dag i dag er levende – det er samme kunst – fordi den er aktuell den dag i dag uansett tid og motsetninger – fordi den er utgått av religiøs oppriktighet, religiøs sannhetstrang.[19]

For Bergman var altså middelalderens kunst levende. I søken etter en ny kunst for en ny tid er fortiden relevant. Hun var på jakt etter noe allmenngyldig, og kanskje til og med håpefullt – som om det var nødvendig å finne frem til en eldre sannhet og en eldre skjønnhet for en ny tid?

Den innledningsvis nevnte Bergman-biografen Ole Henrik Moe har diskutert det han kaller «steinstilen» i verk fra 1952.[20] Han kaller dem «den enkelte vannslipte stein»,[21] men er dette det vi ser i Bergmans motiver? Bergmans former er ujevne, ofte skarpe og direkte spisse, i kontrast til stein vasket opp fra havet, som er avrundet av bølgenes bevegelser. Kan Bergmans former være vel så mye en påvirkning fra kultur som natur? Like før Bergman kom tilbake til Norge, åpnet en jernalder-utstilling på Historisk museum.[22] Der kan hun ha studert de utstilte steinverktøyene i tillegg til illustrasjoner i arkeologiske tekster. I 1945 ga Gjessing ut boken *Norsk steinalder*.[23] En gjennomgang av bokens illustrasjoner gjør det fristende å trekke paralleller til de mange motivene Bergman gjentar igjen og igjen etter avreisen fra Norge, eksempelvis i verket *N°5-1952 Deux formes noires* fra 1952 [ill. 5]. Disse formene gjenskapte Bergman da hun ble fotografert av Hartung i La Croix-Valmer mens hun tegner i sanden [ill. 1]. Oldsaksamlingen i Fredriksgate er rik på steinverktøy, og i Gjessings bok fra 1945 finner vi eksempelvis Nøstvethakker [ill. 4]. Bergmans motiver kan sies å svinge som en pendel mellom kultur og natur.

I 1946 åpnet en ny utstilling i Historisk museum, i Oldsaksamlingen, kuratert av førstekonservator Gerhard Fischer (1890–1977). I sine notater om utstillingen skrev Fischer:

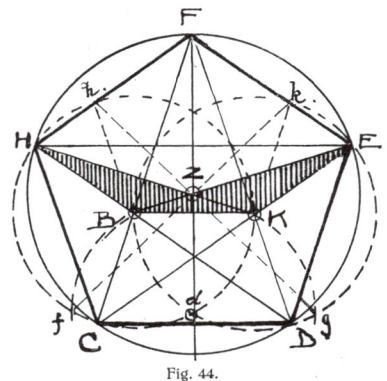

Fig. 44.

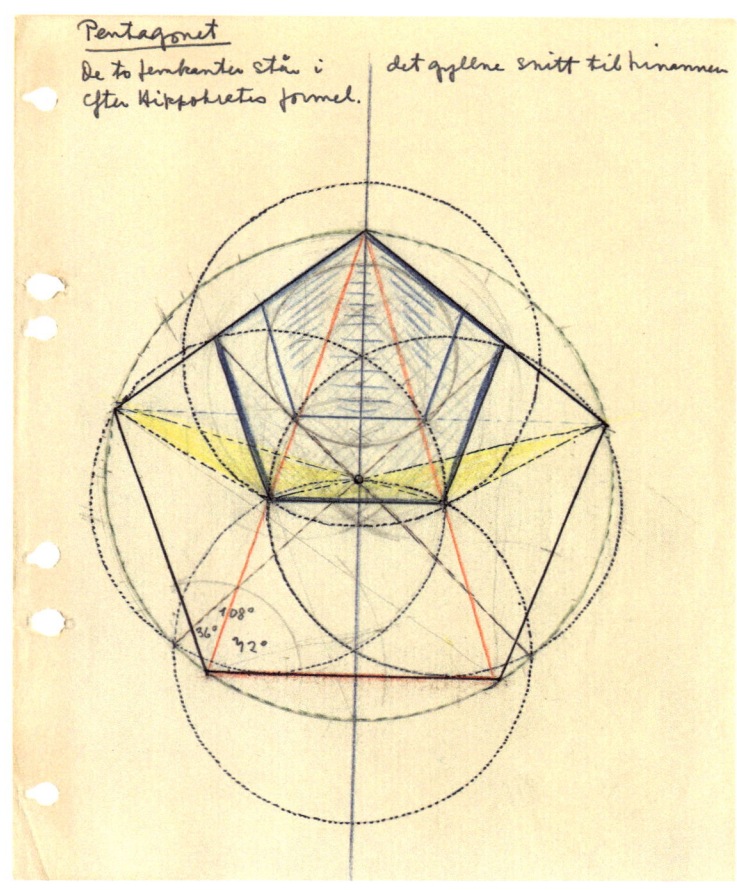

2 Pentagram fra Macody Lunds bok *Ad Quadratum* (1919), muligens tegnet av Lange
3 Anna-Eva Bergman, *Formatene og deres deling*, 1949

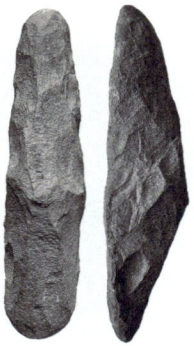

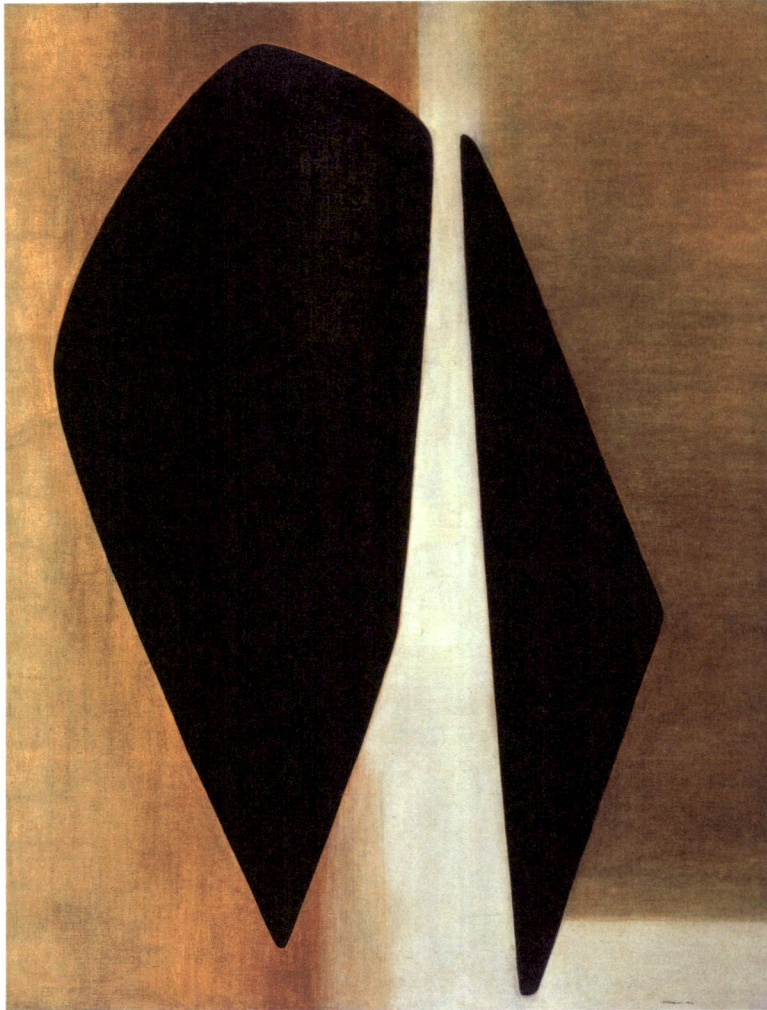

4   Nøstvethakke fra Råde i Østfold
5   Anna-Eva Bergman, *N°5-1952 Deux formes noires*, 1952

Oppstilling av middelalderavdelingen 1945. G.F. Hovedpunkter: Det norske materialet må komme best mulig til sin rett … Antemensalene gis en fremtredende plass, men ikke under de 2 sengotiske alterskapene.[24]

De sengotiske skapene han nevner, har antagelig vært produsert i Tyskland. Fischer ønsket å fremheve og formidle norsk middelalderkunst. Han skrev videre mer utfyllende:

Denne kirkekunsten er det som mere enn noe annet preger de salene vi nu skal gå igjennem. Vel er meget av skulpturen og det øvrige utstyret delvis ødelagt og mangler ofte de sterke farvene som vi bare hist og her ser rester av. Disse farvene er det i høi grad nødvendig å tenke sig, og dessuten må vi huske på at kirkene gjerne var nokså mørke så de enkelte gjenstandene virket dobbelt sterkt i det varme kjertelyset på altrene … Ved siden av disse innførte senmiddelalderske kirkesakene skal vi særlig legge merke til en del overordentlig fine tidlige norske arbeider som også er utstilt i dette rummet. De tre malte antemensalene er ypperlige representanter for gotikkens malerkunst. Det eldste er antemensalet fra Heddal kirke. Med sin enkle opdeling og verdige, helt frontale Kristusskikkelse må det være et tidlig gotisk arbeide fra første del av 1200-årene – antagelig utført i Oslo. Figurene står enda mot gullgrunn og er trukket op med kraftige mørke konturer.[25]

Utstilt i rommet bak de to tidlige frontalene, altså de malte trepanelene laget for å stå foran alteret, fra Tingelstad og Heddal, var en kopi av Olavsfrontalet [ill. 8]. Originalen ble da vist i Nidarosdomen. Blant de utstilte gjenstandene var også fransk metallkunst fra middelalderen med innsatt emalje laget i Limoges, og flere eksempler på bemalt middelalderskulptur.[26] Selv om Fischer snakket om tap av bemaling, er det flere eksempler hvor overraskende mye av bemalingen er bevart, og hvor farge over metall skaper liv og bevegelse i overflaten, blant annet i Heddalfrontalet [ill. 6].

Det er en påfallende parallell mellom alle steinøksene og de tidlige steinalder-dolkene som fantes i Historisk museums samlinger, og Bergmans kunst tidlig på 1950-tallet. I tillegg til steinøkser har museet også flere billed- og runesteiner. En av de mer monumentale steinene er den store Alstadsteinen, som kom inn i Oldsaksamlingen i 1913. Den er ikke nevnt i Fischers dokumentasjon av 1946-utstillingen, men

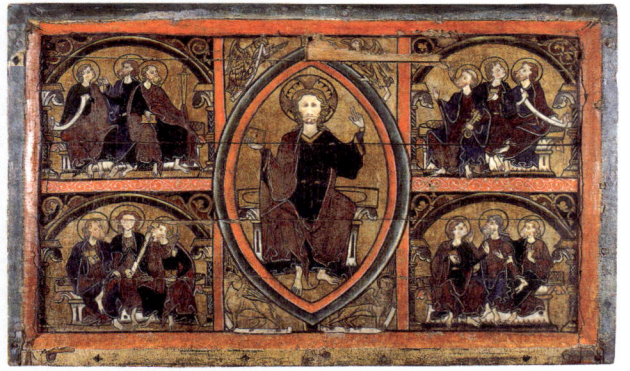

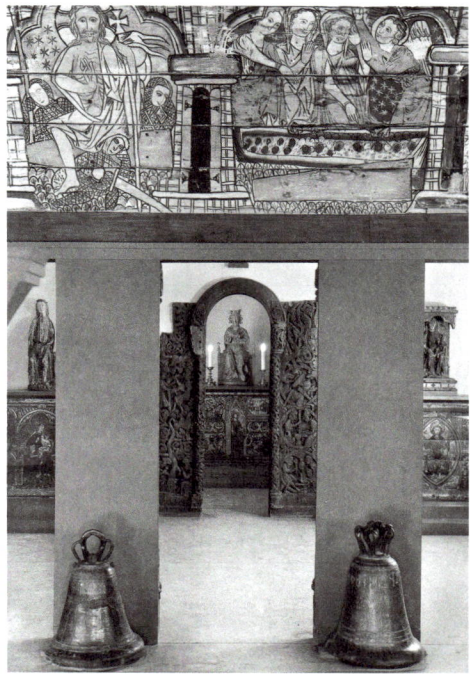

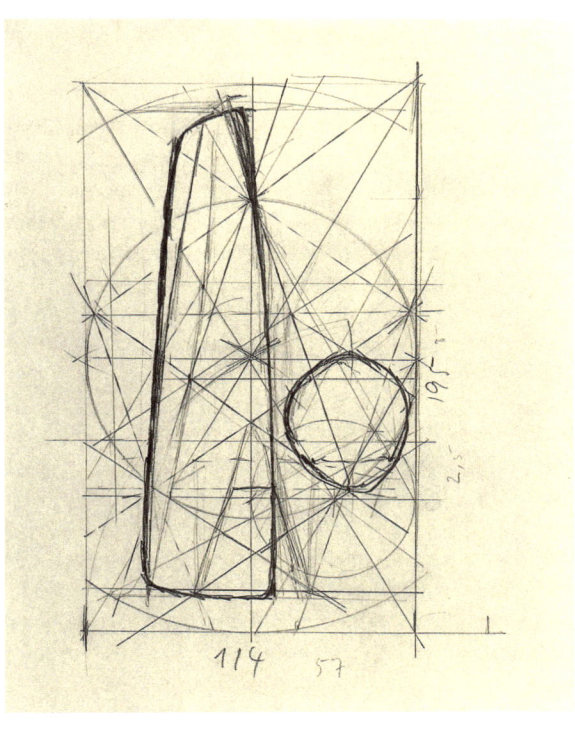

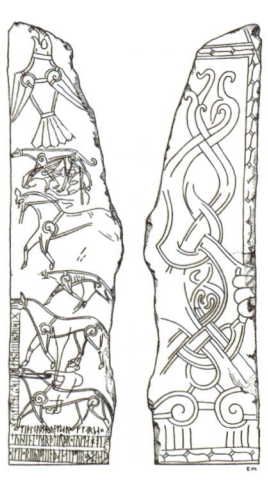

6 Heddalfrontalet, hvor store deler av polykromien
 er bevart.
7 Anna-Eva Bergman, skisse til *Stele avec Lune*,
 1953

8 Fra Fischers utstilling i Fredriksgate 2, 1946
9 Eva Wilson, opptegning av Alstadsteinen

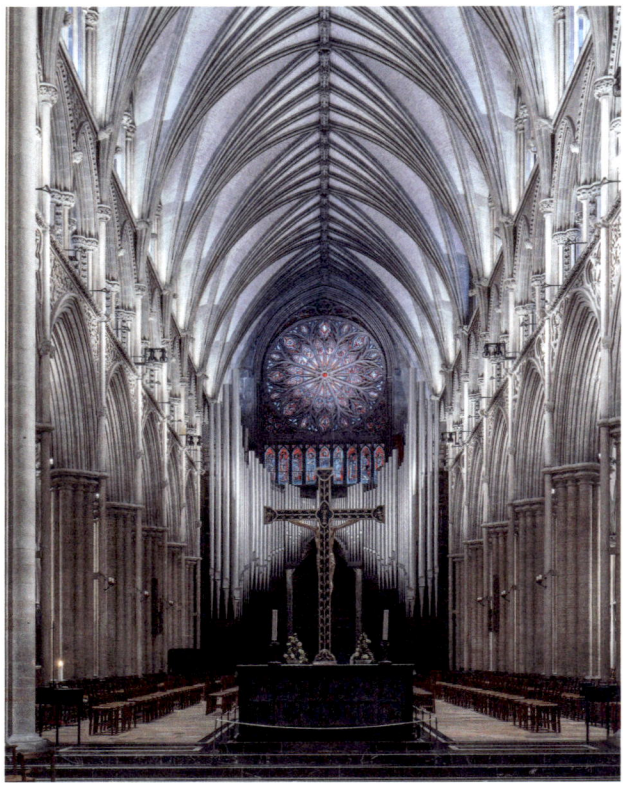

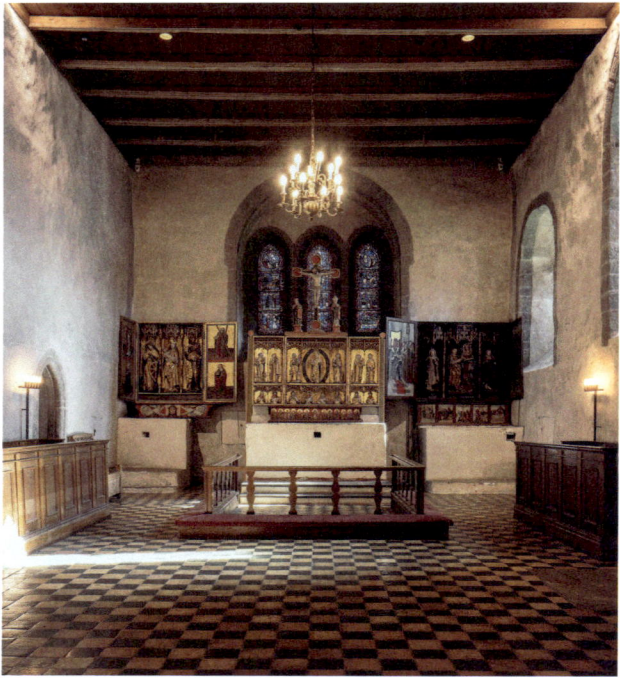

10 Vestsiden av Nidarosdomen i Trondheim
11 Trondenes kirke med de tre alterskapene

den er samtidig naturlig å trekke frem som eksempel på objekter som kan være en mulig inspirasjon for Bergmans maleri *N°2-1953 Stèle avec lune* (1953) i Nasjonalmuseets samling [ill. 9 og s. 103]. Flere av billedsteinene har vært stilt ut utenfor museet og i vestibylen på forskjellige tidspunkt, og kan ha vært kjent for Bergman gjennom publikasjoner og plansjer.

Når det gjelder steiner og eldre historie, er det nærliggende å trekke frem oppholdene på Citadelløya (utenfor Stavern, ikke langt fra Larvik), hvor Bergman befant seg tre somre, og arbeidet hennes på Hotell Farris Bad i Larvik. Vestfold fylke er rikt på ulike arkeologiske kulturminner som former landskapet. På stranden utenfor Nevlunghavn på Brunlanes finner vi Mølen med sine 230 små og store rullesteinshauger. Flere av disse tror man kan være gravhauger. I tillegg er de store oppreiste steinene i båtform på Istrehågan i Vestfold også relevante for motiver som *N°2-1953 Stèle avec lune*.[27]

I perioden da Gjessing tok steget ut fra arkeologi til etnografi, underviste han på Universitetet i Oslo. I en forelesningstekst fra 1946 er det tydelig at grensene mellom fornminner og kunst gled over i hverandre:

> I bronsealderkunsten spiller religiøse motiver som solbilder, religiøse opptog og andre utvilsomme kulthandlinger en avgjørende rolle. Øksene som støtt forekommer, fins ofte plassert på en slik måte at de ikke kan få noen annen forklaring enn som religiøse symboler, kultredskaper osv. ... Det viktige i dette samband er likevel at vi også må vurdere utviklingen av steinalderkunsten ut fra dens religiøst-magiske betydning.[28]

Reisen mot nord – 1950
At landskapene og naturen i Nord-Norge har vært viktig for Bergmans kunstnerskap, er godt dokumentert. Bergmans dagbok fra reisen til Nord-Norge i 1950 er dessuten et vitnesbyrd om hvilke kunstverk og bygninger hun har sett.

I dagboken skrev hun om besøket i Trondenes kirke (fullført 1440), som ligger et stykke utenfor Harstad, og Nidarosdomen (omtrent 1150–1300) i Trondheim.[29] Dermed er det meget sikkert at hun i Trondheim så det originale Olavsfrontalet fra omtrent 1300. Olavsfrontalet var blitt returnert til Norge av den danske stat i 1930 og ble da Bergman besøkte byen oppbevart i det østre oktogonske kapellet.[30] Det er derfor meget sannsynlig at Bergman så det da hun besøkte kirken i tre timer den 26. juni 1950.[31] De store glassmaleriene er også eksempler på kirkekunst som aktivt bruker lys og farge [ill. 10]. Den 26. august 1949, et par måneder før disse besøkene, skrev hun i dagboken: «Byggekunsten er forstenet verdenshistorie. Naturen er materialisert guddommelighet. Det guddommelige begrep er abstraksjon som gir seg tilsyne – og materialiserer seg gjennom naturen.»[32]

I Trondenes kirke befinner det seg fortsatt tre alterskap. To av dem skal være laget i Nord-Tyskland og ett muligens i Nederland, før de ble fraktet helt opp til denne lille kirken i nord.[33] Da hun gikk inn i den nyrestaurerte kirken, ville rommet vært dominert av refleksjonene fra de forgylte overflatene, særlig det midtre på høyalteret (1460–70) [ill. 11]. I dagboken skrev Bergman at presten hadde tent lysene, og at det var «en usedvanlig stemningsfull og vakker kirke». Den enkle hvitvaskede steinkirken fra middelalderen er plassert nede ved kystlinjen midt i det dramatiske, nordnorske landskapet – et landskap vi møter gjentatte ganger i hennes senere malerier. I Trondenes kirke fikk hun oppleve de maleriske effektene som hun og Lange må ha diskutert.

Gjessing hadde undersøkt kirken i 1939, da han arbeidet for Tromsø Museum.[34] Den gangen beskrev han den slik: «Trondenes kirke er jo tross alt ingen middelaldersk dusinkirke. Dens kirkepolitiske stilling har utvilsomt gjort den til Nord-Norges viktigste kirke.»[35]

Inspirert av middelalderen i Norge
Bergman utviklet sin egen teknikk blant annet ved å bruke tempera og en bred variasjon av metaller, flere enn det som var i vanlig bruk i middelalderen. I 1967 skrev hun til direktøren ved Nürnberg kunsthall:

For det første lager jeg aldri polertgull, fordi det blir for skinnende for mitt formål (jeg har prøvd å polere gull med agatstein flere ganger før, men det står seg ikke godt til det jeg prøver å uttrykke). For det andre bruker jeg metallblader i en helt annen forstand enn middelalderens malere, som brukte metallet gull eller tinnfolie eller sølv nesten bare som bakgrunn for å oppnå en høytidelig, hellig effekt. Selv bruker jeg de forskjellige metallbladene av forskjellig farget gull – sølv – bly – tinn – bronse – aluminium (som er veldig vakkert og slitesterkt) – vismut etc. – også for å oppnå en uvirkelig effekt – men for meg er det også et malerisk medium – et plastisk element som jeg designer fritt, og som jeg ofte erstatter vanlig maling og pensler med. Dessuten lar jeg ofte gullet ha gjennomsiktige farger, og veldig ofte er det selve formene som er laget av metall i stedet for bakgrunnen.

… Apropos sølv eller tinnfolie, så ville dette blitt brukt veldig mye – mer enn gull – i de gamle norske stavkirkene i middelalderen, gjerne dekket med gull-lakk – (veldig fint) – også i Sørøst-Europa. Vismut fantes i Sveits, polert med agatstein, slik jeg også gjør (på det helt store Finnmarksbildet). Unnskyld at jeg skriver så langt, men jeg ville bare være ærlig og innrømme at jeg ikke er en ren gullmaler.[36]

Bergmans beskrivelse av teknikken sin viser flere ting, blant annet at hun er meget bevisst på både sin egen og middelalderens teknikker alt to tiår etter at hun først begynte å eksperimentere med metaller. Hun viser også at hun er bevisst effekten av å polere metallet eller ikke. I pressen har det gjentatte ganger vært påpekt at hun bruker gull og sølv, så det er forståelig at hun har hatt behov for å påpeke disse nyansene om at hun ikke bare malte med gull.[37]

Bergmans sene malerier har en så stor variasjon i metallenes glans og farge at man bare ved å se på overflaten forstår at her er det brukt flere metaller eller legeringer. Men hvilket metall begynte hun å male med? For å svare på dette har det tidligst daterte verk med bladmetall, N°ca-1948-50, og triptyket Komposisjon (1951) fra Hotell Farris Bad blitt studert og analysert av Nasjonalmuseet.

N°ca-1948-50 og Komposisjon (1951)
For å forstå hvilke påvirkninger Bergman har hatt og tatt med seg videre, er kunstverkene hennes den beste kilden.[38] Bergman har sagt at hun eksperimenterte med polering og forskjellige underlag:

Det var nødvendig å fortsette med vannbasert påføring av gull på den alt polerte armenske bolusen [leire brukt som underlag for blank forgylling]. Senere har jeg brukt en blanding som er mer solid, men som ikke gir de samme effektene. På den senere kan man derimot påføre flater av bly, tinn, aluminium eller bronse.[39]

Det aller første maleriet hvor Bergman brukte bladmetall, blir antatt ferdig i 1950, N°ca-1948-50. Motivet er en komposisjon av to gylne former mot svart matt bakgrunn [s. 85]. Kjemisk analyse viser utslag på kobber i områdene som er gylne. Det er derfor konkludert at Bergman har brukt kobber eller messing i stedet for gull her. I tillegg er disse lagene av kobber eller messing upolert. Overflaten er levende og ujevn, samtidig som det er et fravær av verktøysspor fra polering, samt et beskyttende lag på overflaten uten en synlig farge.

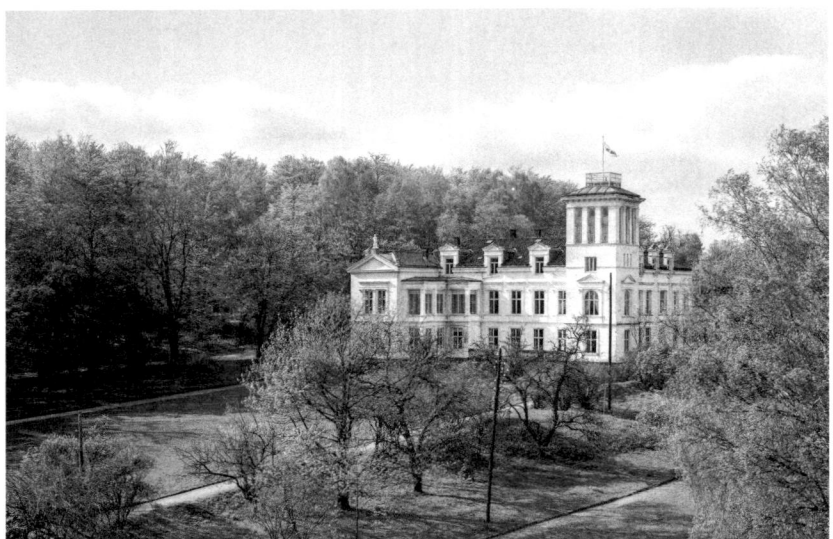

12   Vinterhotellet Farris Bad, 1946

Bergman nevner armensk bolus når hun refererer til disse første forgyllingsforsøkene, altså en type leire.[40] Leire er laget av en rekke plateformer, som nettopp gjør at disse partiklene kan gli over hverandre under press når man polerer, slik at man oppnår en jevn overflate. Flere av Bergmans arbeider fra 1950 og 1951 har visuelle spor av å ha blitt polert. Et eksempel er *N°160-1950*. Overflaten til metallet er jevnere, og det er flere verktøyspor, som riper enkelte steder på metallet.

I disse helt tidlige metallverkene er det klart at det er kun metallene som er gitt et beskyttelseslag, da vi ser en blankere og mørkere kant langs påføringskantene hvor laget har gått over malingen rundt metallet.[41] I *Komposisjon* (1951) brettes denne eksperimenteringen ut i stort format.

I *Komposisjon* (1951) lyser en rekke farger og former tilbake på oss. Bergman har påført bladmetallet, som hverken er sølv eller gull, rett på et transparent, gyllent lag (antagelig en type olje) over de malte lagene i stedet for å påføre et bolus-lag, samt at metallet er upolert. Det er malt store, gylne og mørkt røde gjennomskinnelige farger over metall, som gir lysreflekterende overflater som peker tilbake mot middelalderens kirkekunst. I tillegg har Bergman lagt tre forskjellige blå og to lilla sjatteringer av transparent farge over bladmetallet.

Bergman har i disse flatene utviklet et repertoar av nyanser og effekter med metallet. Med en klar kunnskap og forståelse av effekten av å legge farge over metallet, oppnår hun både refleksjoner og dybde. Hun har funnet en malerisk sikkerhet som peker fremover mot hennes senere internasjonale gjennomslag. Men hva kan sies om hvor og hvordan *Komposisjon* (1951) ble malt?

Farris Bads hotellbar – store formater
Den siste av de tre somrene Bergman oppholdt seg i kunstnerkolonien på Citadelløya, ble hun spurt om å stille ut verk i Hotell Farris Bads sommerrestaurant. Mannen bak initiativet var hotelldirektør Anton Olsen Bakke (1889–1958). Utstillingen skulle romme flere av Bergmans kunstnerkollegaer fra kunstnerkolonien i Stavern.[42] Bakke fortalte til pressen at en av kunstnerne fra utstillingen skulle få oppdraget å utsmykke hotellets frokostsal.[43] Valget falt på Anna-Eva Bergman, som dermed fikk bo på hotellet i en måned mens hun fullførte *Komposisjon*.[44] Bakke laget bar i første etasjen på kurhotellet (vinterhotellet), det var derfor til den store murbygningen at maleriene nå var tenkt [ill. 12].[45] Ikke mye er registrert om verkenes videre skjebne, men til åpningen 15. desember beskriver lokalavisen lokalet og den nye innredningen som «en

festlig og intim bar med hyper-moderne dekorasjoner [som] frister til en hyggelig pratestund. Man ser ikke noe morsommere og penere noe sted.»[46]

Besøkende i første etasje i vinterhotellet til Bakke har så kunnet se maleriene til Bergman. Men vinteren og våren gikk ikke hen uten drama i Larvik. Kommunestyret og direktør Bakke var ikke enige om driften, og skjenkebevilgningen ble etter hvert avvist. Sommeren 1952 så Bakke seg tvunget til å gi opp videre drift og solgte huset til kommunen etter mye protester og anklager i flere retninger i lokalavisen. Bakke hadde mange jern i ilden og tok over og pusset opp hotell Bellevue i Oslo. Maleriene var så med på flyttelasset som skal ha gått før 1. august 1952.[47] Hotellet, som ble omdøpt til Hotel Royal, lå på hjørnet av Kirkegaten og Karl Johans gate i andre og tredje etasje, og ble satt i stand med møbler fra Farris Bads vinterhotell. Frokostsalen i tredje etasje ble malt rød og innredet med Anna-Eva Bergmans triptyk.[48] Det var nok ikke slik at alle hotellgjester var like positive til Bakkes nymotens smak. Hans niese husker at noen av hotellgjestene på Hotel Royal ikke ville spise i frokostsalen fordi maleriene var så moderne.[49] Da hotellet ble solgt i 1957, tok Bakke enda en gang ned maleriene og innredet med dem i en nyinnkjøpt leilighet i Fredrik Stangs gate 42, som han så solgte. Maleriene har derfor vært lite kjent i behandlingen av Bergmans kunstnerskap; de har kun hatt begrenset offentlig tilgjengelighet i årene 1952–1956. Det største panelet har, etter at de tre verkene ble kjøpt inn, vært utstilt i Nasjonalgalleriet frem til 2019, men da alene, uten de to andre delene.

Den sentrale arven etter Norge

Observasjoner av materialbruken i *Komposisjon* (1951) gjør det naturlig å reflektere over at triptyket oppsummerer flere viktige aspekter av Bergmans tekniske utvikling i Norge. Undersøkelser med infrarødt lys viser i tillegg tydelige spor av at hun har brukt sine typiske geomteriske opptegninger,[50] som vi særlig kjenner fra skissene hennes [ill. 7]. Dette er av betydning, da det viser hvordan billedfeltene er delvis konstruert før påføringen av maling, metall og ferniss/overflatelag.

Påføring av vandige malingstyper som tempera og kasein krever en større sikkerhet og hurtighet enn om man jobber i olje. Bergman har påført matte fargelag som svart, latt det tørke, og deretter påført en tykk, blank lakk eller ferniss over dette, som sammen resulterer i en nesten emalje-lignende overflate. Under bladmetallet ligger preparasjonslag, og over metallene ligger igjen nye lag, antagelig for beskyttelse, men i flere tilfeller også for å gi farge.

Kombinasjonen med alle de forskjellige lagene som skulle samhandle, gjør at dette er alt annet enn en spontan teknikk. Det kreves kontroll og planlegging for å få et slikt resultat. At malingen har vært vandig, har nok hjulpet mye for det som ellers er en arbeidskrevende teknikk.

Bergman har ved bevaringen av sine notater, merkelapper, brev og bøker med mer ønsket at hennes kunst skulle studeres. Hun har ikke sett noen motsetning mellom å skape kunst og å utføre godt håndverk. Mens hun enda arbeidet i Norge, stilte hun strenge krav til seg selv: «Med kunstnerisk kvalitet menes åndelig kvalitet og håndverksmessig kvalitet.»[51]

Det tok mange år å komme dit, men hun fant seg selv som kunstner. Bergmans kunstnerskap kan sies å trekke opp en horisont som er lang, en natur som reflekterer lys, og en tid som strekker seg langt tilbake. Det er ikke mange spor av mennesker i hennes motiver, men samtidig sier maleriene hennes mye om det å leve og de som har levd. Selv om hun, for å bruke hennes egne ord, langt ifra er en gullmaler, så er hun derimot en maler av lys.

Kilder

Bergman, Anna-Eva. *Pistes/Stier*. Redigert av Ole Henrik Moe og Christine Lamothe. Oversatt av Luce Hinsche. Antibes: Fondation Hartung-Bergman, 1999.

Bronken, Ida Antonia Tank. «La feuille de métal dans l'œuvre d'Anna-Eva Bergman. 'Je ne peins pas vraiment à l'or'», i *Voyage vers l'intérieur: Anna-Eva Bergman*. Redigert av Hélène Leroy. 87–92. Oversatt av Louis-Emmanuel Moisan. Paris, Musée d'art moderne de Paris, 2023.

Claustres, Annie. *Anna-Eva Bergman: Peindre feuille à feuille / Painting Leaf by Leaf*. Antibes: Fondation Hartung-Bergman, 2000.

Eidnes, Asbjørn. *Trondenes kjerke. «Den Kircke har noget å sige»*. Harstad: Hålogaland historielag, 1993.

Ekroll, Øystein. *Middelalder i stein*, bind 1 av *Kirker i Norge*. Oslo: ARFO forlag, 2000.

Fischer, Johan Adolf Gerhard. *Middelalderoppstilling*. Oslo: Historisk Museums arkiv, 1946.

Fondation Hartung-Bergmans arkiv

Garstad, Randi Gerd. «Anna-Eva Bergman: Mellom europeisk modernisme og norsk natur. Utvikling av identitet: Vekt på eksperimentering mot modning 1947–1952». Hovedoppgave. Universitetet i Oslo. 2006.

Gjessing, Gutorm. «Urtidens monumentale kunst». *Kunst og kultur* 24, (1938): 147–144.

Gjessing, Gutorm. *Arkeologiens metoder. Forelesninger av Gutorm Gjessing*. Universitetets studentkontor, Universitetet i Oslo, 1946.

Gjessing, Gutorm. *Norsk steinalder*. Norsk arkeologisk selskap. Oslo: Johan Grundt Tanum, 1945.

Gjessing, Gutorm. *Mennesket er ett: Kulturforskning og kulturkrise*. Oslo: Aschehoug, 1948.

Gjessing, Gutorm og Marie Krekling Johannessen. *De hundre år – Universitetets Etnografiske Museums historie 1857–1957*. Oslo: Forenede Trykkerier, 1957.

Hohler, Erla. *Artists, Styles and Iconography*, bind 1 av *Painted Altar Frontals of Norway 1250–1350*. London: Archetype Publications, 2004.

Kausland, Kristin. «Late Medieval Altarpieces in Norway: Domestic, Imported or a Mixed Enterprise?» Ph.d.-avhandling. Universitetet i Oslo. 2017.

Lange, Albert J. *Slektebok over en fra Holstein indvandret slekt Lange*. Christiania: Jacob Dybwald forlag, 1917.

Lund, Augusta. *Mitt samliv med Macody*. Oslo, J.W. Cappelens forlag, 1945.

Lund, Macody Fredrik. *Ad Quadratum. Det geometriske system for antikens og middelalderens sakrale bygningskunst. Opdaget paa Kathedralen i Nidaros*. Kristiania: Aktieselskabet Helge Erichsen & Co.s Forlag, 1919.

Mielniczek, Andrzej Tomasz. «Anna-Eva Bergman». *Conservation Restauration* nr. 7/8 (1987): 9–10.

Moe, Ole Henrik. *Anna-Eva Bergman. Liv og verk / Vie et Œuvre*. Oslo: Dreyer Forlag, 1990.

Plahter, Unn. *Materials and Technique*, bind 1 av *Painted Altar Frontals of Norway 1250–1350*. London: Archetype Publications, 2004.

Schlesser, Thomas. *Luminous Lives: A Biography of Anna-Eva Bergman*. Oversatt av Charles Penwarden. London: ERIS, 2023.

Sørvåg, Tove Aadland. «Alt blir som en visjon: En lesning av Anna-Eva Bergmans verk *Grande montagne d'argent*.» Masteroppgave. Universitetet i Bergen. 2009.

Noter

1 Ole Henrik Moe, *Anna-Eva Bergman. Liv og verk / Vie et Œuvre* (Oslo: Dreyer, 1990).

2 Brev datert 24. august 1949, Fondation Hartung-Bergmans arkiv.

3 Augusta Lund, *Mitt samliv med Macody* (Oslo: J.W. Cappelens forlag, 1945).

4 Fredrik Macody Lund, *Ad Quadratum: Det geometriske System for Antikens og Middelalderens sakrale Bygningskunst. Opdaget paa Kathedralen i Nidaros* (Kristiania: Aktieselskabet Helge Erichsen & Co.s Forlag, 1919).

5 Dette var planer som ikke ble realisert, Nidarosdomen ble restaurert under ledelse av arkitekt August Albertsen.

6 3. juli 1948, Anna-Eva Bergmans dagbok, Fondation Hartung-Bergmans arkiv; Lund, *Ad Quadratum*; Randi Gerd Garstad, «Anna-Eva Bergman: Mellom europeisk modernisme og norsk natur. Utvikling av identitet: Vekt på eksperimentering mot modning 1947–1952» (hovedoppgave, Universitetet i Oslo, 2006).

7 «Bernt Arlet Lange», Norsk Kunstnerleksikon, snl.no, nedlastet 9. juli 2023; Albert J. Lange, *Slektebok over en fra Hosten indvandret slekt Lange* (Christiania: Jacob Dybwalds forlag, 1917).

8 Lund, *Ad Quadratum*, XII.

9 «Anna Eva Bergman stiller ut på begge sider av Seinen», *Dagbladet*, 21. februar 1958.

10 Tove Aadland Sørvåg, «Alt blir som en visjon: En lesning av Anna-Eva Bergmans verk *Grande montagne d'argent*» (masteroppgave, Universitetet i Bergen, 2009), 88.

11 Annie Claustres, *Anna-Eva Bergman: Peindre feuille à feuille / Painting Leaf by Leaf* (Antibes: Fondation Hartung-Bergman, 2000), 36. Sørvåg, 'Alt blir som en visjon,' 86.

12 Fondation Hartung-Bergmans arkiv. For mer om kontakten mellom Gjessing og Bergman, se Thomas Schlesser, *Luminous Lives: A Biography of Anna-Eva Bergman* (London: ERIS, 2023).

13 Fondation Hartung-Bergmans arkiv.

14 Gutorm Gjessing og Marie Krekling Johannessen, *De hundre år: Universitetets Etnografiske Museums historie 1857–1957* (Oslo: Forenede Trykkerier, 1957).

15 Gutorm Gjessing, «Urtidens monumentale kunst», *Kunst og kultur* 24, (1938); Gutorm Gjessing, *Arkeologiens metoder. Forelesninger av Gutorm Gjessing* (Universitetets studentkontor, Universitetet i Oslo, 1946).

16 «Hans Hartung foregangsmann i abstrakt maleri. Anna-Eva Bergman Parisermalerinne med utstillingsplaner», *Arbeiderbladet*, 3. juni 1965; «Kunstnerparet i olivenlunden», *Aftenposten*, 18. januar 1980.

17 Ulf Renberg, «Sjelden Norgesgjest», *Arbeiderbladet*, 7. juli 1986.

18 Gerd Hennum, «Kunst fra en hvit verden», *A-magasinet*, 21. april 1979.

19 Fondation Hartung-Bergmans arkiv. Bøkene har flere inskripsjoner med hilsninger fra Gjessing. Hans utgivelse *Mennesket er ett* og andre av hans uttalelser om viktigheten av å sammenligne kulturer har likhetstrekk med flere av Bergmans notater i 1949. Gutorm Gjessing, *Mennesket er ett: Kulturforskning og kulturkrise* (Oslo: Aschehoug, 1948). Boken var en respons på et møte i kunsthistorisk forening arrangert av magister Reidar Revold, hvor Gjessing holdt innlegg. Se også Schlesser, *Luminous Lives*, 196.

20 Moe, *Anna-Eva Bergman*, 106.

21 Moe, *Anna-Eva Bergman*, 108.

22 «Våre forfedre fra år 500–600 var like forfengelige som vi. Var jernaldertiden en gullaldertid?», *Morgenposten*, 13. desember 1938.

23 Gutorm Gjessing, *Norsk steinalder*. Norsk arkeologisk selskap (Oslo: Johan Grundt Tanum, 1945), 82–83, 217–219, 325, 349, 368–369, 430–431, 435.

24 Gerhard Fischers personarkiv, boks 1 – utstilling 1946. Notater sammen med opptegning av den eldre utstillingen. Kulturhistorisk museum.

25 Gerhard Fischers personarkiv, boks 1 – utstilling 1946 maskinskrevet manus, 4–5. Kulturhistorisk museum. Noe manglende kunnskap om middelalderens maleteknikk, som først ble forsket på ved museet lenge etter, fremgår av Fischers tekst, siden han omtaler Heddal som gullgrunn når det egentlig er imitasjonsgull. Unn Plahter, *Materials and Technique*, bind 2, *Painted Altar Frontals of Norway 1250–1350* (London: Archetype Publications 2004), 227.

26 Johan Adolf Gerhard Fischer, *Middel-alderen* (Oslo: Historisk museums arkiv, 1946), maskinskrevet manus, 6.

27 Vestfolds oldtidsminner var relativt nylig, i 1943, utgitt i bokform av Sigurd Grieg fra Oldsaksamlingens forlag, så disse stedene har derfor vært allment kjent. Gjessing nevner denne utgivelsen i sine forelesninger fra 1946. Gjessing, *Arkeologiens metoder*, 93.

28 Gjessing, *Arkeologiens metoder*, 76–77.

29 For dateringer av kirkene, se Øystein Ekroll, *Middelalder i stein*, bind 1, *Kirker i Norge* (Oslo: ARFO forlag, 2000).

30 Frontalet i kirken ble erstattet med en replika i 1973. Personlig opplysning, Birgitta Syrstad, Nidaros, 29. september 2022. Erla Hohler, *Artists, Styles and Iconography*, bind 1, *Painted Altar Frontals of Norway 1250–1350* (London: Archetype Publications, 2004).

31 Anna-Eva Bergman, *Pistes/Stier*, redigert av Ole Henrik Moe og Christine Lamothe (Antibes: Fondation Hartung-Bergman, 1999).

32 Bergman, *Pistes/Stier*, upaginert.

33 Kristin Kausland, «Late medieval altarpieces in Norway: Domestic, Impo ted or a Mixed Enterprise?» (Ph.d.-avhandling, Universitetet i Oslo, 2017), 16.

34 Gjessing besøkte kirken jevnlig i årene 1937–39, og det var hans arbeid som lå til grunn for restaureringen av den, som endelig ble ferdig i mars 1950. Asbjørn Eidnes, *Trondenes kjerke. «Den Kircke har noget at sige»* (Harstad: Hålogaland historielag, 1993).

35 Eidnes, *Trondenes kjerke*, 81. Sitat fra Gjessings rapport til riksantikvar Harry Fett om restaureringen.

36 Brev fra Anna-Eva Bergman til Dietrich Mahlow, direktør ved

Kunsthalle Nürnberg, Paris, 9. mai 1967. Fondation Hartung-Bergmans arkiv. Oversatt fra tysk til norsk av forfatteren.

37 Ida Antonia Tank Bronken, «La feuille de métal dans l'œuvre d'Anna-Eva Bergman. 'Je ne peins pas vraiment à l'or'», i *Voyage vers l'intérieur: Anna-Eva Bergman*, redigert av Hélène Leroy (Paris: Musée d'art moderne de Paris, 2023), 90.

38 En mer detaljert forståelse av enkeltverk er også viktig for bevaring av Bergmans kunst. Særlig sentralt er det å forstå at hennes verk vil endre seg og noen lasurer gulne, men at enkelte av disse helt ufravikelig har vært farget av henne selv da de ble påført. Dette gjør at eventuelle behandlinger hvor fernisslagene vurderes fjernet, må gjøres med grundig overveielse og gode grunner, og helst unngås.

39 Andrzej Tomasz Mielniczek, «Anna-Eva Bergman», *Conservation Restauration*, nr. 7/8 (1987): 9–10. Oversatt fra fransk til norsk av forfatteren.

40 Mielniczek, «Anna-Eva Bergman», 9.

41 I samtaler med Mielniczek om sin maleteknikk i 1987 nevner Anna-Eva Bergman at hun både har brukt shellakk og dammar som beskyttende lag for å hindre oksidasjon av metallene. Shellack over metallet, og så dammar over det hele. Mielniczek, «Anna-Eva Bergman», 10.

42 Harald Ruud, «Citadelløyas malere stiller ut», *Østlands-Posten*, 25. august 1951; «Kunstnerne fra Citadelløya lager improvisert utstilling. Som åpner i dag i frokostsalen i Societetsbygningen på Farris Bad», *Østlands-Posten*, 17. august 1951.

43 «Ominnredninger i restauranten på Farris Bad. Kunstnere fra Citadelløya skal dekorere den nye baren», *Østlands-Posten*, 12. september 1951.

44 Svend E. Hansen, «Fra Farris Bad til kunstens sentrum», *Østlands-Posten*, 11. april 1998.

45 «Selskapslokaler og bar innredet i Kurhotellet. Dir. Anton Bakke har nå overtatt ledelsen av Farris Bad», *Østlands-Posten*, 3. oktober 1951.

46 «Ny og smakfull utvidelse ved Farris Bad», *Østlands-Posten*, 15. desember 1951.

47 «Enstemmig herredstyre i Hedrum vedtok i går å kjøpe Kurhotellet på Farris Bad», *Østlands-Posten*, 7. juni 1952.

48 Personlig kommunikasjon fra Astri Olga Sunde, 30. juni 2023. Sunde jobbet for Bakke på Hotel Royal i 1952–56.

49 Personlig kommunikasjon fra Sunde, 30. juni 2023.

50 Bronken, «La feuille de métal dans l'œuvre d'Anna-Eva Bergman», 91.

51 Dagboksnotater 1949, Fondation Hartung-Bergmans arkiv.

Fra Fra Angelico til Rothko

Thomas Schlesser

Anna-Eva Bergman ble født i 1909. Samme år kom Munchs *Skrik* (1893) inn i Nationalgalleriet i Kristiania, takket være mesenen og forretningsmannen Olaf Schou. Dermed var det mulig å se Munchs ikoniske bilde, men også malerier som *Pubertet* (1894), *Madonna* (1894) og *Pikene på broen* (1901) da Bergman i tenårene besøkte Nasjonalgalleriet (Nasjonalmuseet). Da hun så *Skrik* som fjortenåring, ble hun overveldet, og da hun som attenåring 21. juni 1927 så den retrospektive Munch-utstillingen samme sted, ble hun fylt av ekstatisk begeistring. Seksti år senere vedgikk hun at for henne var Munch «den største, uten tvil».[1] Det viser seg også at den unge Bergman i 1927 etterliknet det spøkelsesaktige ansiktet fra *Skrik* og plasserte det i en blekktegning som fremstilte en fortvilet sjømann på opprørt hav [ill. 1] – en tegning som i sin tur ble utgangspunktet for et linosnitt i 1928.

Munch, som Bergman anså som utstyrt med «en enestående evne til å antyde» og en «fantastisk ekspressivitet», sto for henne som et motstykke til «andre norske malere, som [hun fant] pyntelige og kjedelige».[2] Hun hadde tilsynelatende lite til overs for malere som J.C. Dahl, Peder Balke, Thomas Fearnley og Frits Thaulow. Hun nevner heller ingen av sine kvinnelige forgjengere, som Harriet Backer, Kitty Kielland, Oda Krohg eller Asta Nørregaard. Betyr det at ingen av dem har hatt betydning for hennes kunstneriske utvikling? Neppe. Bergman nevner nemlig heller aldri den tyske maleren Caspar David Friedrich, selv om hun oppdaget ham da hun bodde i Dresden fra 1929 til 1932 og uten tvil var sterkt preget av ham da hun malte sine horisonter, daler og fjell i 1960-årene. Denne tausheten, snarere enn likegyldigheten, gjenspeiler behovet hun som ung hadde for å knytte an til de sterkeste og mest brennbare inntrykkene fra den moderne kunsten, noe som nødvendigvis måtte stille hele det «gamle» 1800-tallet i skyggen. Den eneste av de «gamle» mestrene hun nevner, er den engelske kunstneren William Turner. Hun roser «det atmosfæriske lyset» i bildene hans, «den romantiske og tåkete stemningen, den nærmest mystiske gåtefullheten i dem».[3] Det er ingen grunn til å underkjenne entusiasmen, men det må også bemerkes at Bergman neppe hadde sett annet av Turner enn reproduksjoner fra 1920-tallet og da i svart hvitt.

Oppdagelser
I 1928 reiste Anna-Eva Bergman sammen med moren sin til Wien for å fullføre en allerede solid utdannelse, nå ved Kunstgewerbeschule. Skolen var prestisjetung, sterkt preget av arkitekten Josef Hoffmann, en av grunnleggerne av Wiener Werkstätte. Men tiden

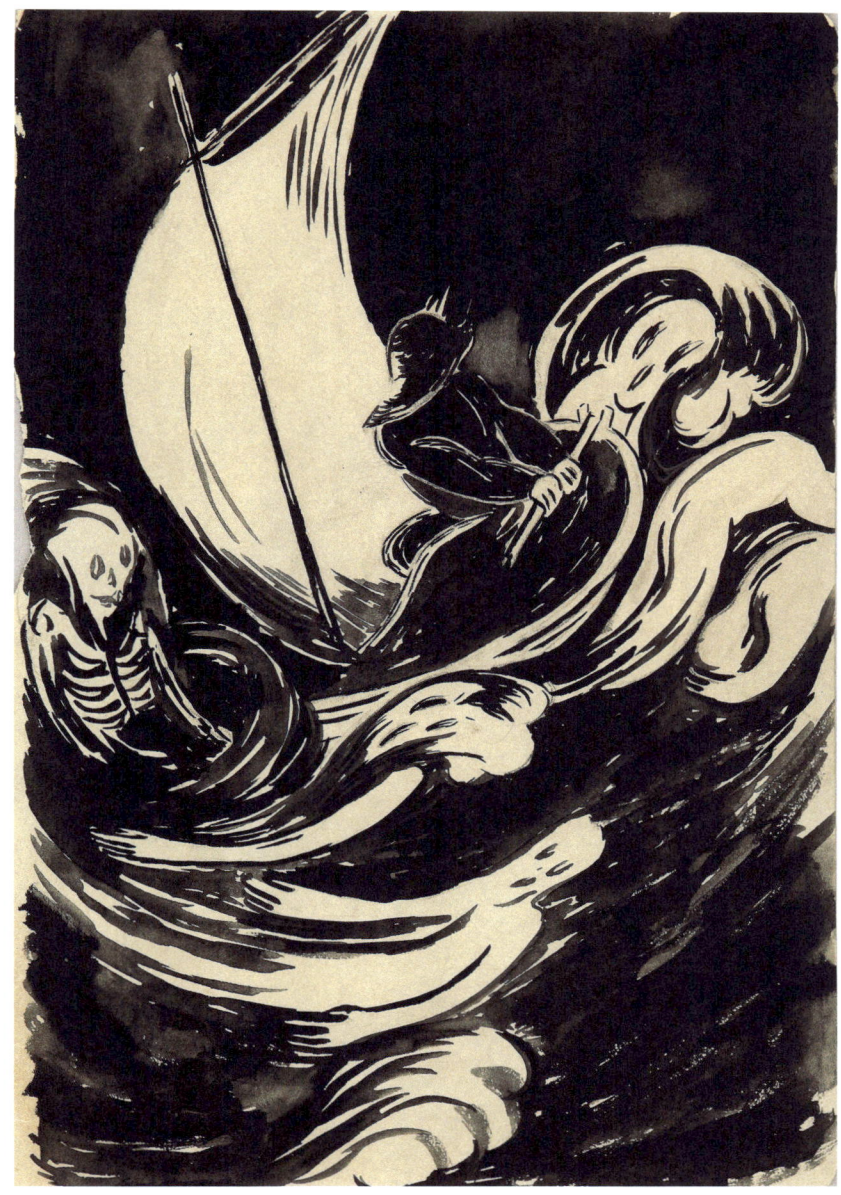

1   Anna-Eva Bergman, *Non titré*, 1927

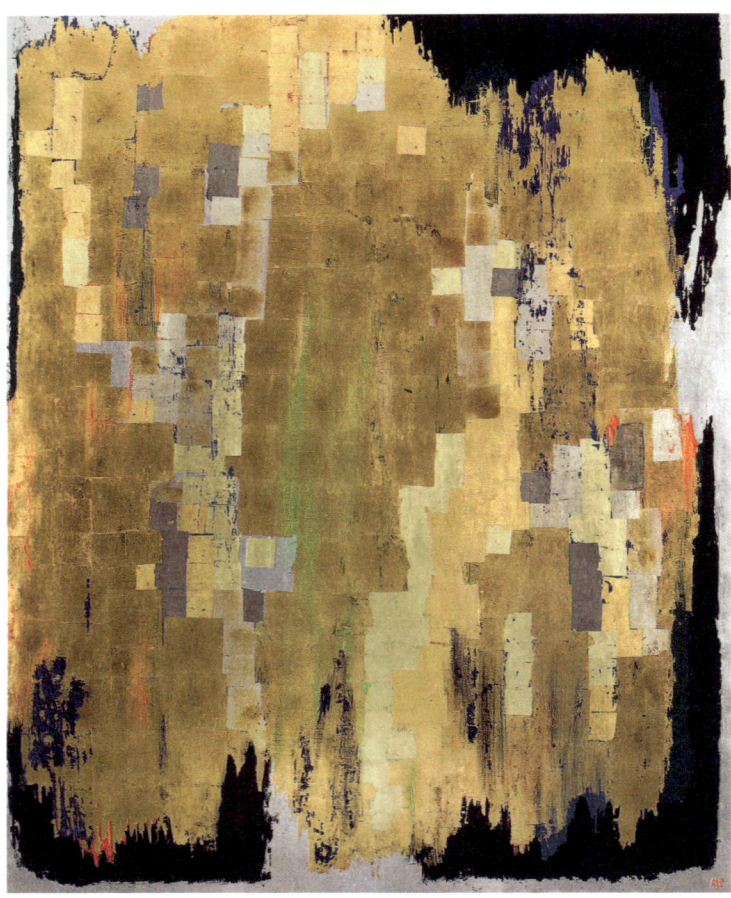

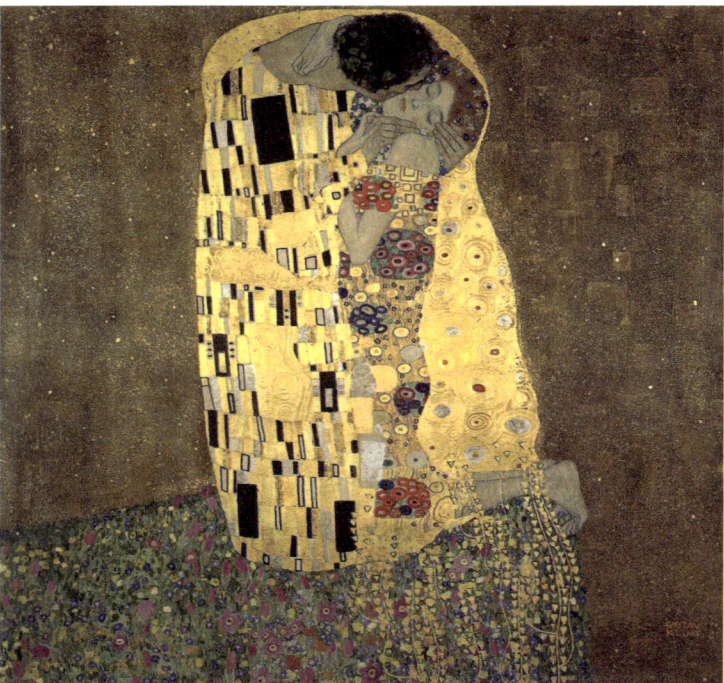

i Østerrike ble temmelig gledesløs. Pensjonatet hun bodde på, var skittent, hun ble syk, og hun mislikte klassen hun gikk i, som var ledet av grafikeren og keramikeren Bertold Löffler. Men oppholdet ga henne likevel utbytte. For det første undervisningen til Eugen Steinhof. Hun var full av lovord om hans inspirerende undervisning. For det andre fikk hun her to nye modernistiske referansepunkter i tillegg til Munch: Gustav Klimt og Egon Schiele, begge døde ti år tidligere. Deres arbeider gjorde «dypt inntrykk», så dypt at hun kunne fortelle at hun «har forsøkt å etterlikne sistnevnte».[4] Dessverre er hverken skisser eller kopier av dette arbeidet kjent i dag. Men kan Schieles strek ha påvirket henne som tegner? Det er ikke utenkelig, selv om den mest åpenbare påvirkningen kom fra George Grosz. Forbindelsen til Klimt er mer kompleks. Flere av metallarbeidene til Bergman, spesielt seriene med ild-motiv [ill. 2], kan minne om enkelte partier av hans *Beethoven-frise*, som henger i Secessionsgebäude i Wien, eller verk som *Judith*, *Danaë* eller *Portrettet av Adele Bloch-Bauer* – men først og fremst *Kysset* [ill. 3].

Fra Sentral-Europa tok Bergman også til seg en litterær tradisjon som skulle bli betydningsfull for henne (hun besøkte også Praha på 22-årsdagen sin i 1931, sammen med Hans Hartung). I 1930 leste hun Erich Maria Remarques pasifistiske roman *Im Westen nichts Neues* (*Intet nytt fra vestfronten*, til norsk ved Ragnar Kvam) og romaner av Thomas Mann, som nettopp hadde mottatt Nobelprisen.[5] Hun hadde stor sans for Franz Werfel og siterer hans *Die vierzig Tage des Musa Dagh* (*De førti dagene på Musa Dagh*, til norsk ved Charles Kent) fra 1933, en roman som tar for seg den armenske motstanden mot tyrkernes folkemord. Hun nevner også Stefan Zweig, Arthur Schnitzler og Hermann Hesse blant sine favorittforfattere. Det virker imidlertid ikke som om hun for alvor oppdaget Franz Kafka før i 1949. Det er ikke tvil om at nazistenes bokbål, som rammet alle hennes favorittforfattere, rystet henne og bidro, sammen med mye annet, til hennes hat mot dette regimet, noe hun forteller om i den upubliserte selvbiografiske romanen *En svensk norsk bagatele*.[6]

Bergman kom for første gang til Paris i 1929, og møtet med Louvre ble avgjørende. Hun besøkte først museet sammen med André Lhote, en lærer som hun halvhjertet fulgte undervisningen til, så med Hartung, som hun nettopp var blitt kjent med. Bergman forteller:

> Hans fulgte meg overalt og tok meg med til alle museer og gallerier i Paris. Han lot meg oppdage den franske malerkunsten. Vi tilbragte timer

foran skattene i Louvre. Det gikk opp for meg at det fantes mer enn Klimt og Schiele. Selv om jeg fremdeles var like begeistret for Turner, var det nå andre navn som fikk plass: Cézanne, Van Gogh, Gauguin, Rouault. Moderne kunstnere som Braque, Picasso, Modigliani og flere andre. Det lille vi hadde av penger, brukte vi på Montparnasse, der vi kjøpte reproduksjoner av verk vi hadde sett i museene.[7]

I ringpermene fra 1948 vitner lange passasjer om at Bergman også var fascinert av de franske miniatyrene i Louvre: «[N]oe av det fullkomneste som er laget, de ligger på et nesten altfor høyt plan», skriver hun, og viser også forståelse for den historiske konteksten som gjorde «kunstneren selv absolutt anonym som menneske, men helt suveren som kunstner».[8]

Fra Angelico – åpenbaringen

Ut fra disse nedtegnelsene får man inntrykk av at det var månedene i Paris som skulle få størst betydning for Bergmans begynnende kunstlidenskap. Men historien er ikke så entydig, og hvis man er på jakt etter et avgjørende vippepunkt i Bergmans kunstneriske smak, må man lete et annet sted, nemlig i en fase av livet som var nærmest tabu, som hun aldri senere omtalte, nemlig perioden da hun var skilt fra Hartung. Det kom et sjokk i 1938. Men for å forstå det, kan det være greit å ta for seg en episode som fant sted litt senere, etter krigen, for først da anga Bergman navnet på den maleren hun satte høyest av alle.

6. oktober 1950 viste Bergman rundt 60 arbeider i Unge Kunstneres Samfund (UKS) i Oslo. Hun var da inne i den siste fasen av den kunstneriske modningen som hadde startet i 1946. Arbeidene hennes var på den ene side sterkt preget av oppdagelsen av gjennomskinnelige landskap og midnattssol i Finnmark, på den andre side av den geologiske skjønnheten hun møtte på Citadelløya ved Stavern, der hun tilbragte to somre. Ole Mæhle, kunstkritiker i *Dagbladet*, skriver treffende at utstillingen minner om «prehistorisk kunst» og om «moderne malere som Klee, Kandinsky, Miró og flere».[9] Bergman på sin side presiserer overfor *Aftenposten*: «Det høres kanskje rart ut når jeg sier at Fra Angelico er min yndlingsmaler. Det vil vel ikke alle tro, som ser bildene mine».[10] Men det var altså sannheten.

Noen måneder tidligere hadde hun skrevet et brev til Hans Hartung der hun kom med oppriktige betroelser. Hun forklarte at hos Fra Angelico – og hos Johann Sebastian Bach, som skulle forbli hennes yndlingskomponist helt til hun døde – fant hun en form for «kosmisk fromhet».[11] Det mangler konkret

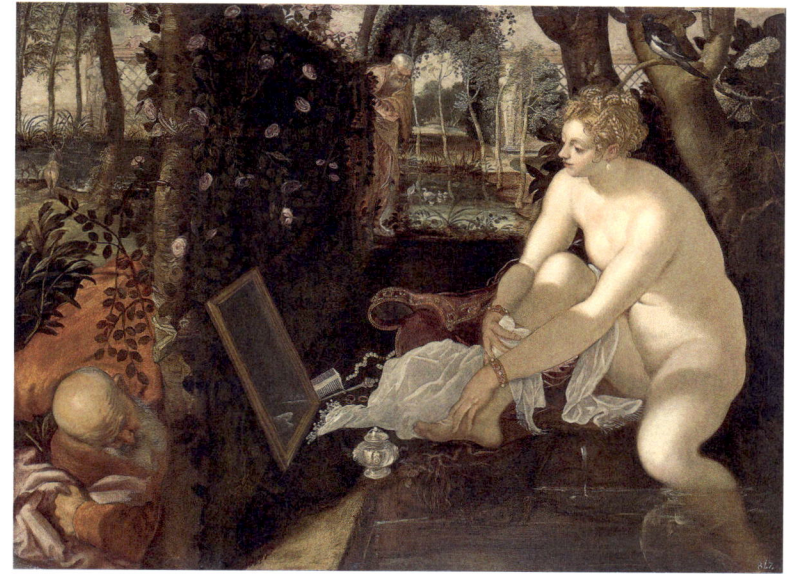

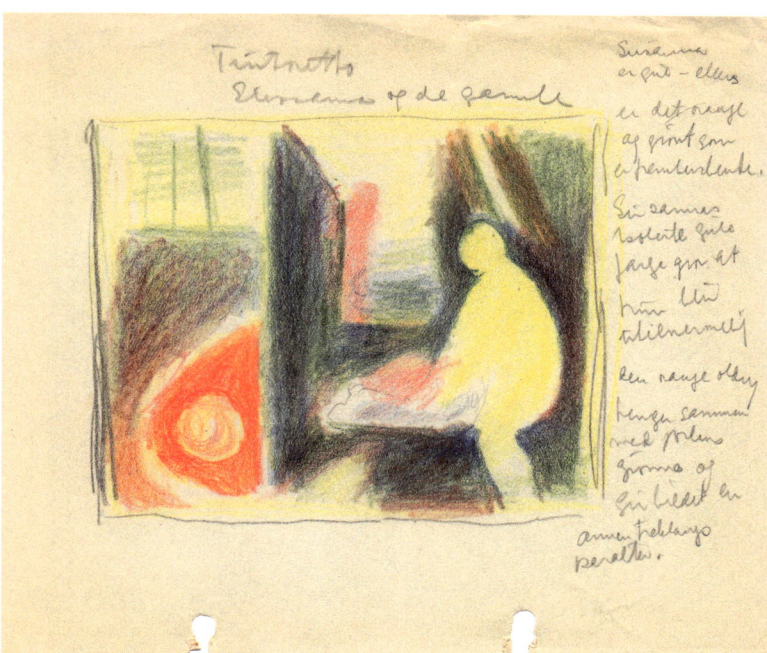

2   Anna-Eva Bergman, *No. 26-1962 Feu*, 1962
3   Gustav Klimt, *Kysset*, 1907–08
4   Jacopo Tintoretto, *Susanna i badet*, ca. 1555–56
5   Anna-Eva Bergman, *Tintoretto, Susanna og de gamle*, 1948

6   Mark Rothko, *Untitled (Black on Gray)*, 1970
7   Anna-Eva Bergman, *No. 6-1963 Carboneras*, 1963

arkivmateriale, men med stor sannsynlighet kan man regne med at Bergman oppdaget Fra Angelico våren 1938, da hun foretok en stor Italia-reise og besøkte Pisa, Siena, Orvieto, Firenze og Roma. Hun var nettopp blitt skilt fra Hartung. I flere år hadde hun vært gjennom smertefulle kirurgiske inngrep og perioder med rekonvalesens. I 1938 skrev hun i en liten notisbok: «Jeg vil!»[12] Dette utropet av vilje og energi ledsages av håndskrevne notater som vitner om en dyptgripende indre omvendelse. Bergman begynner å arbeide med det hun kaller sin «filosofi». Der avviser hun alle former for selvmedlidenhet og hengir seg til en stadig mer åndelig verdensoppfatning. Det er sannsynlig at når interessen for Fra Angelico utkrystalliseres så intenst, er det fordi den sammenfaller med en inderlig og dyp vending hos Bergman. I denne perioden var hun også opptatt av stoisk filosofi, alt mot et stadig dystrere geopolitisk bakteppe i Europa.

I 1939 innrømmer Bergman at hun er mer og mer skeptisk til sin samtids avantgarde. Hun stiller seg på linje med eldre, klassisk kunst, som hun roser for kulturelle ambisjoner hun ønsker å vekke til liv igjen. I en svært direkte, sågar ganske krass, henvendelse til Hartung forklarer hun ham uten omsvøp at han står i fare for å kjøre seg fast dersom han fortsetter på «oppløsningens» vei.[13] Den kjennetegner, ifølge henne, den moderne kunsten, og hun tilføyer at det hun har sett i Italia året før, har vært en øyeåpner for henne.

Leonardo da Vinci, skytsengelen
Fra senantikkens mosaikker i Ravenna til Mediciene i renessansen: Italia blir en avgjørende referanse for Bergman. Og blant alt som fascinerer henne, rager Fra Angelico som et fyrtårn. I 1948 setter hun i gang flere private prosjekter, samtidig som hun får anledning til å se kunst fra Kunsthistorisches Museum i Wien på Europa-turné når de vises i Stockholm («Wienerutstillingen»). Hun blir nå spesielt interessert i de venetianske renessansemalerne: Hun gransker Tintorettos kromatiske skalaer og lyseffekter [ill. 4 og 5], hun studerer Veronese, Giovanni Cariani, Lorenzo Lotto, men først og fremst Tizian, som hun nærer en helt spesiell beundring for: «[E]n gigant som man nesten føler lever ennu», skriver hun, før hun utbryter: «Tenk hvilken stor ånd Tizian var! For et kolossalt spenn der var i hans bilder!»[14] Hun nevner to verk, begge fra samlingene i Wien: *Danaë* (1554) og *Diana og Callisto* (rundt 1566). Leonardo da Vinci gjør også et dypt inntrykk. Da hun hadde sin «utenomkroppslige opplevelse, på grensen til en astral løsrivelse»[15] i oktober 1948, fikk hun et syn der han viste seg for

henne, med hvitt helskjegg, sammen med Goethe og Franz Werfel, alle tre i en katedral som hadde et atelier viet kunst og religion. Da Vinci framsto som en slags skytsengel, et universelt forbilde. Dagen etter denne hallusinerende drømmen, drømte hun igjen, og en stemme sa: «Husk at du ikke er annet enn en arbeider i Herrens vingård. Du er siste ledd i kjeden, det er ikke du som maler dine bilder. Bildet du maler, følger din inspirasjon og Guds vilje.»[16] Om *Mona Lisa* skrev Bergman:

> Hun har en dobbel natur. Fargene gjør henne varm, posituren utstråler kulde … Holdningen kan virke innbydende, men egentlig er hun kald og distansert, like utilgjengelig som de fjerne og snødekte fjellene i Toscana … En skjønnhet som både er tiltrekkende og mystisk, fylt av både ild og frost.[17]

Det bør også nevnes at hun hadde en utgave av Giorgio Nicodemis bok *Leonardo da Vinci* fra 1940.[18]

De mange bevarte tekstene fra 1948 der Bergman skriver om sine kunsterfaringer, avdekker en svært kritisk innstilling til den tyske renessansen. Hun misliker de kroppslige fremstillingene, som hun syns er overdrevent brutale. Hun underkjenner ikke Cranachs, Dürers eller Grünewalds storhet, men uttrykker et ubehag som ganske sikkert kan knyttes til etterkrigstidens traumer.

Anna-Eva Bergman uttalte seg aldri om sine samtidige på en måte som kunne antyde beundring på linje med den hun nærte for de gamle mestrene. Unntaket var selvfølgelig Hartung, men av åpenbare grunner må han plasseres i en kategori for seg. Men så var det Mark Rothko. Hun så først arbeidene hans relativt sent, på en retrospektiv utstilling viet hans verk på Musée d'Art Moderne de la Ville de Paris i 1962–63. Hun møtte ham så selv i New York i 1964, besøkte atelieret hans og traff ham siden igjen på flere senere reiser, men datoene eller forholdene rundt disse er dessverre ikke helt klare. I hennes øyne var Rothko den eneste levende samtidskunstneren som fortjente en plass i hennes panteon av «mestre». Dette skinner gjennom når hun minnes ham, og det blir bekreftet av en språklig glipp. Hun sier nemlig om ham at han var en «usedvanlig vennlig og varm person», og hun mener å huske at «på en av reisene våre til New York viste han oss imponerende [beeindruckende] bilder som var fjorten meter høye.»[19] Det dreide seg egentlig om fjorten bilder, og ikke om bilder som var fjorten meter høye … Men denne ubevisste visjonen av bilder helt tatt ut av proporsjoner er et ypperlig uttrykk for

den betydningen Rothko hadde for Bergman, og hun sørget dypt da han tok sitt liv i 1970.

Et forbehold må likevel til: En rask undersøkelse av bildene hennes fra og med 1960-tallet og utviklingen av horisont-motivet kunne lett ført til en idé om at den amerikanske maleren hadde en estetisk påvirkning på Bergmans kunst. Det er ikke tilfellet. Bergman fant kanskje i Rothko en bekreftelse på sine egne utforskninger og intuisjoner, hun følte kanskje en samhørighet, men han var ingen kilde hun øste av. Hun malte sine første horisonter i 1962 og, enda viktigere, enkelte av hennes bilder fra denne perioden ser ut som om de foregriper Rothkos serie «Black on gray», som han startet med i 1967 [ill. 6 og 7]. Merkelig nok nevner hun ikke Barnett Newman blant de amerikanske kunstnerne, selv om likhetene mellom dem, fremhevet for eksempel av kunstkritikeren Giuseppe Marchiori,[20] er mange, og tross at hun så hans skjellsettende utstilling hos M. Knoedler & Co. i 1969.[21] Hun nevner imidlertid Ad Reinhardt: «Jeg ble fascinert av det han gjorde, spesielt hans geometriske og abstrakte 'black paintings'. Hans merkelige, svarte bilder viser kors, synlig bare i et visst lys. Bildene hans innehar en utrolig dybde».[22]

En umettelig nysgjerrighet

De tilfellene der Bergman uttalte seg om kunstnerne hun satte høyt, er for sjeldne og vage til å kunne tjene som uttømmende kilde for kjennskap til hennes kunstsmak. Arkivene utgjør selvfølgelig et effektivt supplement for dypere forståelse, og på dette feltet må det fortsatt undersøkelser til. Korrespondansen hennes, ringpermene og notatbøkene har blitt undersøkt, men det gjenstår å gå gjennom biblioteket hennes, tidsskriftene og alle postkortene. Bergman og Hartung oppbevarte nemlig esker fylt med kort og reproduksjoner av forskjellige verk. Alt dette fortjener en grundig undersøkelse som for eksempel ville kunne avdekke en levende begeistring for Édouard Manet og for den spanske gullalderen.

Utover direkte vitnesbyrd og arkiv er det fortsatt nødvendig å sette opp hypoteser, også uten at de er direkte forankret i skriftlige eller muntlige spor. Med det utgangspunktet vil det ikke være forbudt å spørre om hvilken rolle naturalistiske malere, impresjonister og postimpresjonister på 1800-tallet spilte for Bergman, på samme måte som vi tidligere så hvordan de skandinaviske landskapsmalerne og de tyske romantikerne «arbeidet» i henne, uten at hun uttrykte det direkte. Man kunne også rette søkelyset mot forholdet hennes til «repoussoirer», for eksempel surrealistene og Salvador Dalí. Vi må heller ikke glemme den kulturelle konteksten som formet

Bergman og som går langt utover det visuelle. Hun elsket musikk, leste mye, alt fra kriminalromaner til Artaud, Jung og antropologi, hun satte pris på poesi, interesserte seg for arkeologi og reiste mye. Og til slutt vil jeg gripe sjansen til å uttrykke et ønske. Etter å ha vært usynlig lenge, på grunn av historiske og kontekstuelle forhold, er Bergmans verk endelig kommet frem i lyset. Måtte hun i sin tur inspirere nye generasjoner og bidra til at de utvider maleriets horisonter ytterligere.

Referanser

Bergman, Anna-Eva. *Pistes/Stier*. Redigert av Ole Henrik Moe og Christine Lamothe. Oversatt av Luce Hinsch. Antibes: Fondation Hartung-Bergman, 1999.

Fondation Hartung-Bergmans arkiv

Marchiori, Giuseppe. «Algido mondo di Anna-Eva», i *Anna-Eva Bergman*, utstillingskatalog. Milano: Galleria Annunciata, 1975.

Nicodemi, Giorgio. *Leonardo da Vinci*. Leipzig: Johannes Asmus, 1940.

Schlesser, Thomas. *Anna-Eva Bergman. Vies lumineuses*. Paris: Gallimard, 2022.

Noter

1   Anna-Eva Bergmans erindringer diktert til Andrea Schomburg, 1985, i Fondation Hartung-Bergmans arkiv, 16.
2   Anna-Eva Bergmans erindringer, 16.
3   Anna-Eva Bergmans erindringer, 16.
4   Anna-Eva Bergmans erindringer, 17.
5   Brev fra Anna-Eva Bergman til Inger Lund 14. februar 1930 (feilaktig datert 1929), Fondation Hartung-Bergmans arkiv.
6   Anna-Eva Bergman, *En svensk norsk bagatele*, skrevet rundt 1940–45, Fondation Hartung-Bergmans arkiv.
7   Anna-Eva Bergmans erindringer, 22.
8   Anna-Eva Bergman, *Pistes/Stier*, red. Ole Henrik Moe og Christine Lamothe (Antibes: Fondation Hartung-Bergman, 1999), upaginert, oppføring datert 7. juli 1948.
9   Ole Mæhle, «Realisme og abstraksjon», *Dagbladet*, 16. oktober 1950.
10   «Malerinne med non-figurative bilder», *Aftenposten*, 6. oktober 1950.
11   Brev fra Anna-Eva Bergman til Hans Hartung, 18. mai 1950, Fondation Hartung-Bergmans arkiv.
12   Anna-Eva Bergman, notatbok fra 1938, Fondation Hartung-Bergmans arkiv.
13   Anna-Eva Bergman, utkast til brev 1939, Fondation Hartung-Bergmans arkiv.
14   Bergman, *Pistes/Stier*, upaginert, oppføring datert 7. juli 1948.
15   Thomas Schlesser, *Anna-Eva Bergman. Vies lumineuses* (Paris: Gallimard, 2022), 181. For en detaljert beskrivelse av denne opplevelsen, se side 170–171.
16   Anna-Eva Bergman, selvbiografiske notater fra 6. og 7. oktober 1948, Fondation Hartung-Bergmans arkiv.
17   Anna-Eva Bergman, sider fra ringperm datert 19. september 1948, Fondation Hartung-Bergmans arkiv.
18   Girogio Nicodemi, *Leonardo da Vinci* (Leipzig: Johannes Asmus, 1940). Denne boken finnes nå i Fondation Hartung-Bergmans arkiv.
19   Anna-Eva Bergmans erindringer, 80.
20   Giuseppe Marchiori, «Algido mondo di Anna Eva», i Anna-Eva Bergman (utstillingskatalog) (Milano: Galleria Annunciata, 1975), upaginert, [s. 6].
21   Besøket er dokumentert med et ord i et takkemanuskript fra 1969 undertegnet Hartung og Bergman, arkivert ved Barnett Newman Foundation i New York under rubrikken «Show at Knoedler's 1969, letters and messages from friends».
22   Anna-Eva Bergmans erindringer, 81.

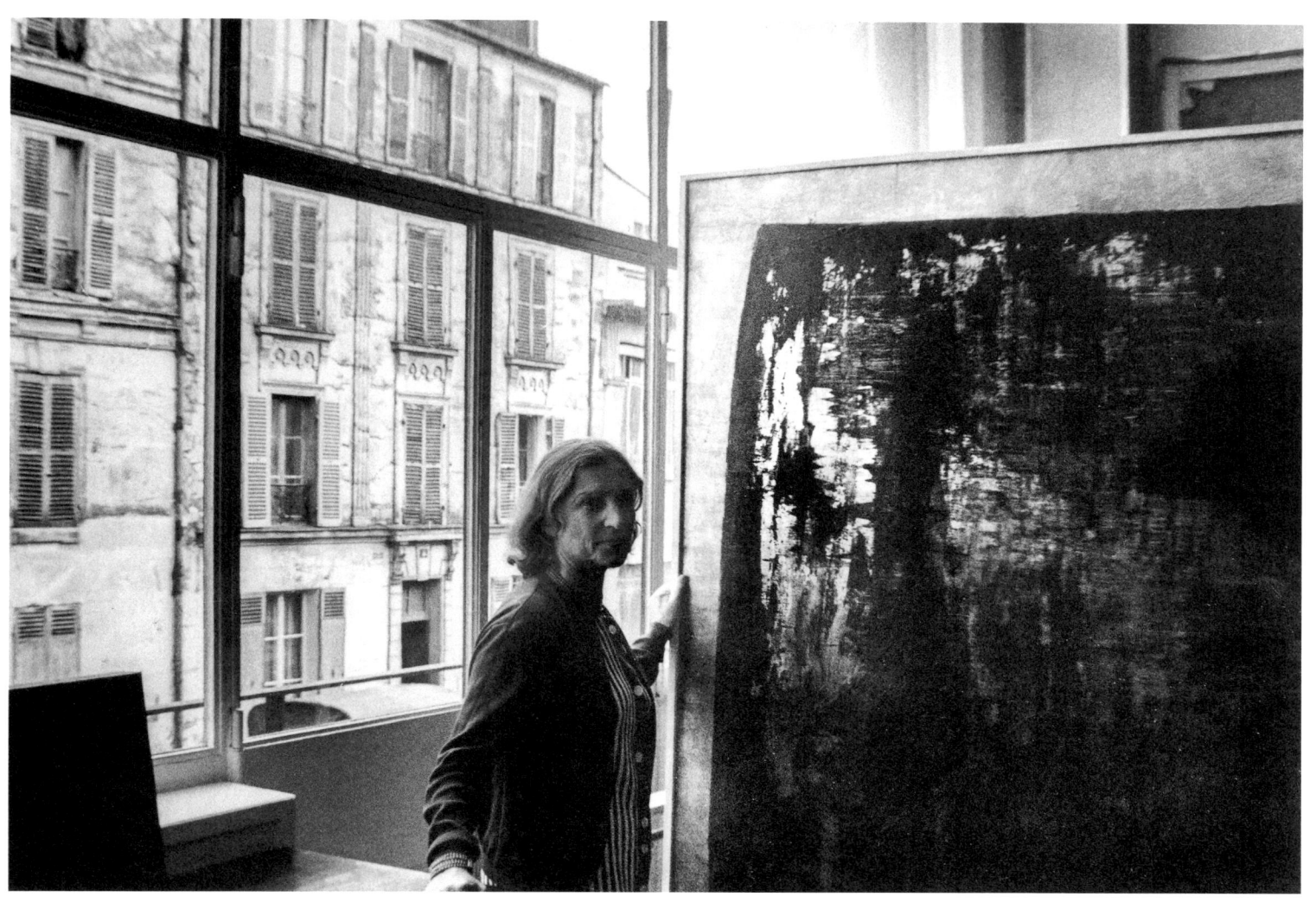

8   Atelieret i 5 rue Gauguet, Paris, Frankrike, 1960

À chacun son paradis

Thomas
McQuillan

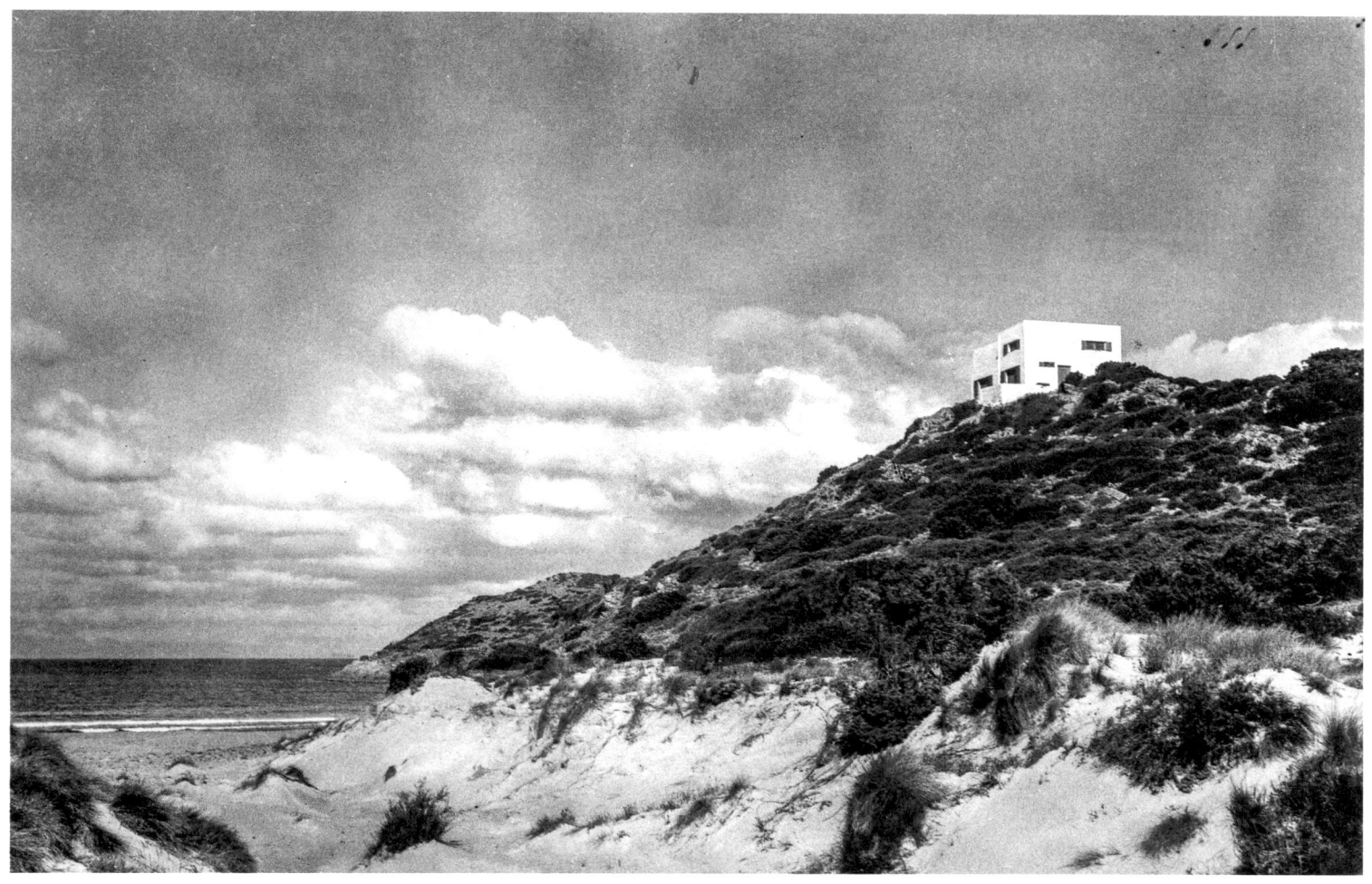

«Hva holder dere sammen?» spør fjernsynsjournalist Monique Lefebvre. Kameraet er rettet mot Anna-Eva Bergman og Hans Hartung, og scenen er hans atelier. Bergman vender blikket søkende mot Hartung, som har vendt ansiktet oppover og lagt det i liksom-utfordrende folder. «Avstand», foreslår han. Ordet blir hengende i luften før han smilende fortsetter: «Nei, det er vel malingen ...» Hun skyter inn: «Kunstfilosofi, for å bruke et stort ord. Og vi er veldig glade i hverandre.»[1]

Scenen fanger inn forholdet mellom kunstnerparet i det siste tiåret av livet deres, 45 år etter at de giftet seg for første gang, og den gjenspeiler de mange ulike kontaktpunktene de har hatt med hverandre og menneskene og miljøene rundt seg. De turbulente årene før og under andre verdenskrig tvang dem – eller skal man si, ga dem mulighet til? – å leve et omflakkende liv i Europa. Avstander var til for å overvinnes, fra provinsielle bakevjer, som Norge, der hun vokste opp, eller fra trakasseringen i fascistiske

1   Menorca, 1933

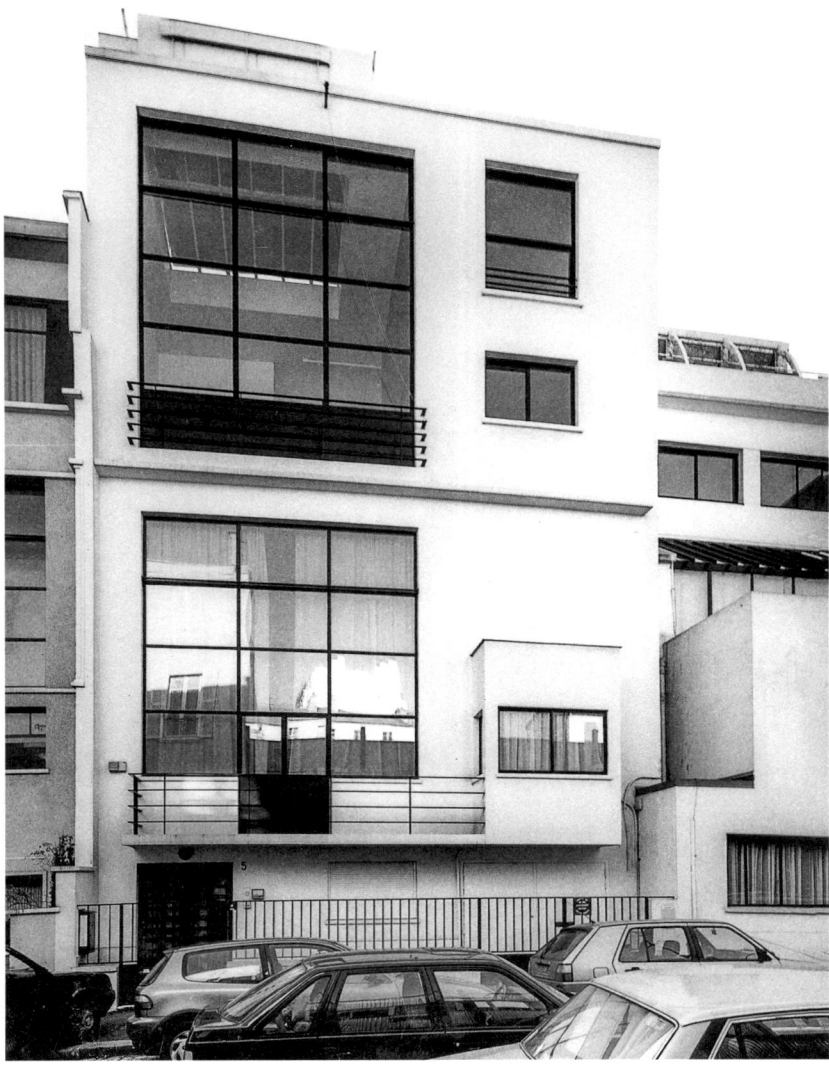

2　Fasade 5 rue Gauguet, fotografert 1992
3　Carboneras, 1962, plantegning

samfunn som hans hjemland Tyskland eller Francos Spania, som de brått ble utvist fra og forlot mens barn kastet råtne tomater på bussen deres.[2]

Det å bygge noe sammen ble en viktig dimensjon ved forholdet deres og tilførte det elementet av ro som de trengte for å kunne arbeide midt oppi all uvissheten og uroen som omga dem. Stedene de skapte for seg selv – et hus i Fornells på Menorca, en byvilla med atelier i 5 rue Gauguet i Paris og det siste felles hjemmet deres i åsene ovenfor Antibes, som de kalte *Les Rastines* eller *Le champs des oliviers*, og som nå huser Fondation Hartung-Bergman – er interessante ikke bare fra et arkitektonisk ståsted. De gir også et innblikk i livet de rommet og la til rette for. Bergman og Hartung arbeidet hver for seg, de arbeidet mye, og avstanden de søkte i arbeidet, kommer til uttrykk i husene deres. Det samme gjør behovet for å være sammen når arbeidsdagen var over.

Men det finnes også et fjerde og nærmest ubeskrevet felles byggeprosjekt, i Carboneras i Spania, som paret arbeidet med parallelt med huset de fikk oppført i Antibes. Til tross for at de to prosjektene kan fremstå nærmest som motsetninger – det førstnevnte følger en streng, femkantet form, det andre er en løsere ansamling av bygninger – gir tegningene til det urealiserte huset i Carboneras ny innsikt i hvordan Antibes-huset ble til. En gjennomgang av arkivmaterialet til Fondation Hartung-Bergman viser at forholdet mellom dem ikke er så enkelt og åpenlyst som det kanskje kan virke ved første øyekast. Det er i det spanske Carboneras-prosjektet vi kan få øye på Bergmans innflytelse og hennes ideer om samlivet med ektemannen. Tidligere analyser av husene og bygningene deres har fokusert på Hartungs rolle og neglisjert Bergman. I kunsten var de alltid fullstendig uavhengige, men husene var samarbeidsprosjekter.[3]

Grunnen til at de valgte å bygge det første huset sitt i Fornells, er overraskende: høy husleie.[4] Bergman og Hartung dro til Mallorca i 1933, på anbefaling fra hennes mor Bao, og for å komme seg vekk fra den trange leiligheten hennes i Paris.[5] Bao fortalte at levekostnadene var lavere der, og at det dessuten var rolig og fredelig. På Mallorca ble de «overveldet» av turister og reiste videre til Menorca, i strid med rådene fra det lokale turistkontoret, som omtalte Menorca som øde og livløst. Paret ble imidlertid umiddelbart betatt og satte i gang med å bygge et hus. Selv om de knapt kunne spansk og ikke forsto den lokale dialekten, klarte de ved hjelp av tegninger og med assistanse fra en lokal entreprenør å bygge en hvit kube på en klippe ved havet, et atelier med overlys, kjøkken og et soverom [ill. 1].[6] Den rene geometrien og de hvitkalkede veggene minner om den modernistiske stilen i europeisk samtidsarkitektur, men faktisk er det riktigere å betrakte huset i Fornells som en variasjon over den lokale byggeskikken. «Det var umulig for oss å overtale murerne til å bygge like brede vinduer som de hadde i sine egne hus», fortalte Hartung. Lokalbefolkningen mente at utlendinger burde ha høye vinduer, i tråd med deres status. For Bergman var det et «fullstendig moderne hus, men i harmoni med den menorkiske stilen».[7] Det fantes hverken strøm eller innlagt vann. De oppdaget raskt at byggearbeidet ikke var enkelt. Flere ganger ble det gjort feil som måtte rettes opp, og det bød på betydelige problemer å holde regnet ute. En sky-pumpe – som symbolsk nok ankom Menorca samtidig med Bao – tok med seg et vindu, fylte atelieret med regn og krevde enda flere reparasjoner.[8] Hele affæren gjorde dem godt kjent med husbyggingens viderverdigheter. Samtidig var det en ekte glede forbundet med arbeidet, noe de prøvde å finne tilbake til i senere prosjekter: De var sammen og boblet av liv og håp.

Men lykken skulle ikke vare. Franco «sparket oss plutselig ut av huset», som Bergman formulerte det, og de innså at de måtte forlate Spania.[9] Utover 1930-tallet hadde de stadig pengesorger. Hun var plaget av gallestein og tilbrakte flere måneder på sykehus i Tyskland, mens han ble igjen i Paris. Av mange grunner, også for å komme seg ut av en stereotypisk kvinnerolle, besluttet Bergman å skille seg. Hartung erindret det slik: «Hun ville leve fritt, uavhengig, for seg selv. Og tjene sine egne penger.»[10]

15 år gikk, og livene deres tok helt forskjellige retninger, men Hartung hadde tatt vare på noen av Bergmans skisser, og da han fikk levert dem til henne via en mellommann, gjenopptok de kontakten. I 1952 reiste Bergman til Paris og støtte umiddelbart på eksmannen. Kjærligheten blusset opp igjen. Etter hvert fant de en leilighet med atelier i rue Cels. Hartung var allerede veletablert som kunstner og la beslag på atelieret, mens Bergman måtte ta til takke med å arbeide «på kjøkkenbordet, sengen eller hvor det ellers var plass».[11] Til tross for vanskelige arbeidsforhold vokste hun som kunstner. I 1959 flyttet de inn i en byvilla i 5 rue Gauguet, et atelier opprinnelig bygd for den amerikanske kunstsamleren Théodore Schempp i 1928–1931 av arkitekten Marcel Zielinski og et av tre sammenhengende hus i et Le Corbusier-inspirert formspråk [ill. 2]. Mange fremstående kunstnere hadde holdt til i området ved Parc Montsouris. Nicolas de Staël hadde bodd og arbeidet i nabohuset til høyre, nr. 7, mens arkitekten Pierre Bailleau i nr. 3 til venstre hjalp dem å

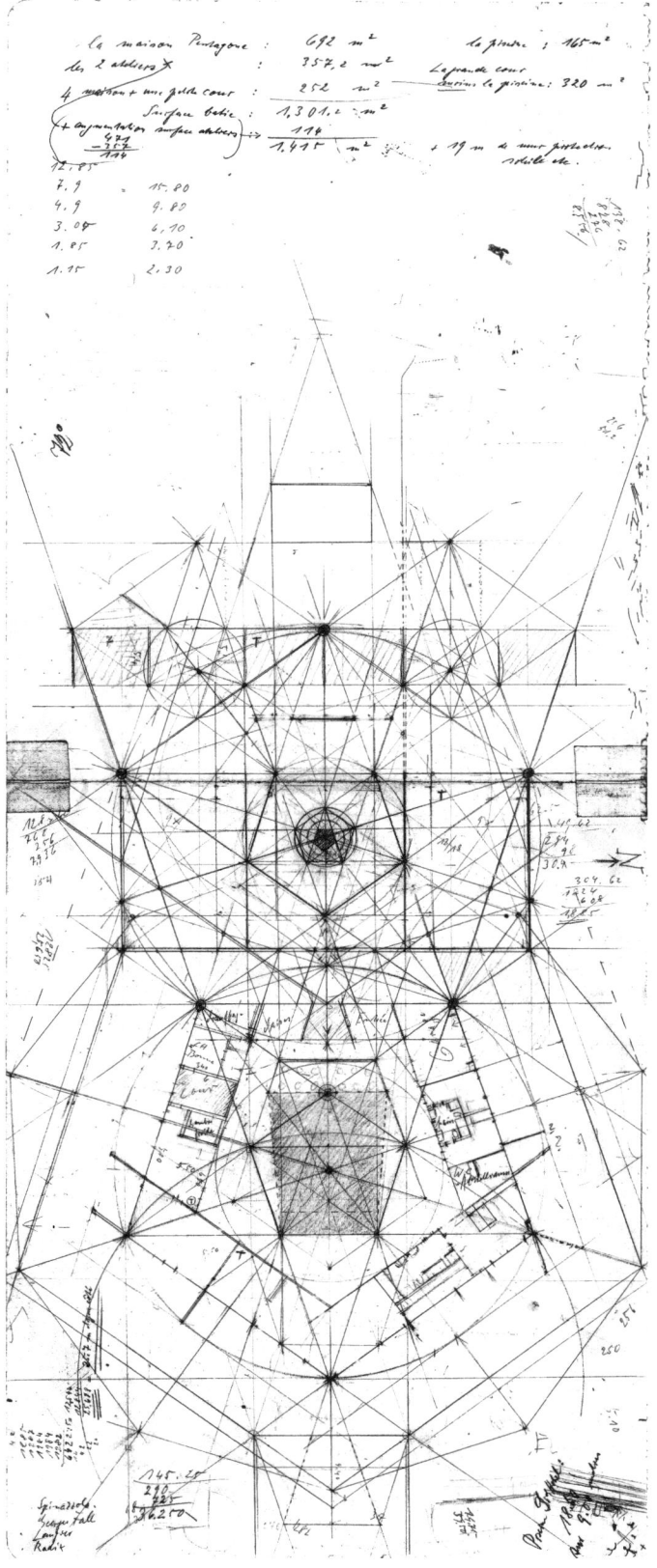

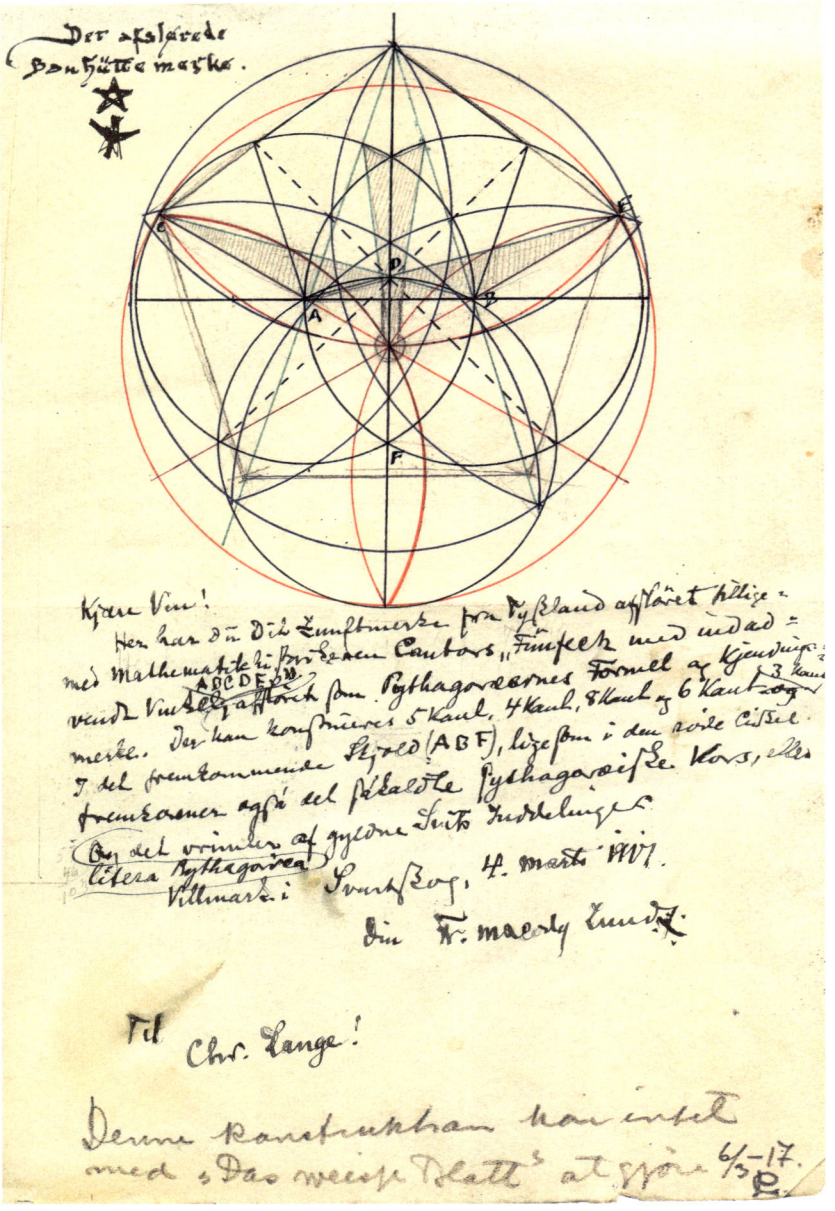

4   Brev fra Fredrik Macody Lund til Christian
     Lange, ukjent datering, funnet i Bergmans
     utgave av *Ad Quadratum*
5   Ved bassenget, Antibes, 1972. På baksiden
     har Hans Hartung skrevet: «Anna-Eva aime
     bien cette photo», «Anna-Eva liker dette
     bildet godt»

bygge en ny atelieretasje over den første, i nesten identisk stil.[12] Her fikk Bergman for første gang sitt eget arbeidsrom, men det var Hartung som la beslag på det nybygde atelieret, som også fikk heis helt opp. Likevel mente noen at hun var kravstor. «En maler og venn av oss var sjokkert over at jeg ønsket og trengte et eget atelier for bare mine malerier.» Han undret seg over hvorfor hun fortsatte å male når hun hadde en så berømt ektemann som Hartung. «For ham var det uforståelig at mitt eget arbeid var viktig for meg. Hans egen kone hadde sluttet å male etter at de giftet seg.»[13]

Kanskje var det nettopp slike samfunnsnormer de prøvde å distansere seg fra. Uansett ga de aldri slipp på drømmen om et hus fjernt fra byens kjas og mas, ved kysten et sted. Til slutt, etter lang tids leting, fant de et sted i nærheten av Antibes. Det var en vakker, gjengrodd eiendom med en olivenlund, men uten strøm, og det ble også sagt at bakken var full av miner fra andre verdenskrig. På denne ville og vakre tomten skulle de gjøre drømmen om ideal-huset til virkelighet. Hartung betalte et avdrag på eiendommen i oktober 1960.[14]

Først tok han kontakt med Andreï Svetchine, en arkitekt som hadde bygd hus i området for Marc Chagall og Christian Dior og skrevet en bok om provencalsk byggeskikk. Svetchines skisse datert 3. mars 1961 (dagen etter at tomtekjøpet ble full-ført) viser en løs ansamling av bygninger og uterom som skiller ulike funksjoner klart fra hverandre og gir plass til gamle oliventrær. Tre måneder senere leverte Claude Viseux, en kunstner som hadde stu-dert arkitektur og arbeidet med den nyskapende arkitekten og designeren Jean Prouvé, en lignende, men mer avmålt løsning. En tredje, lignende vari-ant dukket opp tre år senere fra arkitekten Robert Turbot, som vi vet lite om. Alle disse tegningene ble liggende i skuffen.

Samtidig, i Paris, hadde Bergman og Hartung blitt kjent med forfatteren Dominique Aubier, som etter en skilsmisse hadde forelsket seg i Spania og ofte reiste til landsbyen Carboneras på den sørlige Middelhavskysten.[15] Der begynte Aubier å samle rundt seg det hun kalte *Amigos de Carboneras*, med mål om å bygge opp en koloni av parisiske venner, blant dem André Bloc, eieren av tidsskriftet *Archi-tecture d'Aujourd'hui*, arkitekten Olivier-Clément Cacoub, legen Alfred Tomatis, maleren Edgar Pillet og skulptøren Takis. Bergman og Hartung ble også en del av denne kretsen. «I årene 1962, 1963, 1964 og også senere dro Hans og jeg ofte til Spania», mintes Bergman senere. «Sammen med Dominique Aubier og noen venner la vi av sted til Spania. Vi kom frem

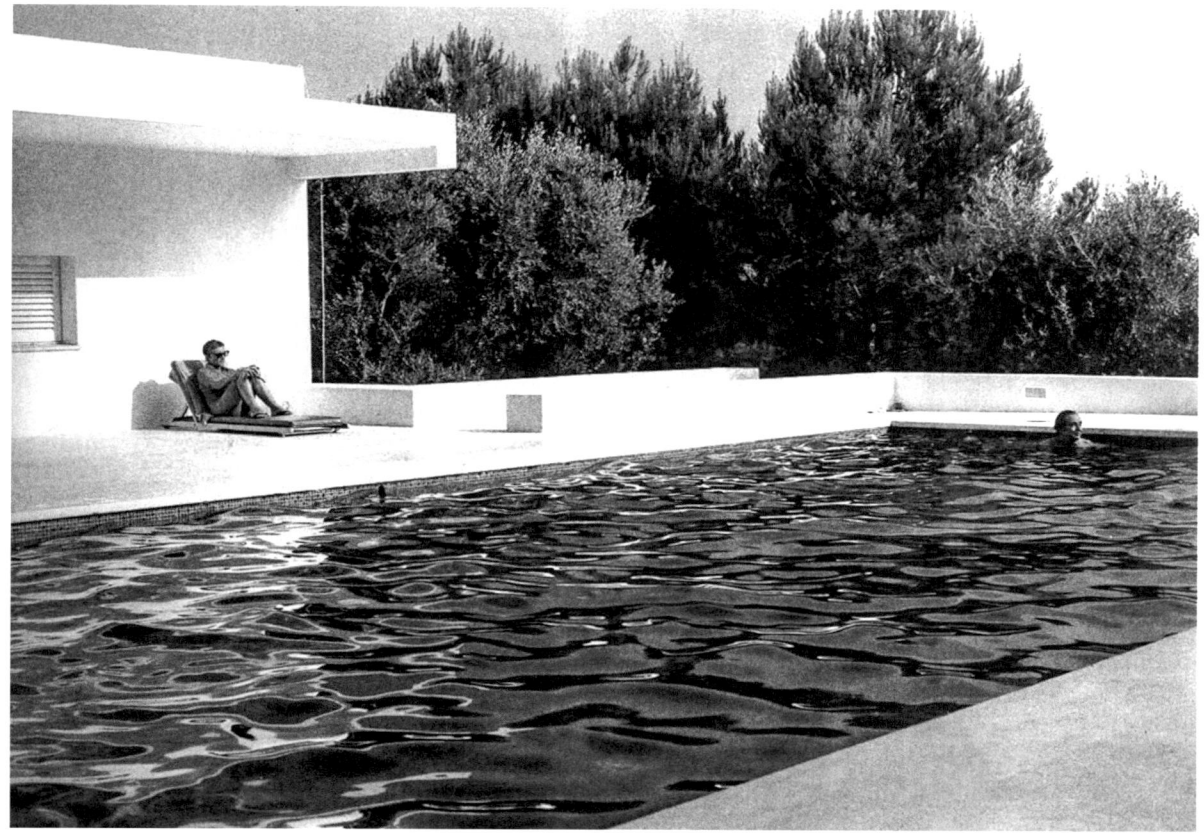

... til et paradis! Det så akkurat ut som landskapet på Menorca, der vi hadde tilbrakt vårt livs lykkeligste måneder: en vakker sandstrand med utsikt, og omkring: ikke en levende sjel!»[16] En stor tomt var ledig, den lengst fra landsbyen, og den var billig. Bergman kjøpte den i sitt eget navn.[17]

Tegningen av huset de så for seg der, er slående i sin enkelhet: en stram femkant med spissen vendt ut mot havet, plassert rundt et lukket gårdsrom med svømmebasseng [ill. 5].[18] I nord var det lagt to identiske atelierer på hver sin side av innkjørselen. Atelierene rammet inn en gårdsplass med et ukjent femkantet objekt i midten. Tegningene er i Bergmans strek, men rombetegnelser og dimensjoner er påført av Hartung. Med eiendommens beliggenhet på en odde fremstår planene som en gjentagelse av Menorca-husets relasjon til havet.

Fra Norge hadde Bergman tatt med seg en rekke bøker som hadde tilhørt hennes slektning, Fredrik Macody Lund, en selvlært historiker og kulturpersonlighet. I denne samlingen var hovedverket hans, *Ad Quadratum*, en omfattende og spreng-lærd avhandling om arkitektoniske proporsjoner, spesielt i lys av det gylne snitt, det han kalte «det geometriske

system i antikkens og middelalderens arkitektur». Både Hartung og Bergman hadde lenge vært fascinert av den indre ordenen som det gylne snitt kunne tilføre et kunstverk, og det var et tema de hadde studert siden begynnelsen av 1930-tallet. Men der Hartung hovedsakelig brukte det gylne snitts forhold som en intuitiv rettesnor i sine komposisjonen, tok Bergman i sin kunst Macody Lunds verk som utgangspunkt for en eksplisitt utnyttelse av denne geometriske konstruksjonen. Ifølge hennes nære venn Bjarne Rise, som lot seg intervjue av *Dagbladet* mens han monterte utstillingen hennes i Oslo i 1950, «løfter hun frem Macody Lunds verk i sine malerier».[19]

Det gylne snitt er et irrasjonelt tall med verdien $\phi = 1{,}618033988...$ Det er flere måter å konstruere forholdet på, men Macody Lunds løsning – å dele en sirkel inn i en femkant – er elegant og enkel å utføre [ill. 4]. Plantegningen av huset i Carboneras benytter denne metoden. I samme mappe som plantegningen finnes flere detaljerte skisser, blant annet situasjonsplaner, snitt-tegninger og oppriss, samt en rekke geometriske konstruksjoner på ark revet ut av en stor skisseblokk. I tillegg inneholder den en forstudie til *N°11-1960 Grande vallée*, et av hovedverkene hennes fra perioden, som viser det gylne snitt-femkanten som et underliggende mønster for bølgelinjene i maleriet. Det er interessant å merke seg at mens geometrien går opp i en mer flytende helhet i maleriet, står den tydelig frem i plantegningen av huset.

Det finnes ingen bevarte omtaler av huset i Carboneras fra Hartungs side, utover at de reiste flere ganger til Spania i begynnelsen av 1960-tallet. Men i Bergmans erindringer, som hun dikterte i 1985, har prosjektet en spesiell posisjon. «Vi var fast bestemt på å bo og male der i en lengre periode. Vi laget mange tegninger, og i tankene våre så vi huset allerede ferdigstilt.» På en av Spania-reisene ville Bergman dra tilbake til Menorca for å se igjen stedet hvor de hadde bodd. Hartung fortalte: «Huset vårt var bare en ruin, og all sjarmen ved vårt paradis var borte. Det er nytteløst å prøve å gjenskape lykkens landskaper. Det eneste vi kan stole på, er hukommelsen.»[20]

I Bergmans erindringer trer det også frem en annen tidslinje: «Spania var uaktuelt på grunn av de strenge lovene for utførsel av kunstverk, så vi dro til Sør-Frankrike for å se etter et hus eller en egnet tomt.» Det til tross for at paret kjøpte eiendommen i Antibes tre år før de kom til Carboneras.[21]

Uansett hva årsaken var – utførselsrestriksjonene, nærheten til helse- og sosialtjenester eller at femkant-prosjektet var for komplekst og virkelighetsfjernt – vendte de oppmerksomheten tilbake til huset i Antibes. I desember 1965 leverte den lokale arkitekten François Valérien en plantegning som lå tett opptil det endelige resultatet, som først skulle stå klart åtte år senere. Tegningen har likhetstrekk med gårdsplass-typologien som den katalanske arkitekten Josep Lluis Sert anvendte. På et tidspunkt da prosjektet manglet fremdrift, oppsøkte faktisk Hartung Sert for å få råd. Sert hadde gjennom arbeidet med Joan Mirós atelier i Palma og Fondation Maeght i Saint-Paul de Vence ikke langt fra Antibes kommet i kontakt med den kunstneriske avantgarden. Det virker som den rendyrkede klarheten i Carboneras-prosjektet hadde gitt inspirasjon til et klarere konsept også for Antibes: en patio med svømmebasseng, omgitt av selve boligen. Som i Carboneras var det ikke behov for korridorer – patioen knyttet de ulike rommene sammen. Elementene i huset hadde funnet sin endelige form, med ett viktig unntak: Atelierene var plassert der oppholdsrommet befinner seg i dag, det ene stablet oppå det andre, som et ekko av rue Gauguet. Men rommet i første etasje, som opprinnelig skulle være Bergmans, hadde lav himling og vindu mot sør og var derfor uegnet som atelier. I Carboneras-tegningene

var atelierene frittliggende bygninger. Med utgangspunkt i Valériens plantegninger engasjerte Hartung Emile Lucas til å lage nye tegninger, nå med atelierer i sørhellingen nedenfor huset [ill. 6].[22] Hartung tok i økende grad over ansvaret for byggeprosjektet og satte av hele 1968 til dette arbeidet, med hjelp fra Mario Jossa og ingeniøren Jean Heams. I sin selvbiografi beskrev han huset slik: «Et hus er for meg en kube. Hvite kuber med enkle linjer, som huset til spanske fiskere på Menorca eller i Sør-Spania, som det vi fikk bygget i Fornells. Vårt hus, det i Antibes, ligner på dem. Det er slik jeg ønsket det … sammen med Anna-Eva laget jeg plantegningene, med skisser ned til minste detalj.»[23]

Huset og atelierene de lot bygge og som de bodde og arbeidet i, gjenspeiler to adskilte, men like viktige behov: behovet for et hjem, en komfortabel ramme om samlivet deres, og drømmen om egne rom som var skreddersydd for den kunstneriske virksomheten. Her var isolasjonen viktig – «avstanden som førte dem sammen». Disse bygningene utformet de i samarbeid, både med hverandre og med mange andre, ikke minst arkitekter og murere. Inspirasjonskilden til dette fellesverket var hele tiden en kortvarig, men betydningsfull periode i livene deres. Minnene fra Menorca – «[deres] livs lykkeligste måneder» – fungerte som en prøvestein for byggeprosjektene som skulle kreve mye av oppmerksomheten deres de neste tre tiårene.[24]

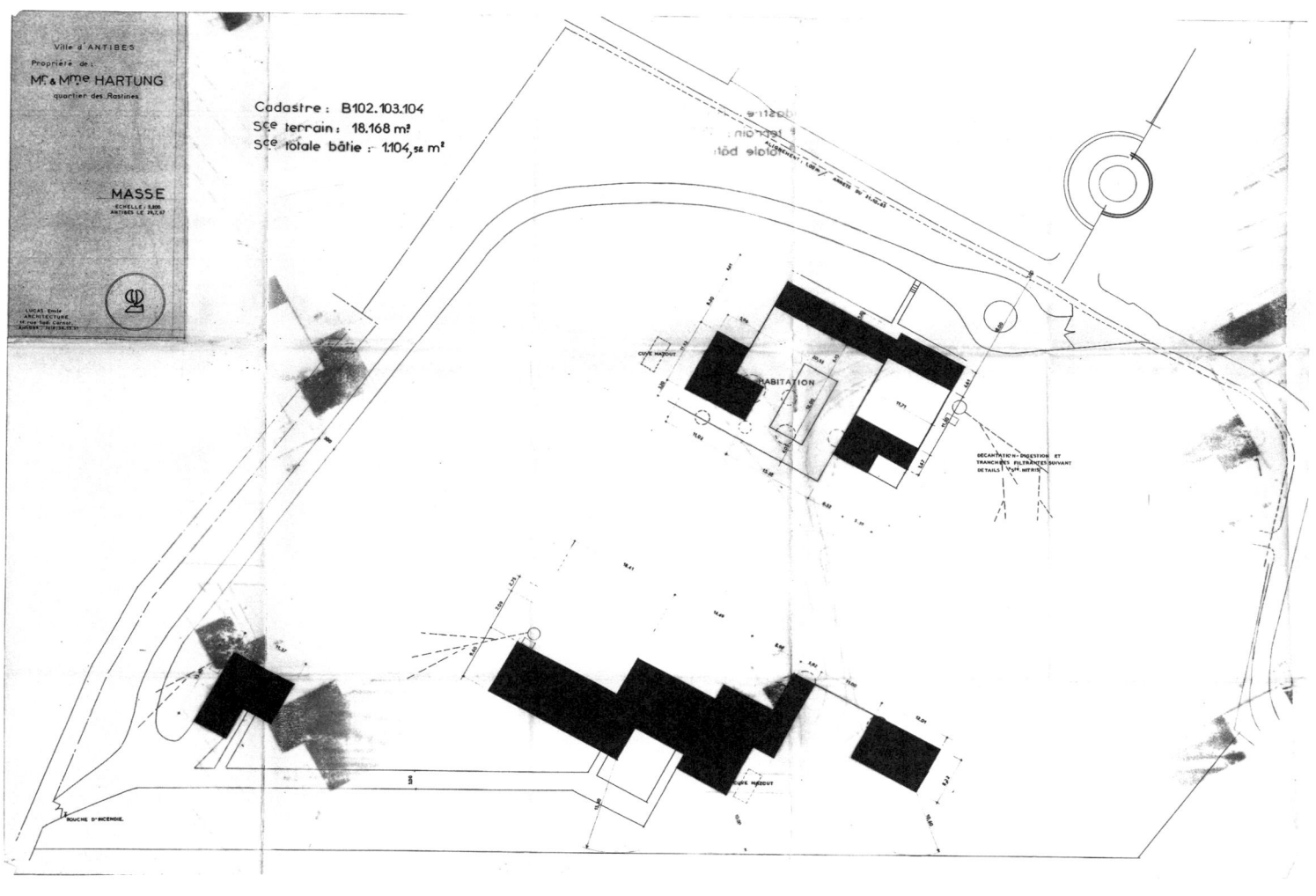

Ville d'ANTIBES
Propriété de :
Mr. & Mme HARTUNG
quartier des Rastines

Cadastre : B102.103.104
Sce terrain : 18.168 m²
Sce totale bâtie : 1.104,₅₂ m²

MASSE
ECHELLE : 1:500
ANTIBES LE 15/2/67

LUCAS-Emile
ARCHITECTURE
14 rue Sad Carnot
ANTIBES ₍₀₃₎₉₃-₁₅-₁₁

HABITATION

6   Emile Lucas, huset i Antibes, 1967, plantegning

Kilder

Aubier, Dominique. *Anna-Eva Bergman*. Paris: G. Fall, 1964.

Aubier, Dominique. *Don Quichotte, Le prodigieux secours du Messie-qui-meurt: Je sais qui je suis*. Damville: L. Labiste-Dominique Aubier, 1977.

Aubier, Dominique. *Don Quichotte, Prophète d'Israël; Essai*. Paris: R. Laffont, 1966.

Aubier, Dominique. *Hartung*. Paris: G. Fall, 1961.

Aubier, Dominique og Manuel Tuñón de Lara. *Espagne*. Paris: Éditions du Seuil, 1956.

Bergman, Anna-Eva. *Turid i Middelhavet*. Oslo: J.W. Cappelen, 1942.

Bonillo, Jean-Lucien. «Hans Hartung 'Architecte'. Ombres et lumière d'une passion méditerranéenne», i *Domus mare nostrum: Habiter le mythe méditerranéen*. Redigert av Tim Benton, Jean-Lucien Bonillo mfl. 92–101. Toulon: Hôtel des Arts, 2014.

Fondation Hartung-Bergmans arkiv

Gutbrot, Karl. *Künstler schreiben an Will Grohmann*. Köln: DuMont Dokumente, 1968.

Hartung, Hans. *Autoportrait*. Paris: Grasset, 1976.

Kaiser, Franz-W. «Anna-Eva's Abstractions», i *Anna-Eva Bergman*. Redigert av Christine Lamothe og Marie-Noël Rio. 57–83. Dijon: Les presses du réel, 2011.

Kovacs, Istvan Korda og Kari Borg Manns-åker. *Møte med malerne Anna-Eva Bergman og Hans Hartung*. NRK, 23. januar 1980.

Kovacs, Yves. *Hans Hartung, du geste à l'infini*. France 2, 6. august 1980.

Philippe, Claude-Jean. *Hans Hartung (Personnage de la vie)*. Office de Radiodiffusion Télévision Française, 1978.

Noter

1   Claude-Jean Philippe, *Hans Hartung (Personnage de la vie)*, Office de Radiodiffusion Télévision Française, 1978, 46:10. Oversettelse fra fransk til engelsk ved forfatteren, fra engelsk til norsk ved oversetteren.

2   Hans Hartung, *Autoportrait* (Paris: Grasset, 1976), 102.

3   Tidligere forskning på husene som Hartung og Bergman bygde til seg selv, har oppgitt Hartung som arkitekt (sammen med en rekke profesjonelle arkitekter). Bergman har ikke blitt tilkjent noen vesentlig rolle annet enn som oppdragsgiver. Men når han snakker om bygningene, er Hartung nøye med å nevne Bergmans deltakelse, om det så bare er å «hjelpe til med tegningene». Dette underbygges av Bergmans skildring av husprosjektet på Menorca, der hennes alter ego Turid «er opptatt med å lage tegningene». Bergmans ferdigheter innen teknisk tegning kan ha bidratt til denne arbeidsdelingen. En tidligere fremstilling av arbeidet med husene som fokuserer på Hartungs rolle, finnes i Jean-Lucien Bonillo, «Hans Hartung 'Architecte.' Ombres et lumière d'une passion méditerranéenne», i *Domus mare nostrum: Habiter le mythe méditerranéen*, redigert av Tim Benton, Jean-Lucien Bonillo mfl. (Toulon: Hôtel des Arts, 2014).

4   Om bakgrunnen for at de valgte å bygge, se brev fra Hartung til Will Grohmann, 21. desember 1933, i Karl Gutbrot, *Künstler schreiben an Will Grohmann* (Köln: DuMont Dokumente, 1968).

5   Hartung, *Autoportrait*, 92.

6   Fondation Hartung-Bergmans arkiv, kontrakt 2628.

7   Anna-Eva Bergman, *Il était une fois un paradis*, udatert og uutgitt manuskript i Fondation Hartung-Bergmans arkiv.

8   Skildret i Anna-Eva Bergman, *Turid i Middelhavet* (Oslo: J.W. Cappelen, 1942), 106.

9   Anna-Eva Bergmans erindringer diktert til Andrea Schomburg, 1985, manus i Fondation Hartung-Bergmans arkiv, 38.

10   Istvan Korda Kovacs og Kari Borg Mannsåker, *Møte med malerne Anna-Eva Bergman og Hans Hartung*, NRK, 23. januar 1980, 6:14; Hartung, *Autoportrait*, 187–188.

11   Anna-Eva Bergmans erindringer, 65.

12   Se tegning av arkitekt Pierre Bailleau. Fondation Hartung-Bergman, 12. desember 1957.

13   Anna-Eva Bergmans erindringer, 89.

14   Dokumentet er oppbevart i Fondation Hartung-Bergmans arkiv.

15   Dominique Aubier var pseudonymet til Marie-Louise Labiste, som utga flere bøker der hun spekulerte rundt Miguel de Cervantes' Don Quijote og dette verkets skjulte kabbalistiske betydning, samt en reisehåndbok om Spania. Hun skrev også to av de tidligste monografiene om henholdsvis Hartung og Bergman. Se Dominique Aubier, *Hartung* (Paris: G. Fall, 1961); Aubier, *Anna-Eva Bergman* (Paris: G. Fall, 1964); Aubier og Manuel Tuñón de Lara, *Espagne* (Paris: Éditions du Seuil, 1956); Aubier, *Don Quichotte, Prophète d'Israël; Essai* (Paris: R. Laffont, 1966); Aubier, *Don Quichotte, Le prodigieux secours du Messie-qui-meurt: Je sais qui je suis* (Damville: L. Labiste-Dominique Aubier, 1977).

16   Anna-Eva Bergmans erindringer, 82–83. Den franske versjonen inneholder uttrykket «vårt livs lykkeligste måneder» («les mois plus heureux de notre vie»), 46. Den tyske versjonen, som er originalen, er mer nøktern.

17   Dokument i Fondation Hartung-Bergmans arkiv, datert 12. oktober 1966.

18   I filmen *Hans Hartung, du geste à l'infini* sier Bergman at hun ville ha et lukket gårdsrom, eller en patio, fordi så mange skandinaviske hus var bygd på den måten. Dette er et merkelig utsagn, siden det så å si ikke finnes lukkede gårdsrom i skandinaviske hus. Kanskje hun tenkte på atriumhusene av de førende danske modernistiske arkitektene Jørn Utzon og Arne Jacobsen, som begynte å dukke opp på denne tiden? For Hartung var svømmebassenget viktig, for det var hovedsakelig slik han fikk mosjonert etter at han mistet beinet. Se Yves Kovacs, *Hans Hartung, du geste à l'infini*, France 2, 6. august 1980, 27:25.

19   «'Abstraherende kunst' i UKS: Macody Lund går igjen», *Dagbladet*, 5. oktober 1950. En mer omfattende redegjørelse for betydningen av det gylne snitt i Hartungs og Bergmans verk finnes i Franz-W. Kaiser, «Anna-Eva's Abstractions», i *Anna-Eva Bergman*, redigert av Christine Lamothe og Marie-Noël Rio (Dijon: Les presses du réel, 2011).

20   Anna-Eva Bergmans erindringer, 83; Hartung, *Autoportrait*, 111.

21   Anna-Eva Bergmans erindringer, 87. Et brev fra banken hennes i 1966, hvor hun får påpakning for å ha åpnet en utenlandsk bankkonto «uten godkjennelse», angir 26. september 1963 som datoen for eiendomskjøpet. Hartung betalte et forskudd på Antibes-tomten og et offentlig planleggingsgebyr i oktober 1960. Disse dokumentene viser også at mens tomten i Carboneras var bemerkelsesverdig billig (12 000 pesetas), var det noe helt annet med den i Frankrike, som kostet 17,1 millioner franc.

22   I et dokument i Fondation Hartung-Bergmans arkiv er Emile Lucas omtalt som «ikke arkitekt, tidligere teknisk tegner», senere rettet til «arkitekt». Men tittelfeltet på tegningene hans, «Emile Lucas, architecture», tyder på at han ikke var utdannet arkitekt.

23   Hartung, *Autoportrait*, 94.

24   Anna-Eva Bergmans erindringer, 82–83.

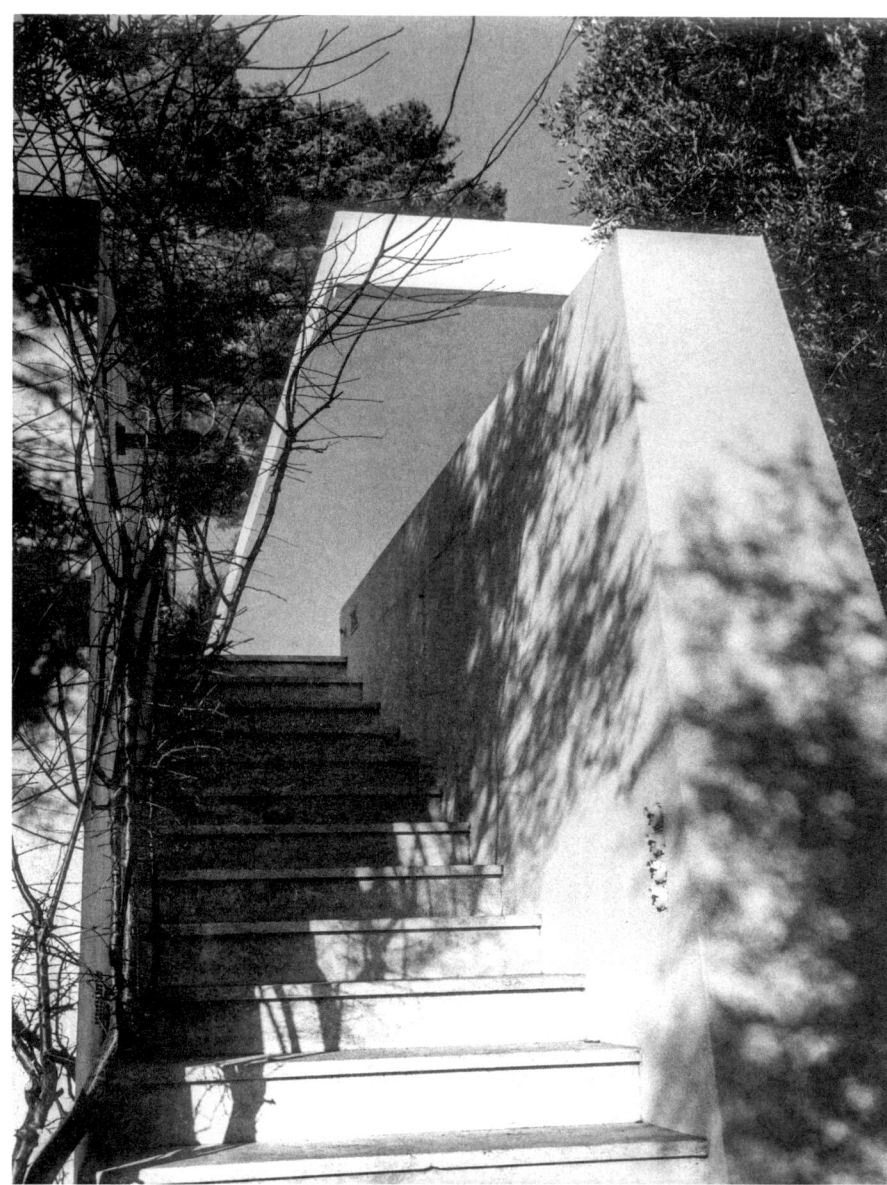

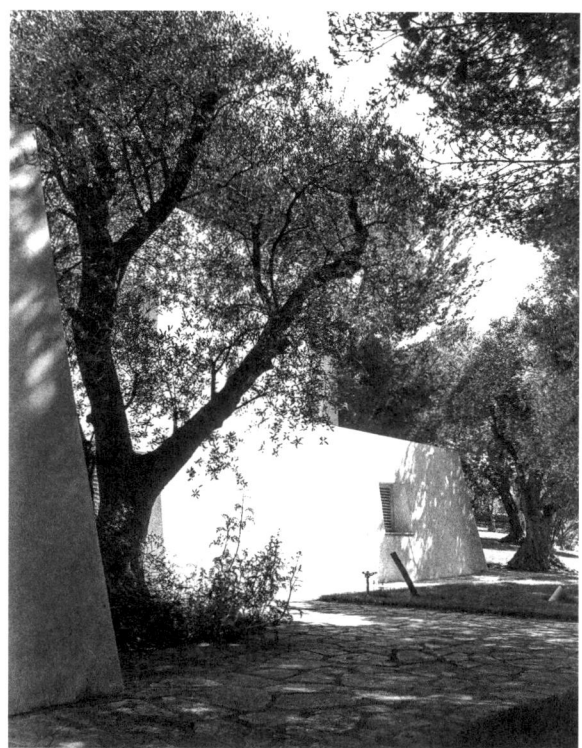

7 A–B   Antibes, 1976

Biografi

Anna-Eva Bergman
1909–1987

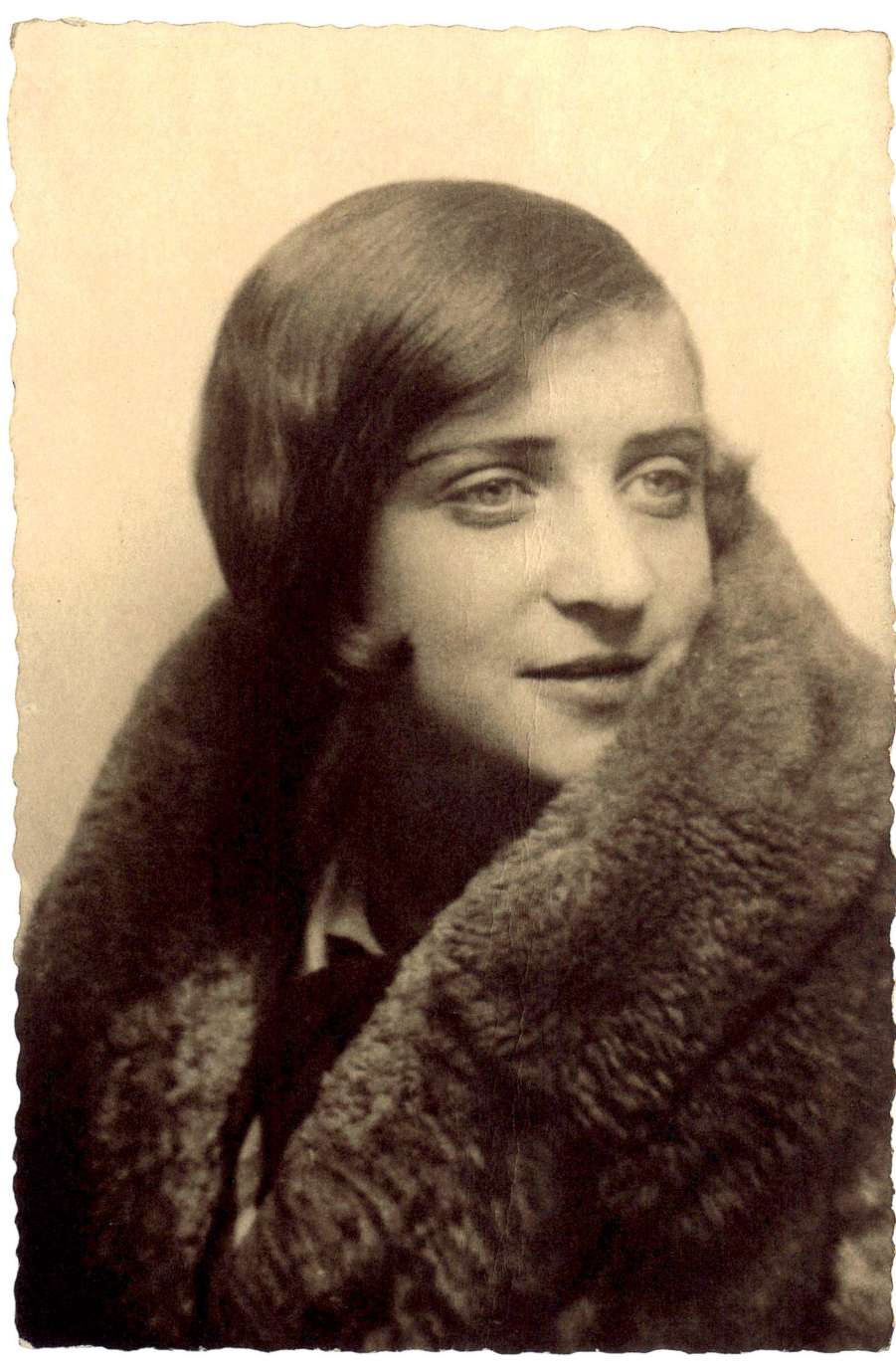

Anna-Eva Bergman, 1929

1909
Bergman ble født i Stockholm 29. mai, hadde norsk mor, Edvardine Magdalene Margrethe Lund (1878–1967), kalt Bao, og svensk far, Broder Julius Gustafsson Bergman (1877–1958). Hun vokste opp i Norge; i Hardanger, Fredrikstad og Oslo. På grunn av morens studier og arbeid innen mensendieck uten-lands vokste Bergman opp hos morens søster, tante Sara (f. Lund), og hennes mann Daniel Tønne-sen. Daniel var amatørmaler og oppmuntret Berg-mans kunstneriske interesse. Bao kom fra Lofthus, Hardanger, hvor Bergman tilbrakte somrene. Hun vendte jevnlig tilbake dit.

1925–1927
Studier ved Statens håndverks- og kunst-industriskole.

1927–1928
Studier ved Kunstakademiet under den tidligere Matisse-eleven Axel Revold. I Bergmans kull var Bjarne Rise, Johs. Rian, Kai Fjell og danske Vilhelm Bjerke Petersen.

1928
Studier ved Kunstgewerbeschule i Wien under pro-fessor Eugen Gustav Steinhof. Her ble hun introdu-sert for ulike teknikker og materialer, og utfordret til å arbeide abstrakt. Malte en rekke abstrakte male-rier, som siden gikk tapt.[1] I ettertid la hun særlig vekt på studietiden under Steinhof.

1929
Ankom Paris og sluttet seg til L'académie André Lhote, et lærested som tiltrakk seg mange skandi-naviske kunststudenter. Lhote ga henne kunnskap om kubismens ulike retninger. På «dinner og dans» møtte hun tyske Hans Hartung (1904–1989), også student hos Lhote. De giftet seg 28. september i Vang stavkirke, som var flyttet fra Valdres til Karpacz (dagens Polen).

1929–1937
Bergman og Hartung levde et omflakkende liv. De bodde og oppholdt seg periodevis i Dresden, Leucate, Oslo, Homborøya, Paris, Menorca, Hardanger og tilbake til Paris.

1932
Bergman holdt sin første utstilling i Galleri Heinrich Kühl i Dresden. Ble kjent med den anerkjente kunst-historikeren Will Grohmann, siden en viktig støtte-spiller for Bergman. Samme år stilte hun ut i Blomqvist i Oslo sammen med Hartung. Sommeren tilbrakte ekteparet på Homborøya på Sørlandet.

1933–1934
Bergman og Hartung bygget hus på Menorca. De var begge arkitekter. Bergman malte fra byen Fornells; kirken, husene og byrommene.

1937
Bergman reiste til Italia alene. Oppsøkte blant annet Ravenna.

1938
Tok ut skilsmisse fra Hartung.

1939
Tilbake til Norge, først til Hardanger og deretter Oslo. Dette var en tid preget av krig og okkupasjon. Bergman sluttet å male og viet seg til skribent virksomhet og illustrasjoner.

1942
Gav ut boken *Turid i Middelhavet* (1942) om livet med Hartung i Paris og på Menorca. Stiftet bekjentskap med arkitekten Bernt Arlet Christian Lange (1864–1951). Han var utdannet i Tyskland, hadde erfaring fra restaurering av katedraler i Europa og hadde kunnskap om både arkitektur, kunst og litteratur. Han satte henne på sporet av å anvende bladmetall i kunsten.

1944
Giftet seg med artillerikaptein, fabrikkeier og reklamekonsulent Frithjof Christian Maria Lange (1895–1988), sønn av Christian Lange. Ekteskapet oppløst 1952.

1946
Tar opp maleriet igjen. Studier og skrift ble viktig i arbeidet med å meisle ut en ny kunstnerisk kurs. Etter krigen begynte hun å skrive ned sine tanker om kunsten i de såkalte dagbøkene. Hun fordypet seg i alt fra kunsthistorie, fargeteori og arkitektur til religion, arkeologi og skjønnlitteratur. Abonnerte på franske kunsttidsskrifter og holdt seg oppdatert på den internasjonale kunstscenen. Hun skriver ikke direkte om egen kunst, men overordnet om kunst som virket som kime til hennes senere verk. Tok opp igjen kontakten med kunstneren Bjarne Rise, medstudent fra Kunstakademiet. Rise hadde vært en av få norske surrealister, men kritikk og motstand førte til at han la de surrealistiske impulser bak seg. Rise ble en viktig samtalepartner og støttespiller.

1947
Ble tatt opp som medlem av Unge Kunstneres Samfund (UKS).

1948
Tok opp kontakten med Hartung. De skrev hemmelige brev til hverandre, begge gift på hver sin kant. Bergman debuterte på Høstutstillingen med et maleri fra 1929.

1949–1951
Var del av kunstnerkollektivet på Citadelløya, sør for Oslo, sammen med blant andre Carl Nesjar, Rigmor Holter og Harald Ruud. Studerte blankskurte svaberg og bergarter som utgangspunkt for abstrakte bilder. Utviklet serien «Fragments d'une île en Norvège».

1950
Reiste til Nord-Norge; Bergen–Nordkapp tur/retur. Skrev dagbok fra turen. Oppdaget landskapet, arkitekturen, kirker og gjenreisningen etter krigen. Formulerte en visjon om et abstrakt maleri som ble kimen til bilder hun skulle komme til å male. Holdt separatutstilling i UKS med abstrakte verk, som fikk bred omtale i pressen.

1951
Deltok med tre verk på utstillingen «Norsk Nutidskonst» i Liljevalchs konsthall, Stockholm. Fullførte et oppdrag for Hotell Farris Bad i Larvik, et monumentalt triptyk (tredelt verk). En «grand finale» før hun vendte tilbake til Paris.

1952
Reiste fra Norge i januar. Først til Tyskland, i dialog med kunstkritiker Will Grohmann, som satte henne i kontakt med en rekke kunstnere og tok initiativ til hennes utstilling i Kunstantiquariat Wasmuth i Berlin. Ankom Paris i mai og ble gjenforent med Hartung. De skilte seg fra sine respektive ektefeller og bosatte seg i rue Cels. Bergman ble raskt del av det parisiske kunstlivet. Fra dette året stilte hun ut på Salon de Mai hvert år frem til 1970.

1956
Ble del av Galerie de France, en spydspiss innen etterkrigstidens abstrakte maleri, også kalt Pariserskolen eller lyrisk abstraksjon.

1957
Giftet seg på nytt med Hartung. Inkludert i kunstneren og kritikeren Michel Seuphors oversiktsverk over abstrakt kunst *Dictionary of Abstract Painting*. «Her paintings are characterised by large solid blocks of colour often isolated in the middle of the canvas. They are almost hypnotic in their effect», skriver Seuphor.[2]

1958
Første utstilling i Galerie de France. Her stilte hun ut jevnlig frem til 1977.

1959
Deltok på Documenta II med tre malerier. Bergman og Hartung flyttet inn i 5 rue Gauguet. Fikk et eget atelier med mulighet til å arbeide i stort format.

1962
Bergman og Hartung reiste til Carboneras, Spania, med tanke på å bygge og bo her. Oppholdet og landskapet inspirerte til å utvikle horisontmotivet.

1964
Reiste til Nord-Norge sammen med Hartung. Begge fotograferte, og bildene ble et viktig utgangspunkt for Bergmans kommende skisser, akvareller, malerier og grafikk. Reiste til New York, besøkte blant andre Mark Rothko i hans atelier.

1966
Utstilling i Kunstnernes Hus og Bergens Kunstforening.

1967
Utstilling i Torino.

1969
Norsk representant ved São Paulo-biennalen i Brasil. Viste 16 monumentale malerier.

1973
Flyttet inn i huset i Antibes, Le Champs des Oliviers. Hjem og atelierer var formet av ekteparet selv med hjelp fra arkitekter. «Franske» motiver kom inn i kunsten hennes.

1977–1978
Utstilling i Musée d'Art Moderne de la Ville de Paris.

1978–1979
Utstilling i Henie Onstad Kunstsenter.

1987
Bergman døde 24. juli i Grasse, Frankrike.

1994
Som et monument over liv og kunst ble stiftelsen Hartung-Bergman opprettet for å ivareta ikke bare kunsten etter deres død, men også hjemmet, atelierene, innredningen, inventaret, kunstsamlingen, korrespondanse og boksamlingen. Sentral i dette arbeidet var kunsthistorier og venn av ekteparet, Ole Henrik Moe.

Noter

1   Anna-Eva Bergman, *En svensk norsk bagatele*, skrevet rundt 1940–45, Fondation Hartung-Bergmans arkiv, 21.
2   Sitert fra engelsk utgave: Michel Seuphor, *A Dictionary of Abstract Painting, Preceded by a History of Abstract Painting*. Overs. Lionel Izod mfl. (New York: Tudor Publishing Company, 1958), 130.

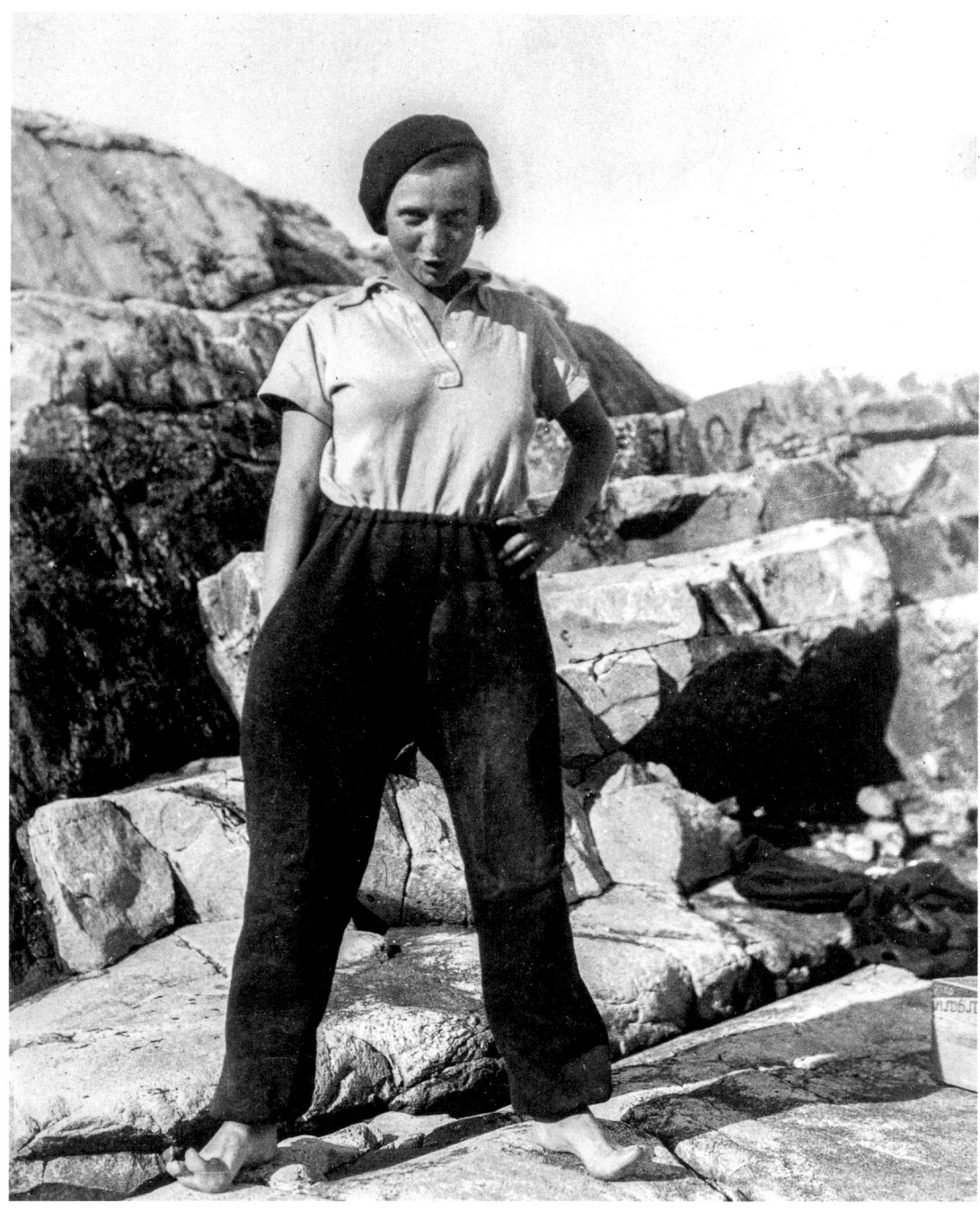

Anna-Eva Bergman på Homborøya, Norge, 1932

Utstilte verk
Exhibited works

Autoportrait, 1946
Olje på masonittplate, 46 × 38 cm

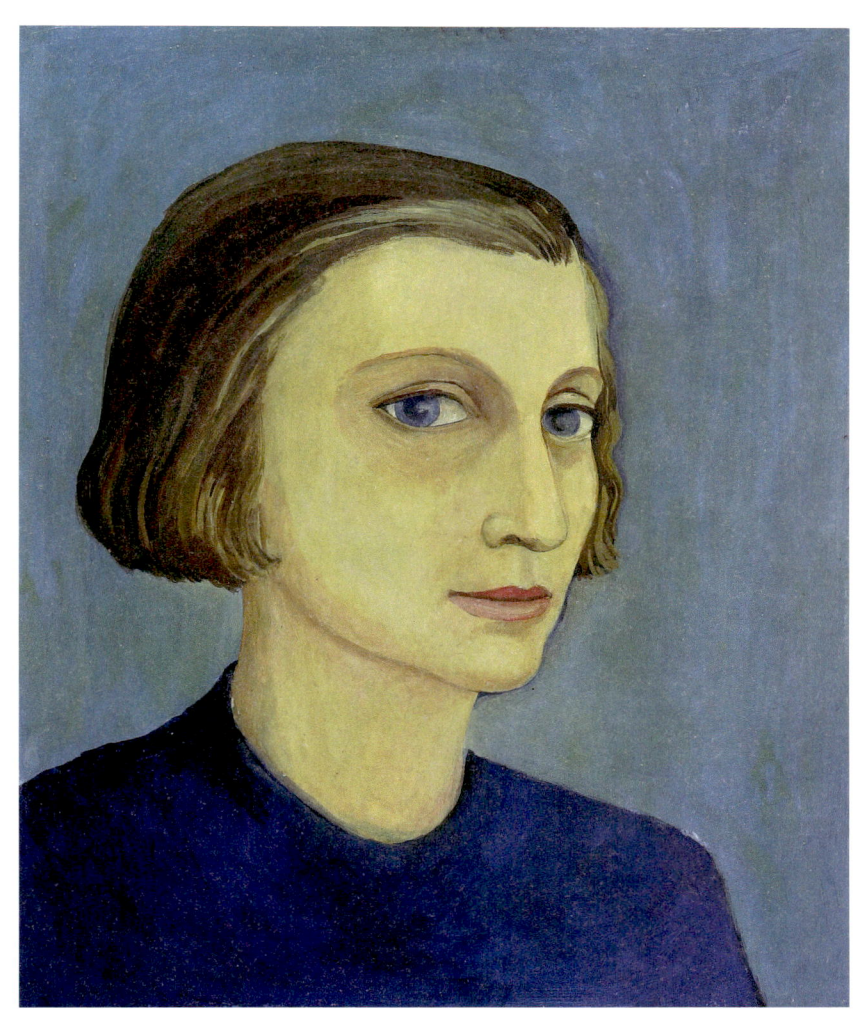

N°ca-1948-50, 1948–50
Olje og bladmetall på masonittplate, 41 × 27 cm

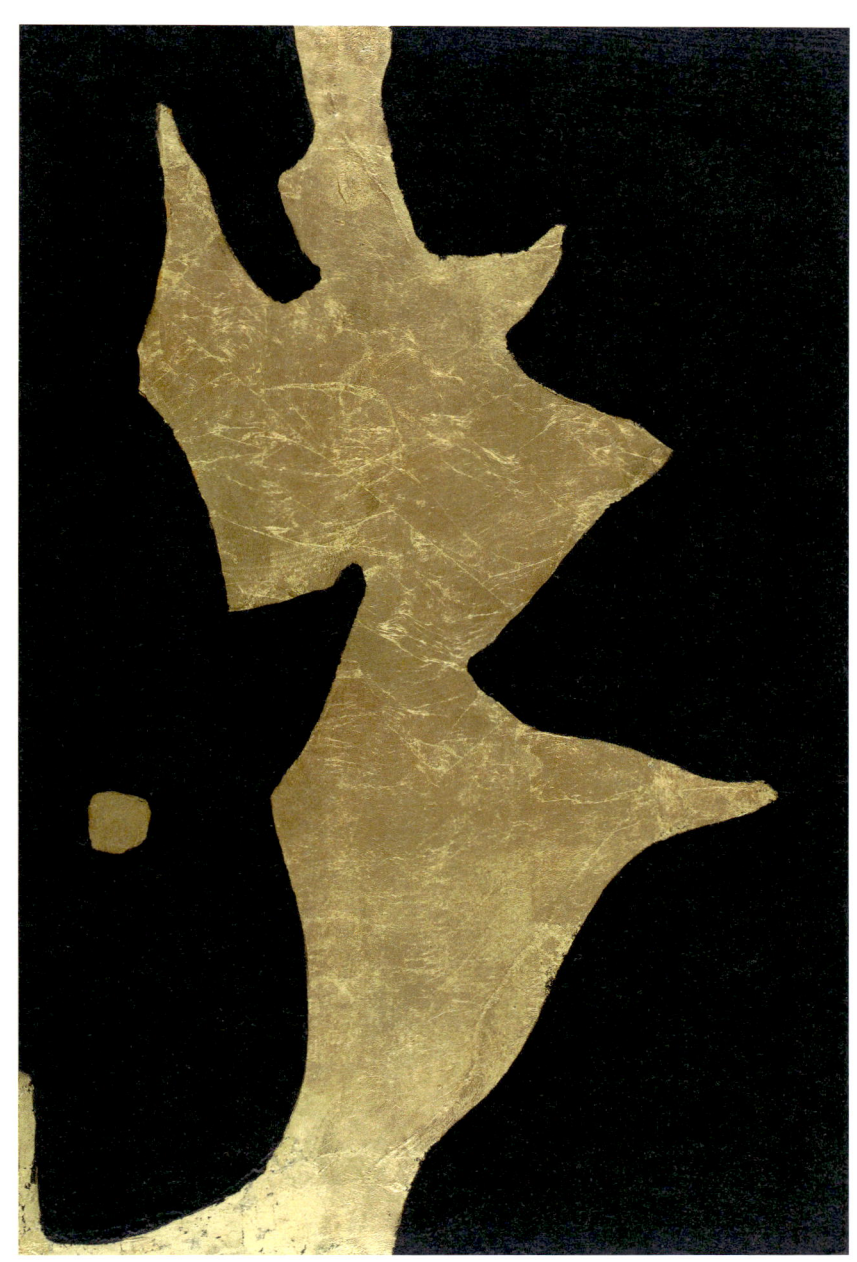

N°-1951, 1951
Olje og bladmetall på masonittplate, 35 × 24 cm

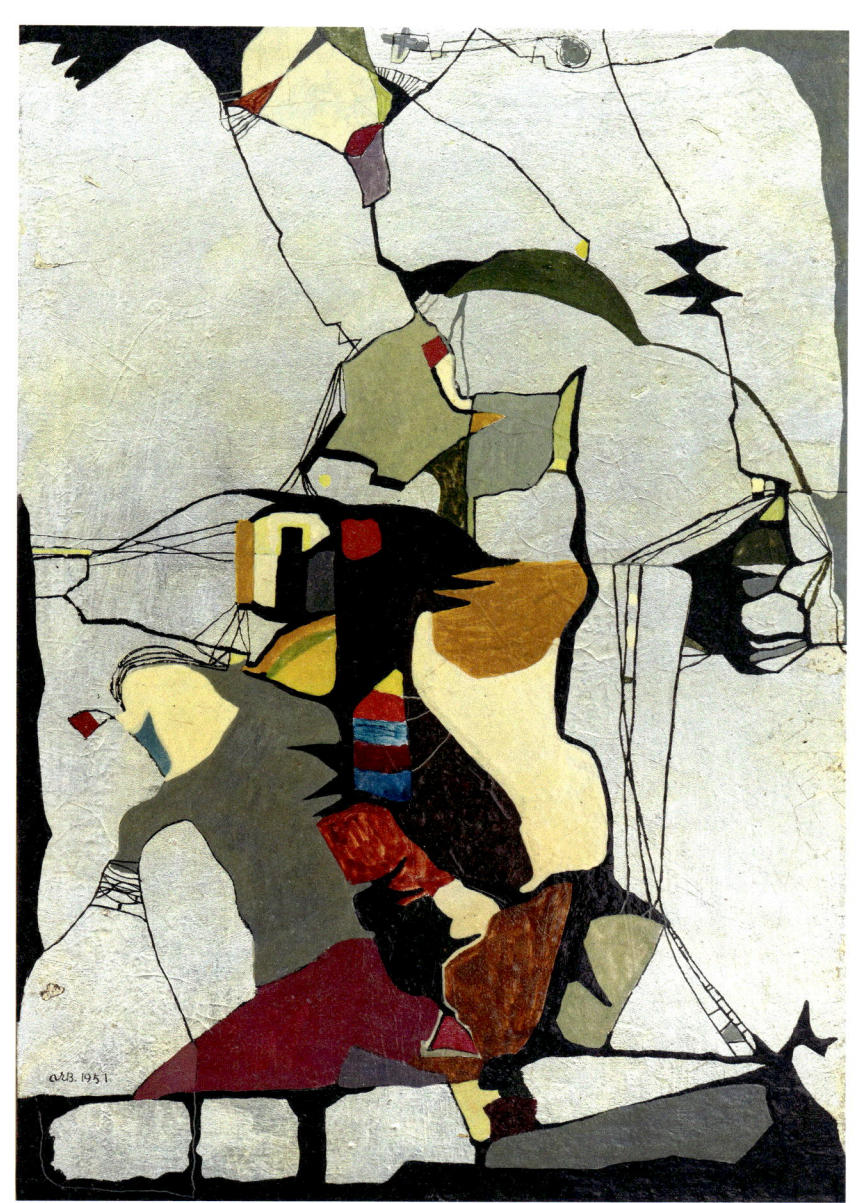

N°4-1951 Ubevisst kosmisk (statisk), 1951
Tempera og bladmetall på lerret, 90 × 60 cm

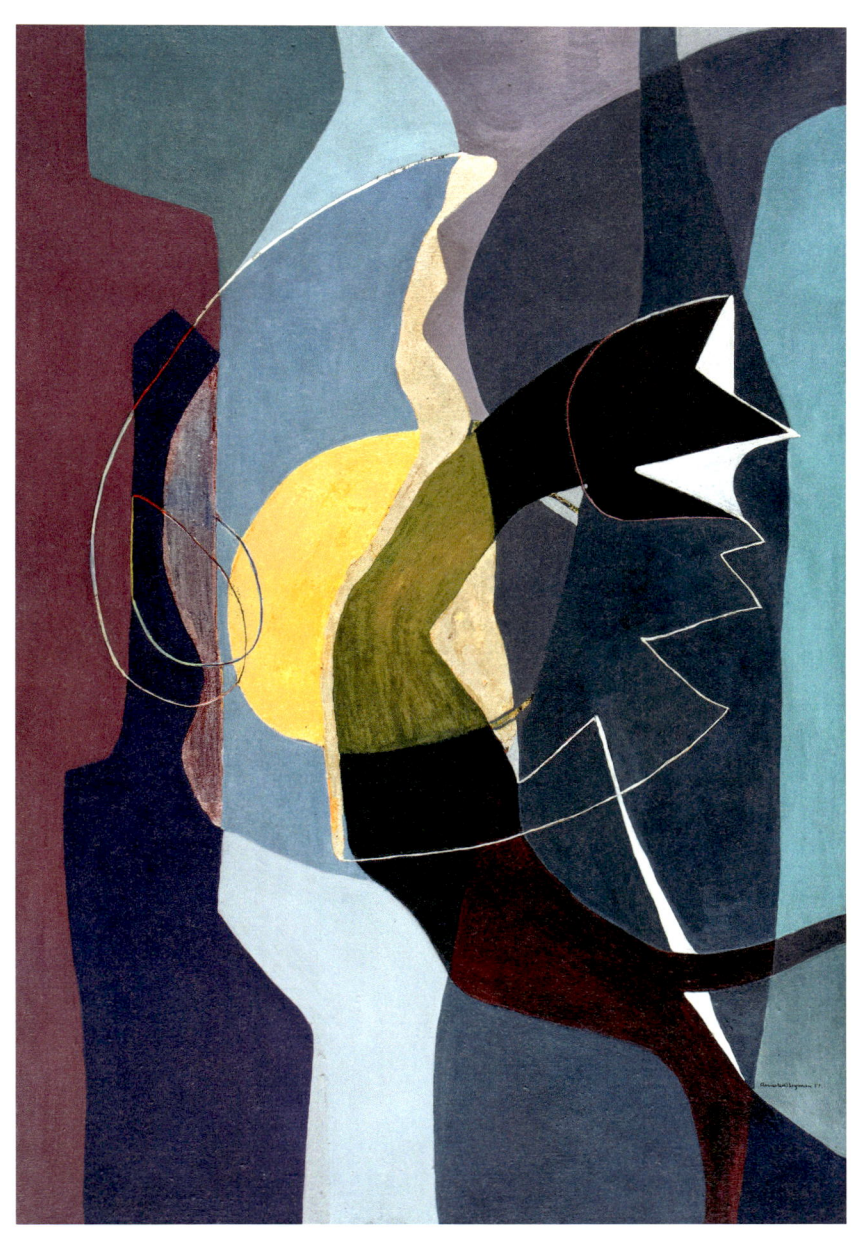

N°31-1951 Sort stilistisk (sort hvidt oker), 1951
Tempera på masonittplate, 46 × 38 cm

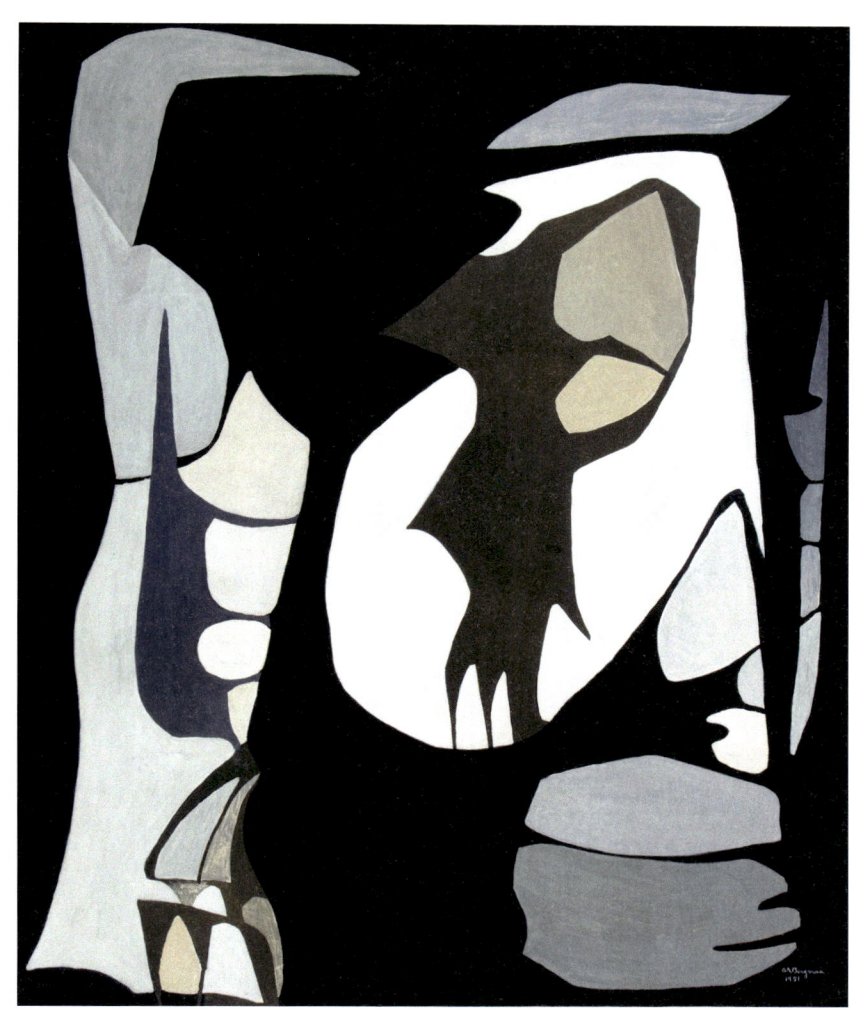

N°32-1951 Fragment d'une île en Norvège, 1951
Tempera på masonittplate, 38 × 46 cm

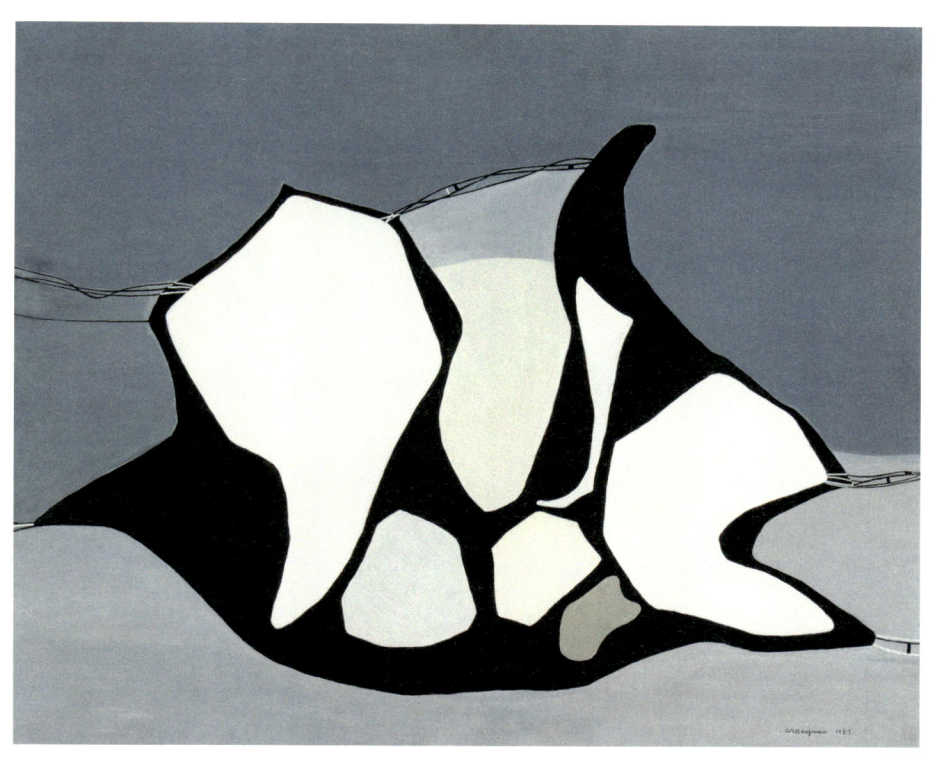

N°33-1951 Musikalske former (sort hvit oker), 1951
Tempera på masonittplate, 66,5 × 41,5 cm

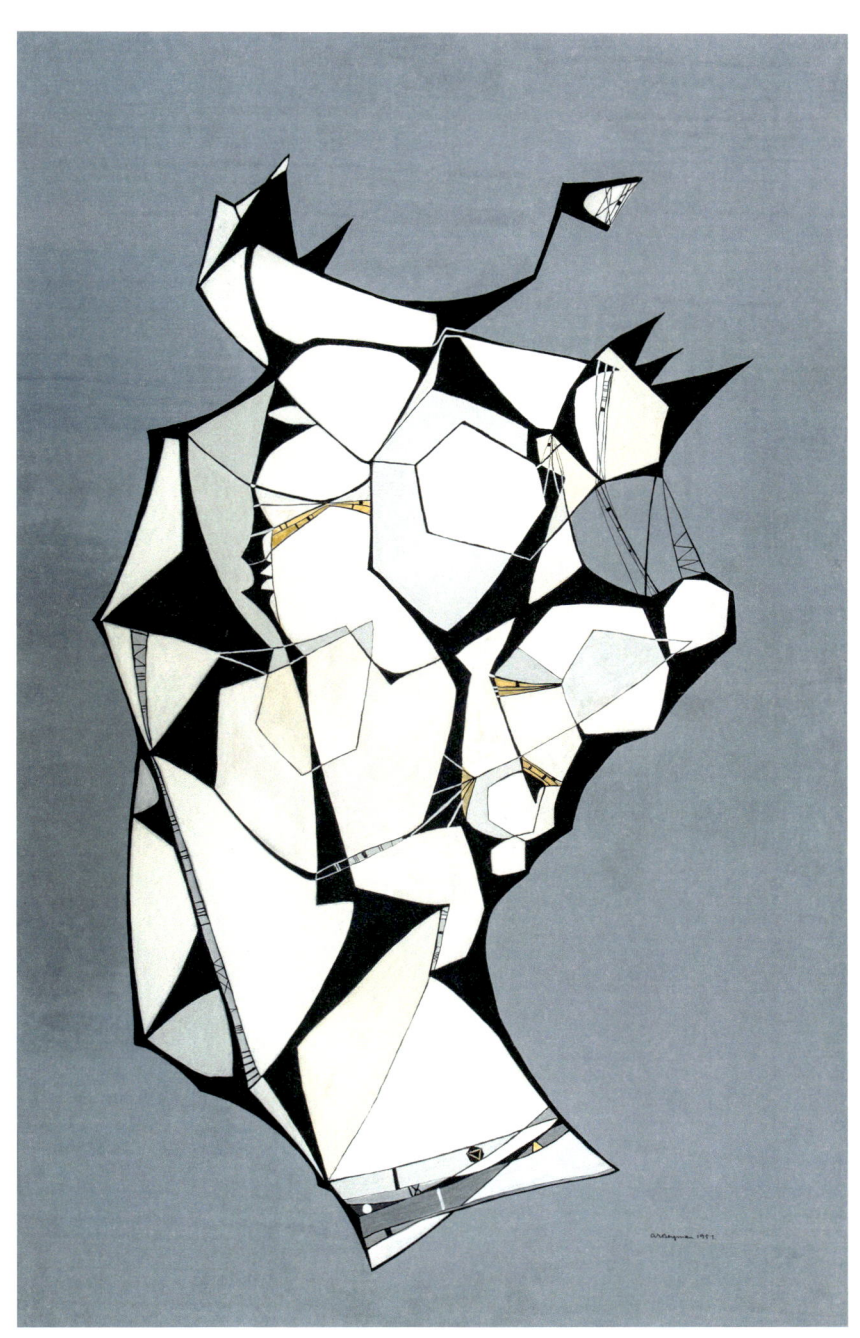

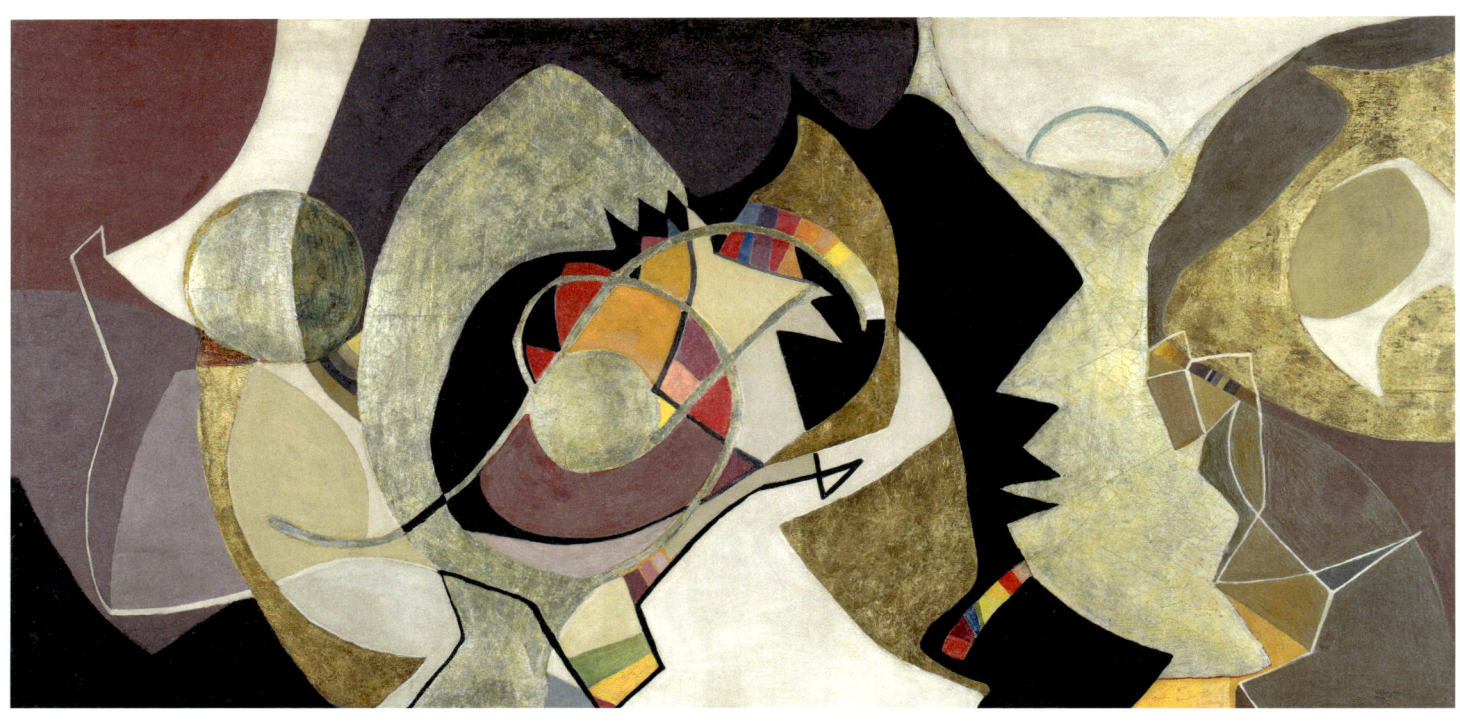

Komposisjon, 1951
Kaseintempera, eggtempera, harpiks og bladmetall på finerplate,
101 × 203 cm, 101 × 50 cm, 101 × 154 cm

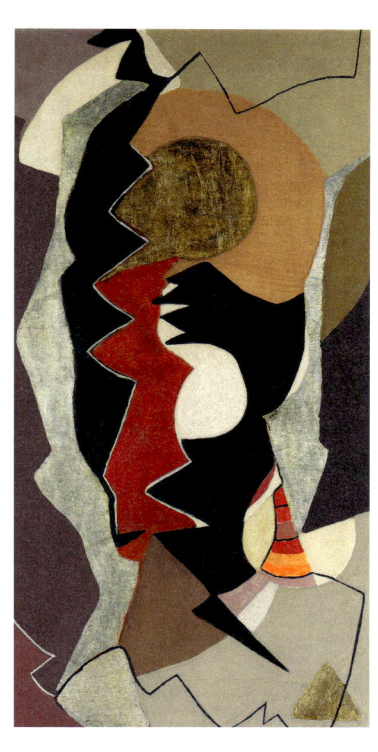
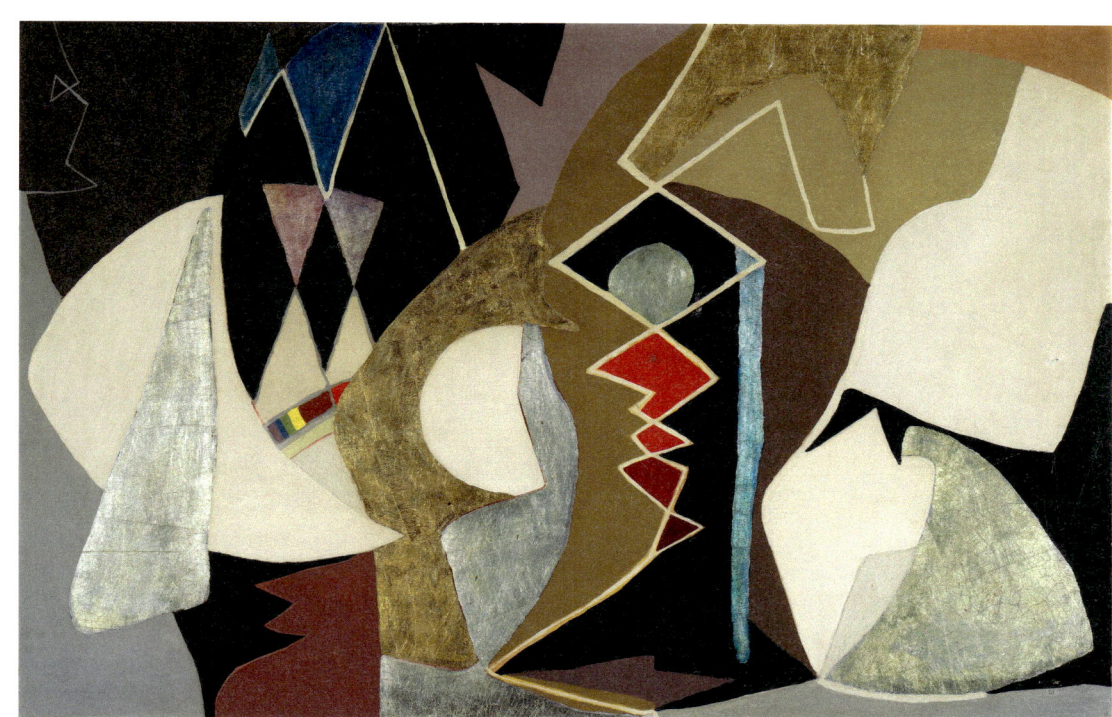

N°5-1952 Deux formes noires, 1952
Olje på lerret, 130 × 97 cm

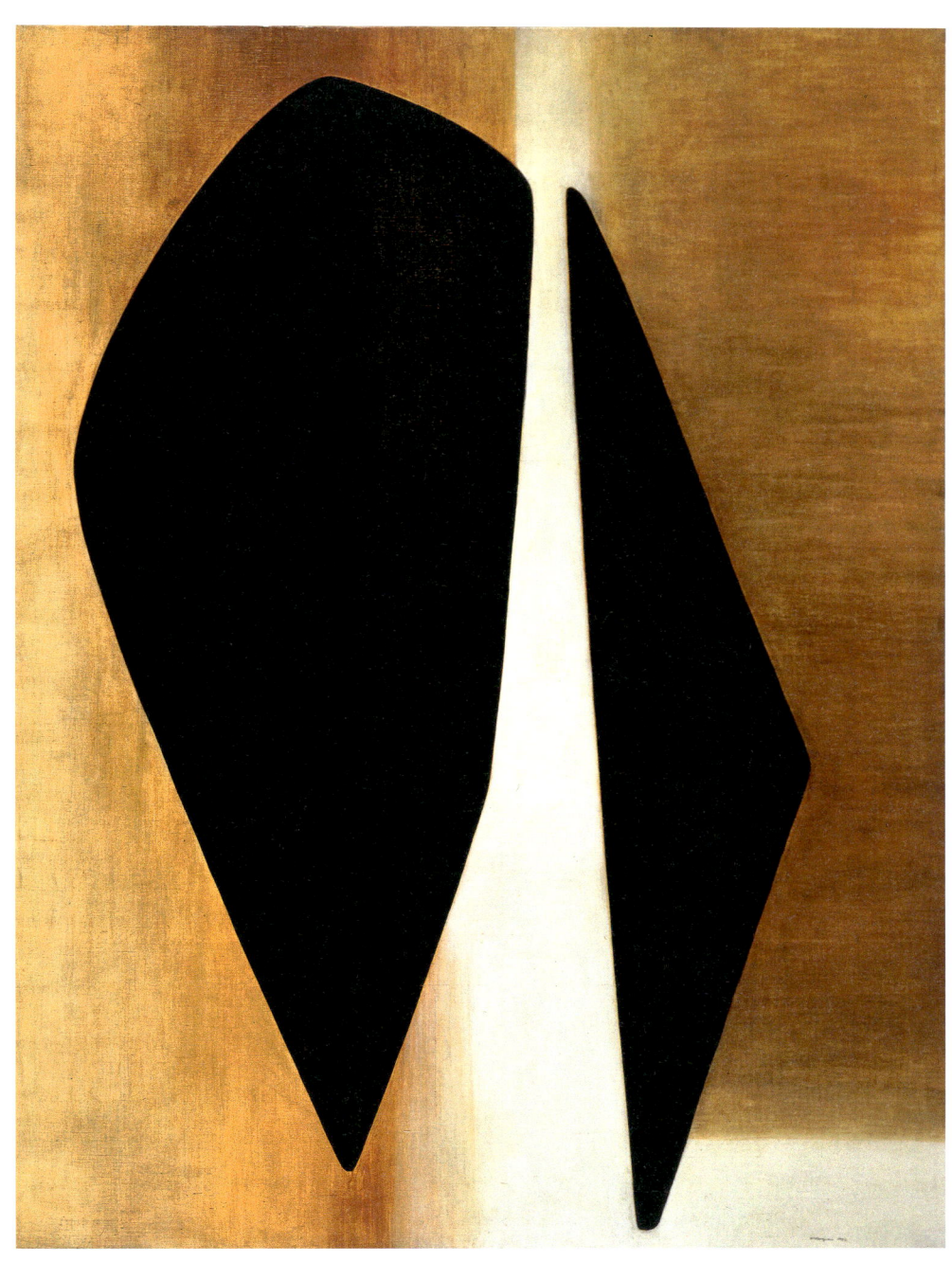

N°1-1953 La griffe, 1953
Tempera på lerret, 146 × 97 cm

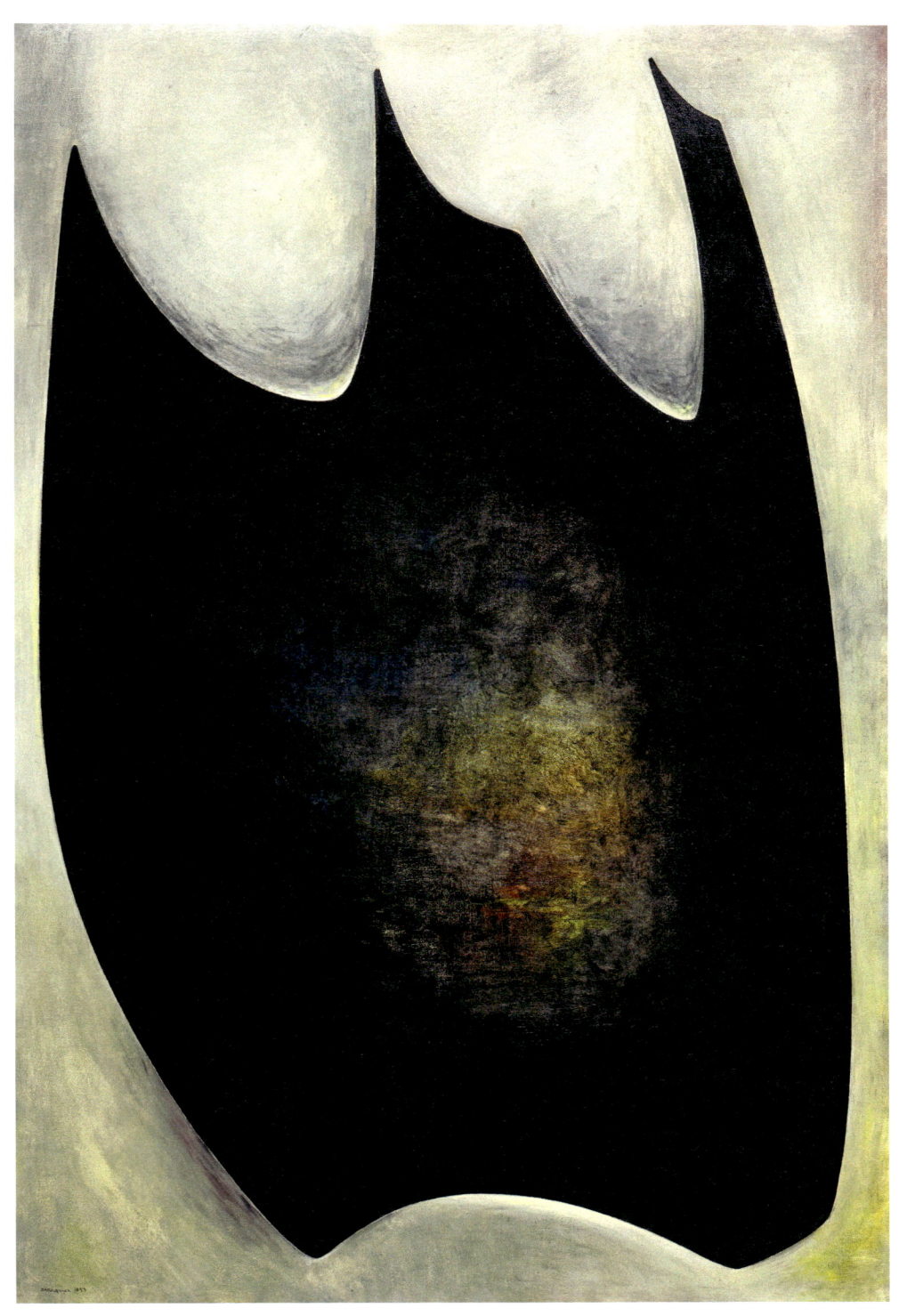

N°2-1953 Stèle avec lune, 1953
Tempera og bladmetall på lerret, 146 × 97 cm

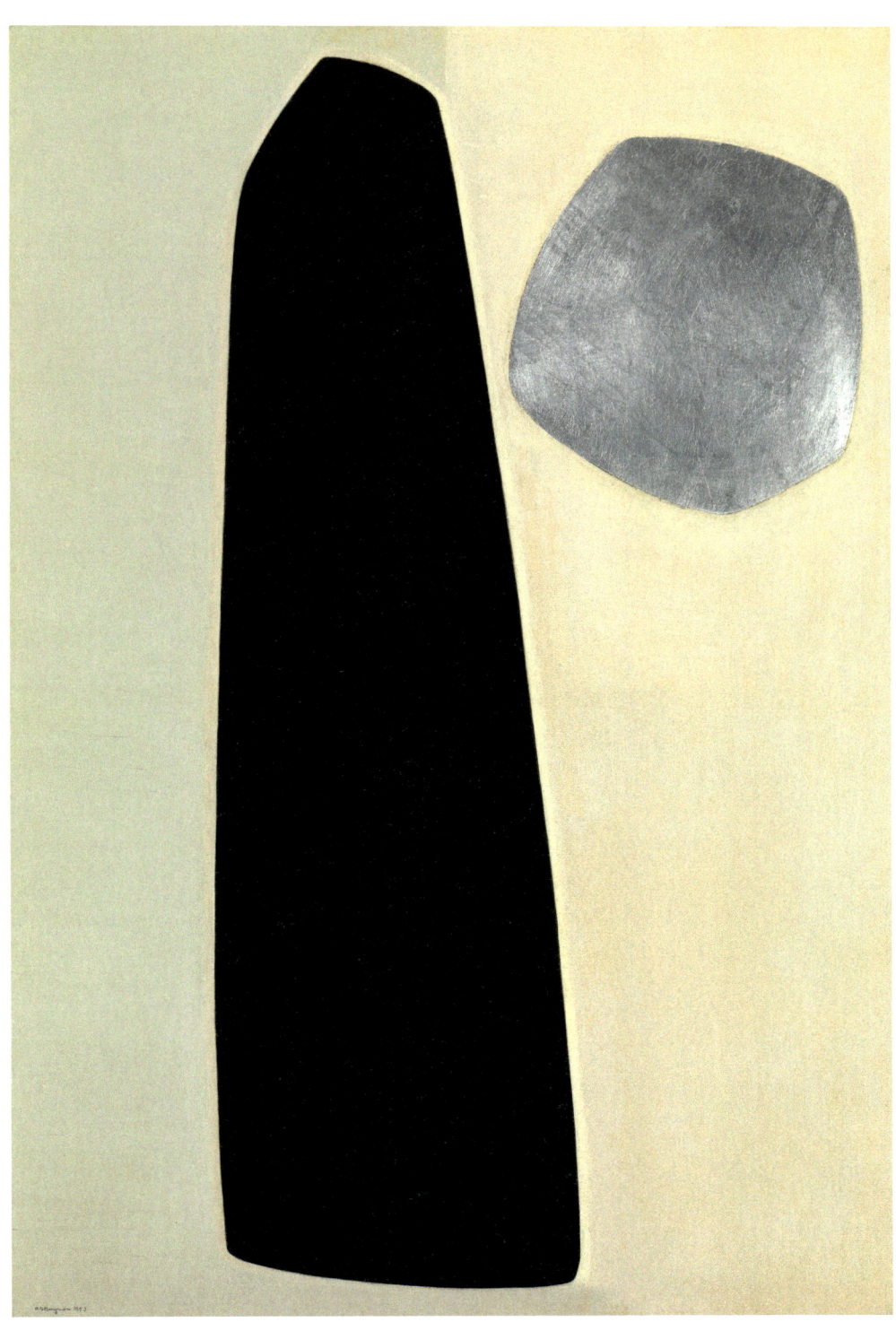

N°11-1955 Lune d'argent, 1955
Olje og bladmetall på lerret, 130 × 97 cm

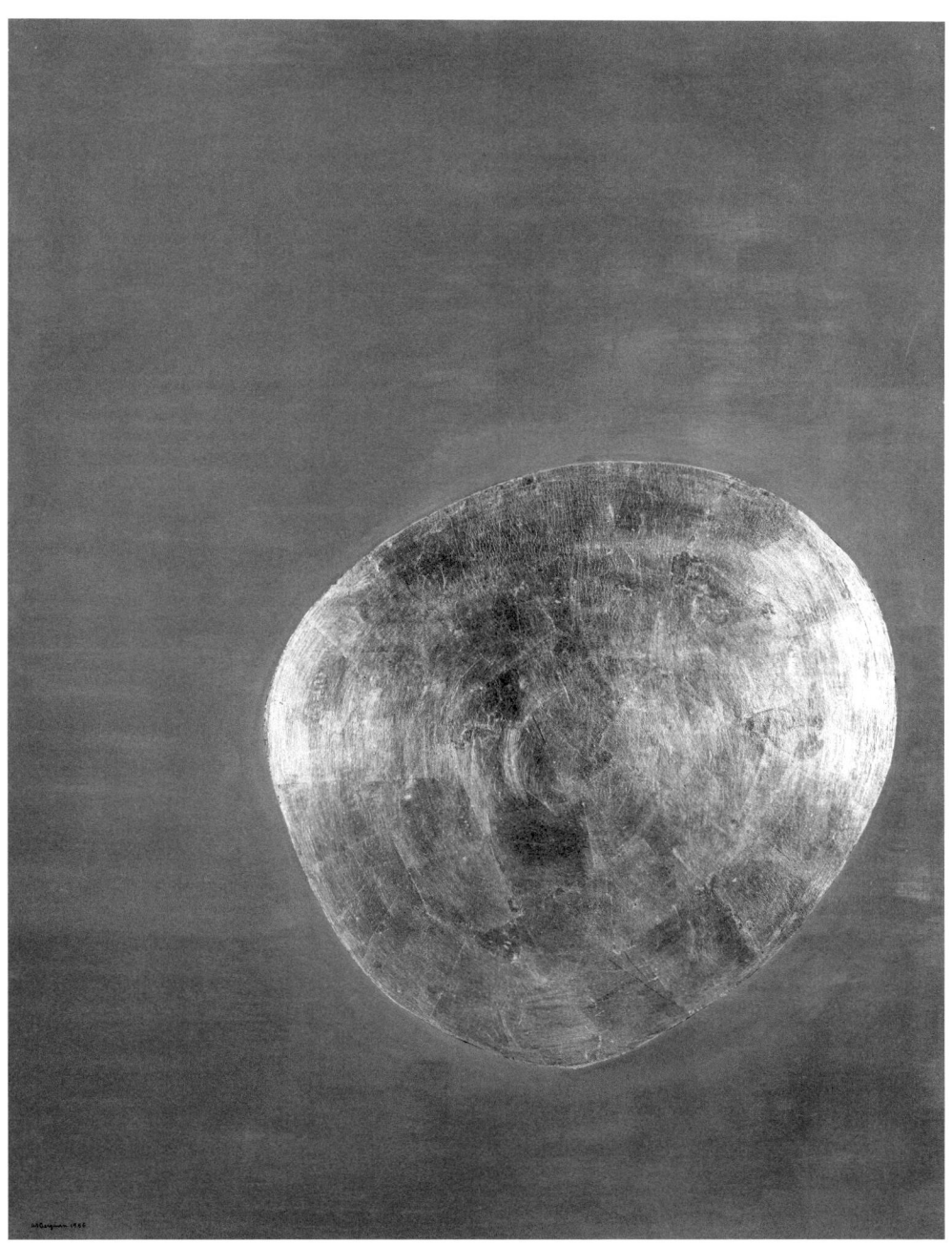

N°20-1955 Der Hochschwebende, 1955
Olje og bladmetall på lerret, 162 × 97 cm

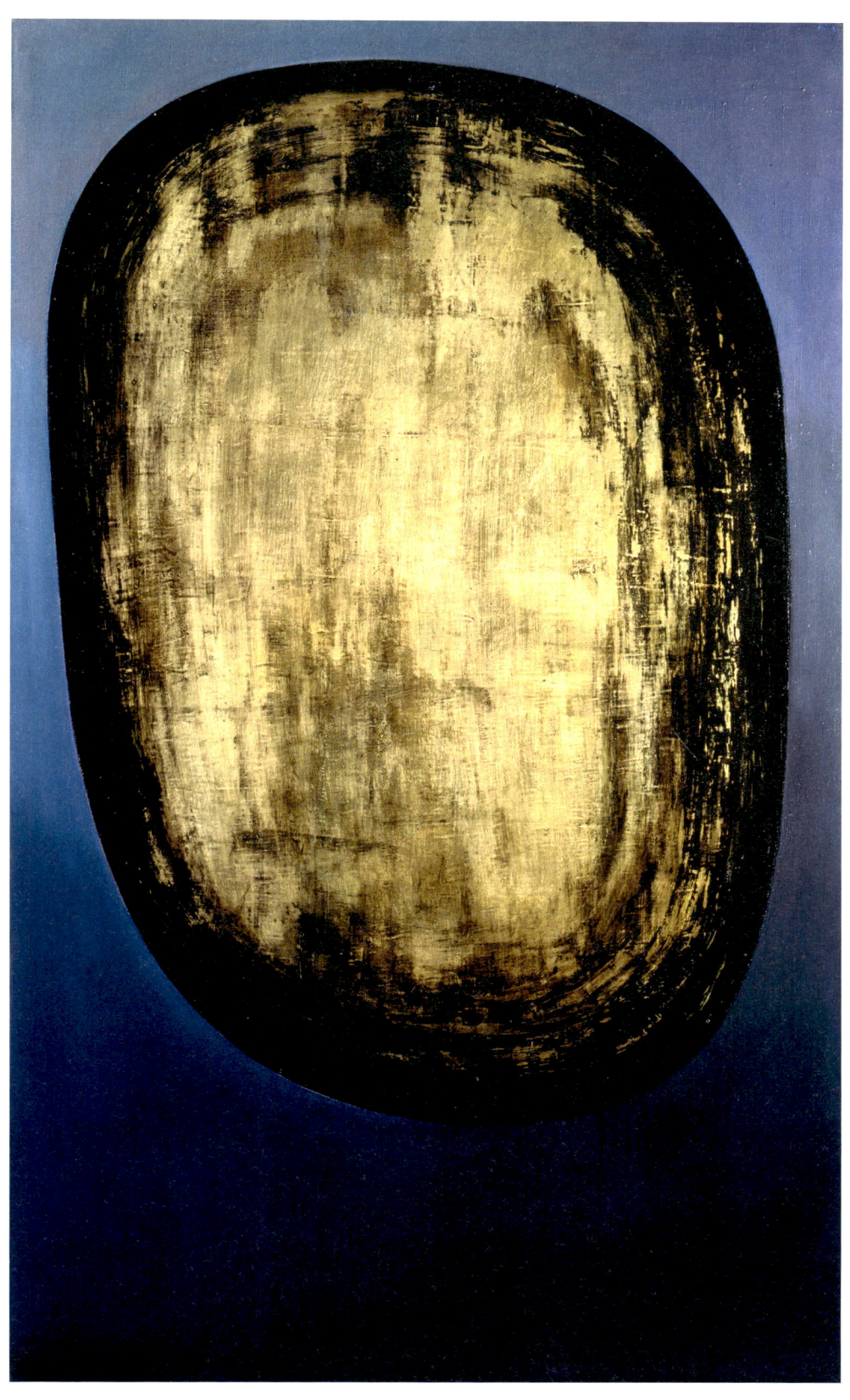

N°26-1955 Quatre formes, 1955
Olje på lerret, 81 × 100 cm

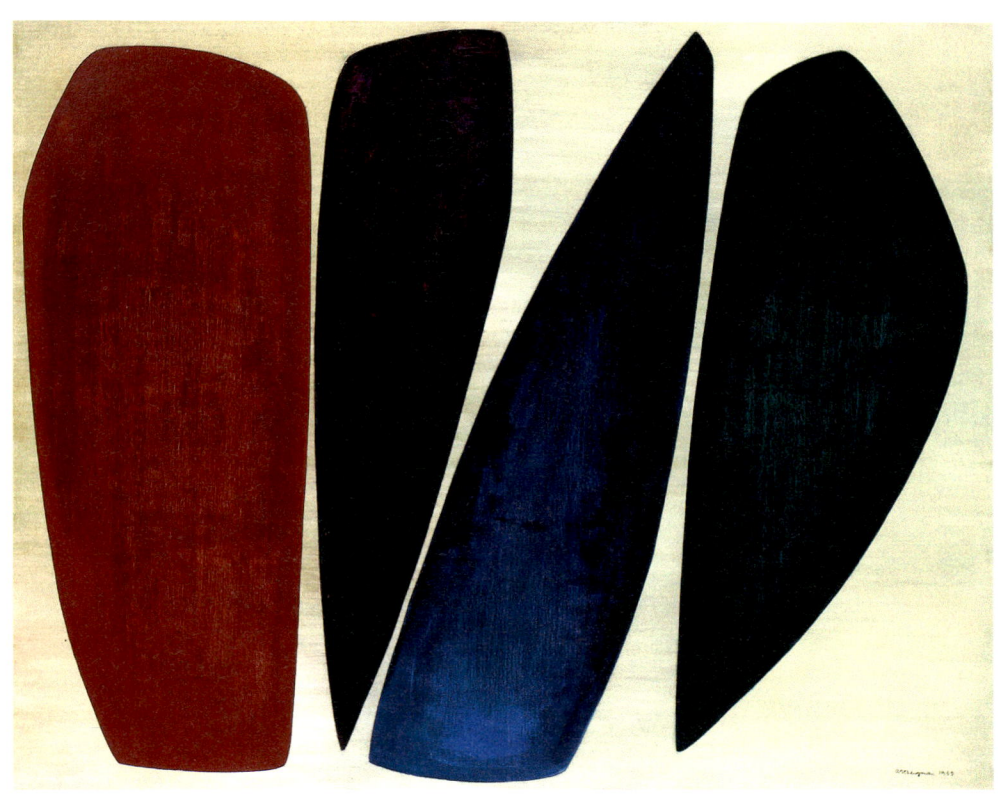

1954-1956 Forme orange, 1954–1956,
Tempera på lerret, 130 × 97 cm

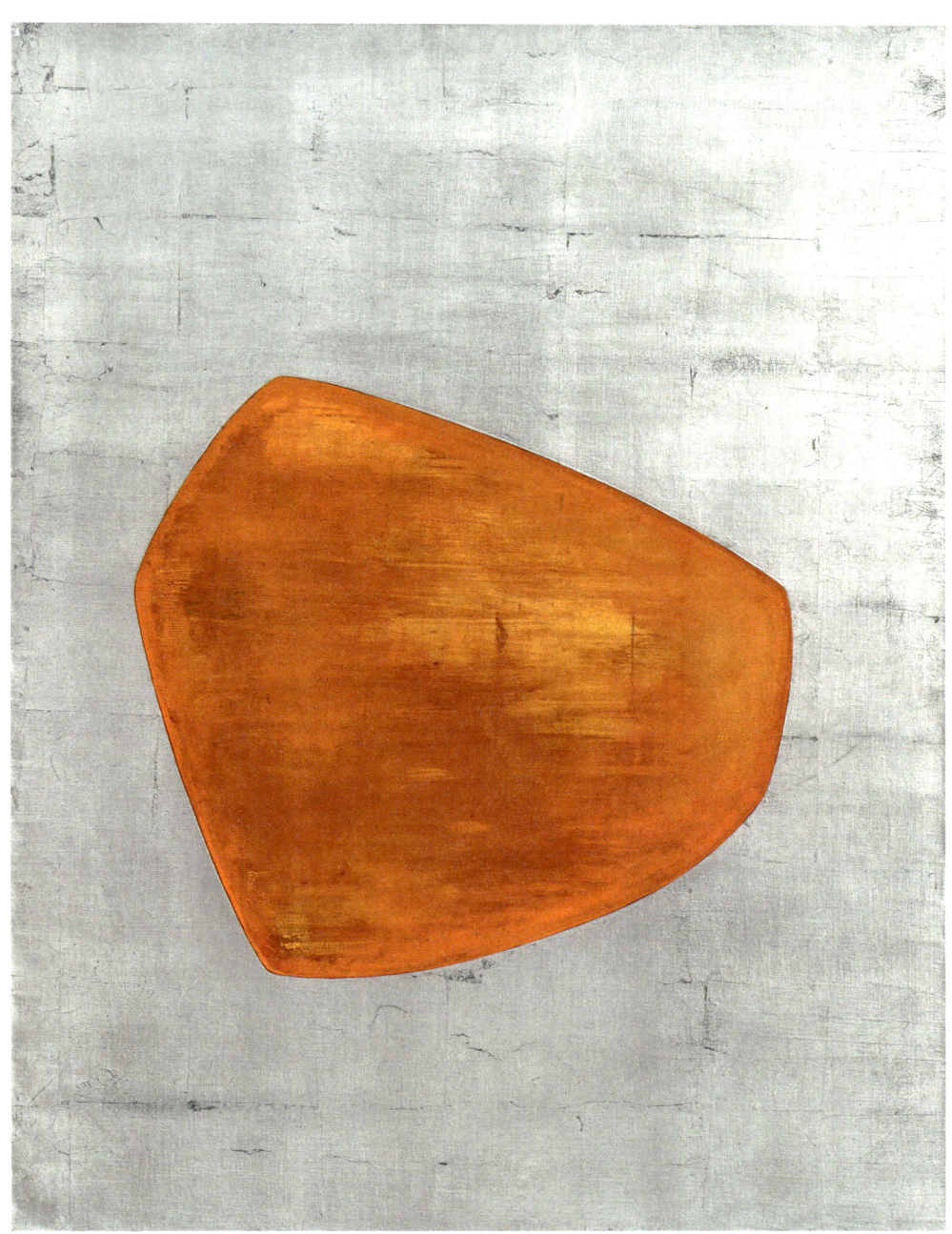

N°1-1956 Arbre d'argent, 1956
Olje og bladmetall på lerret, 146 × 97 cm

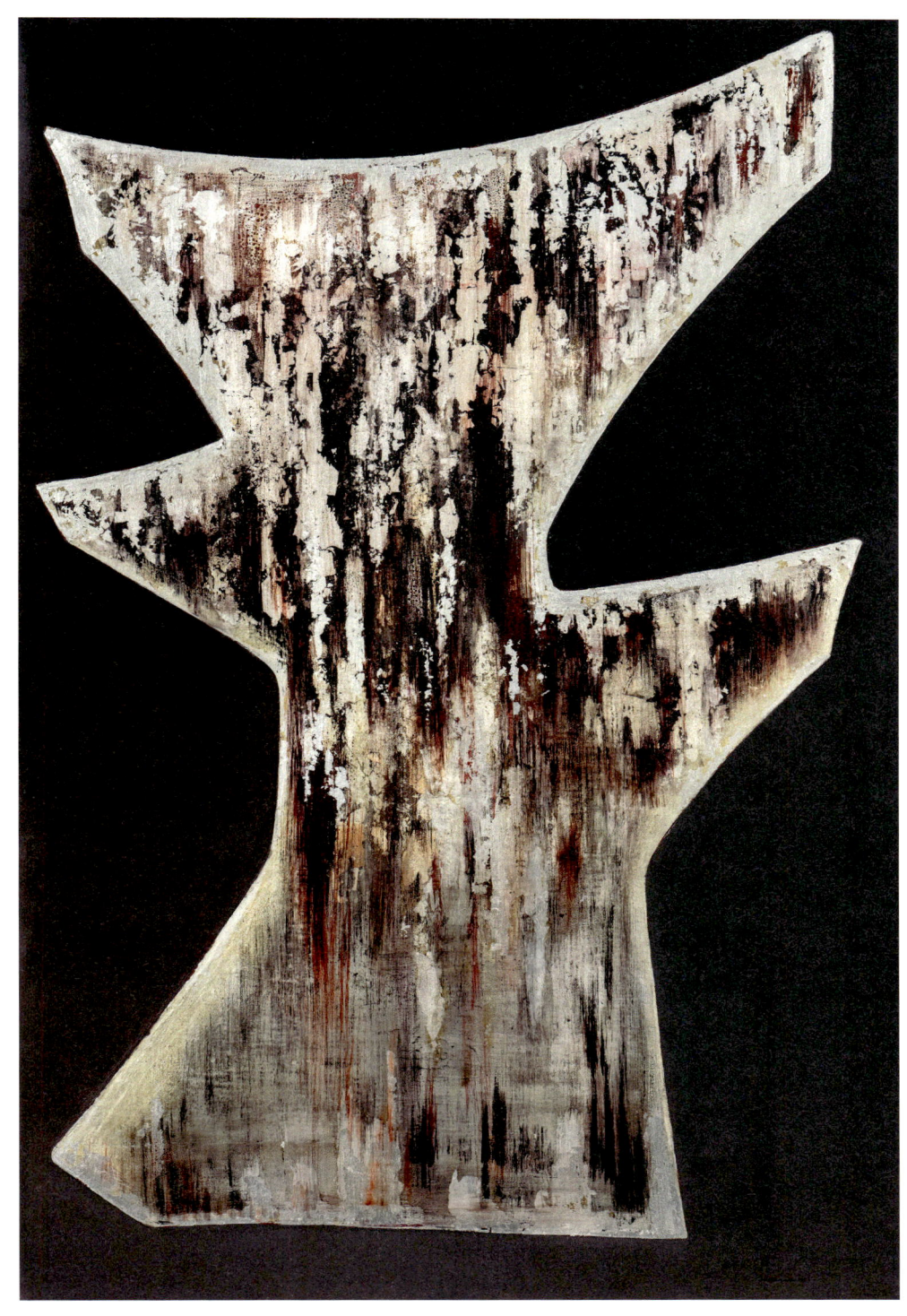

N°11-1956 Le Chinois, 1956
Olje og bladmetall på lerret, 162 × 96,5 cm

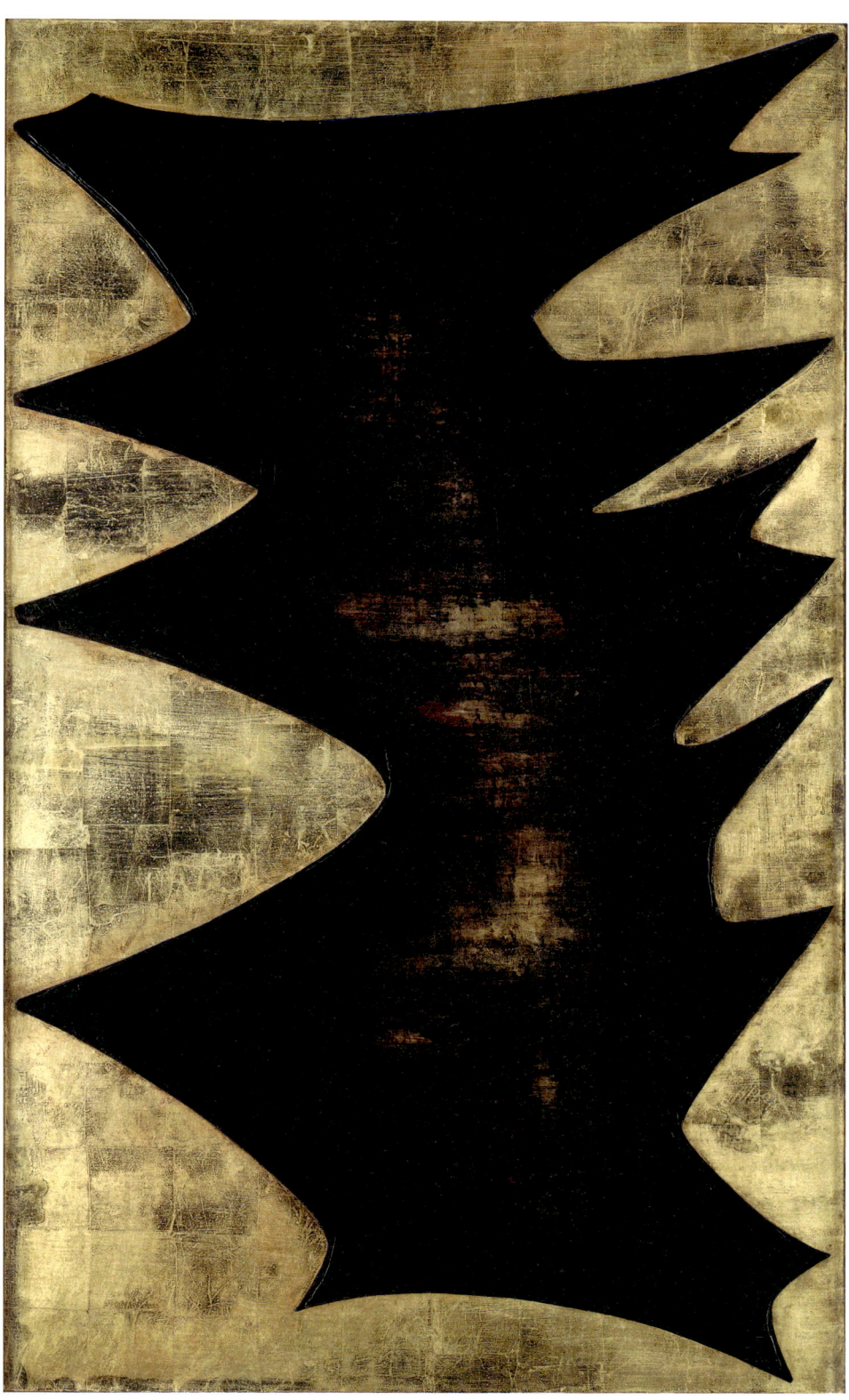

N°4-1957 La grande montagne, 1957
Olje og bladmetall på lerret, 162 × 130 cm

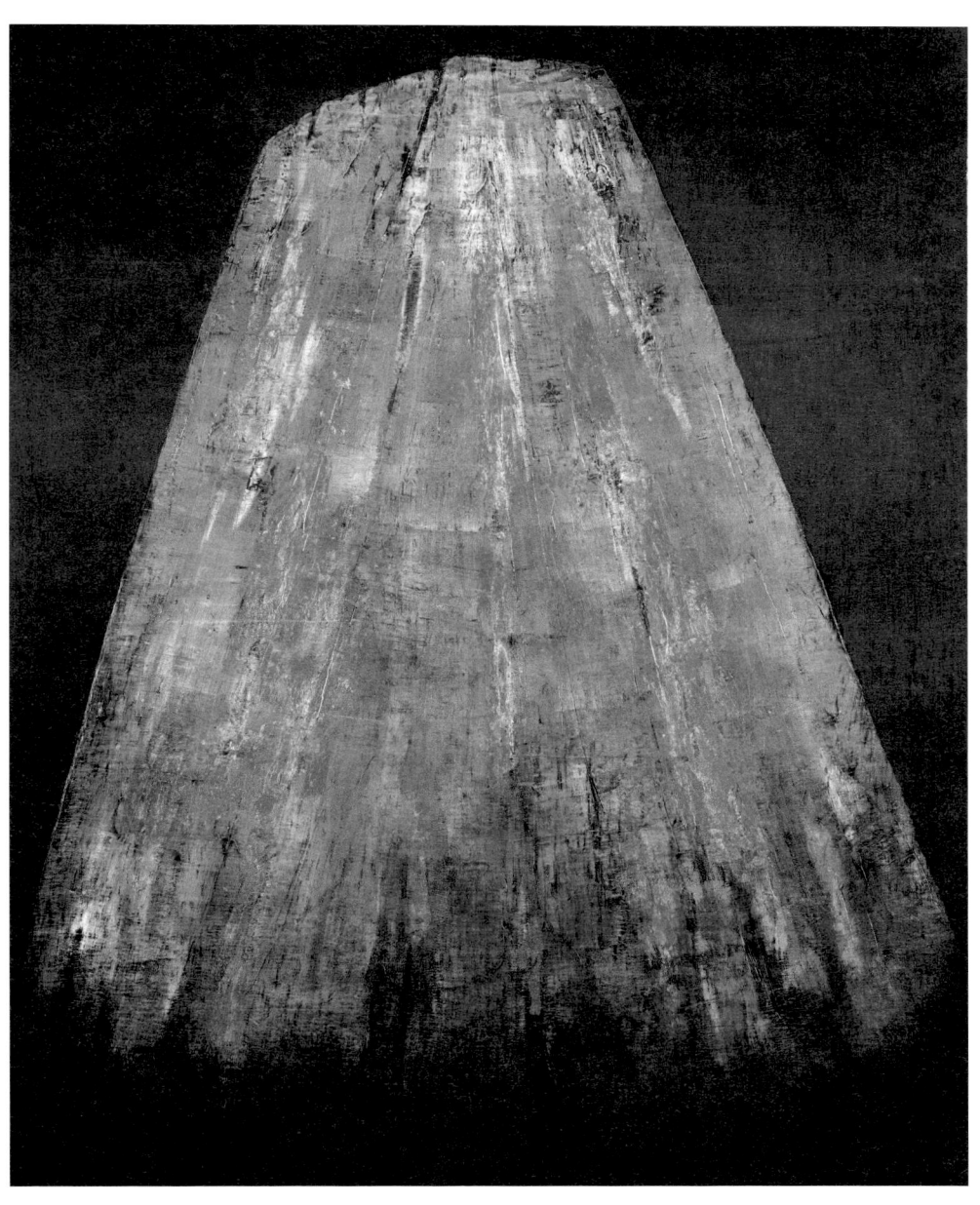

N°10-1957 (Moise ou) Grand arbre, 1957
Tempera og bladmetall på lerret, 195 × 130 cm

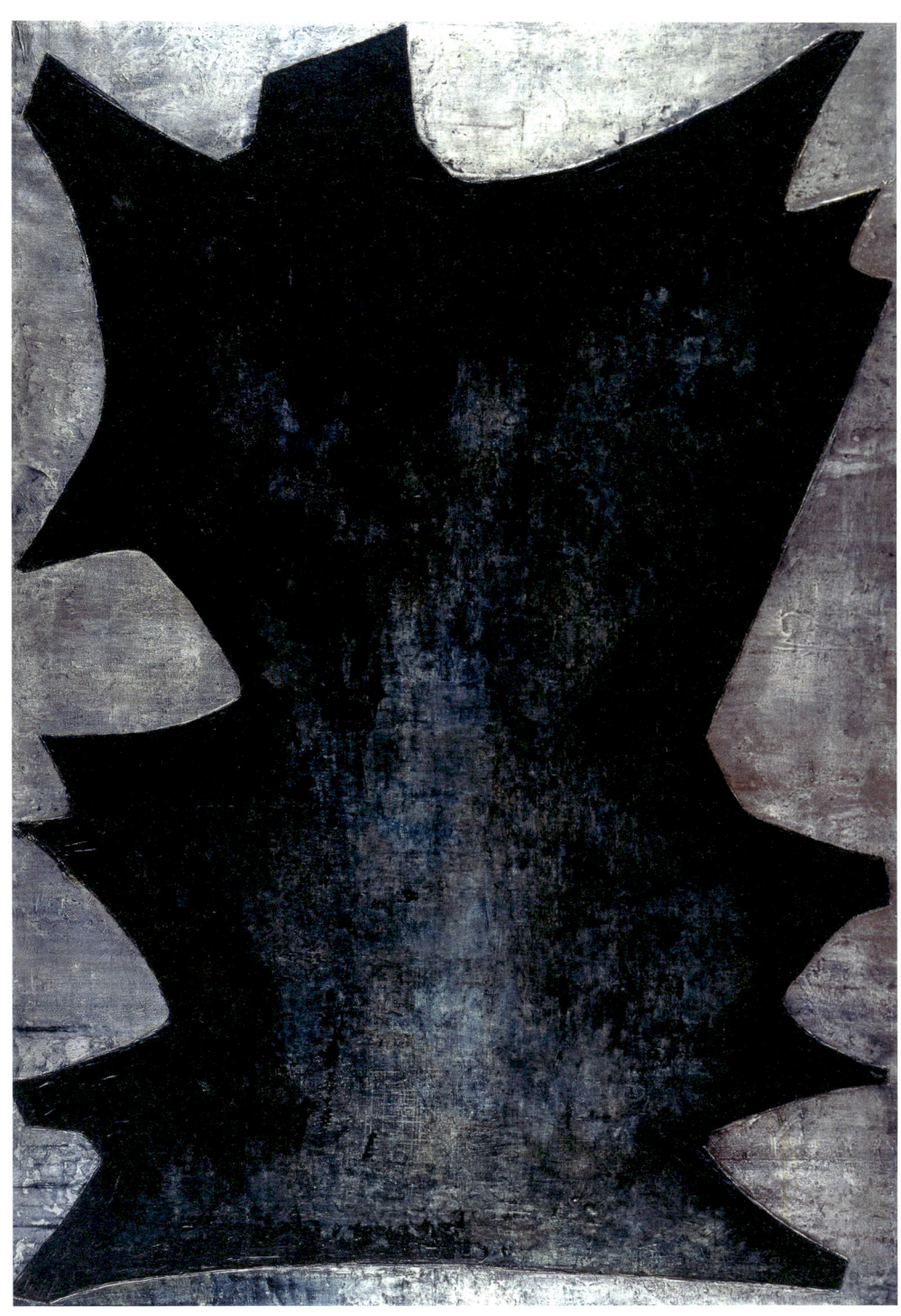

Nº6-1960 Pyramide, 1960
Olje og bladmetall på lerret, 200 × 300 cm

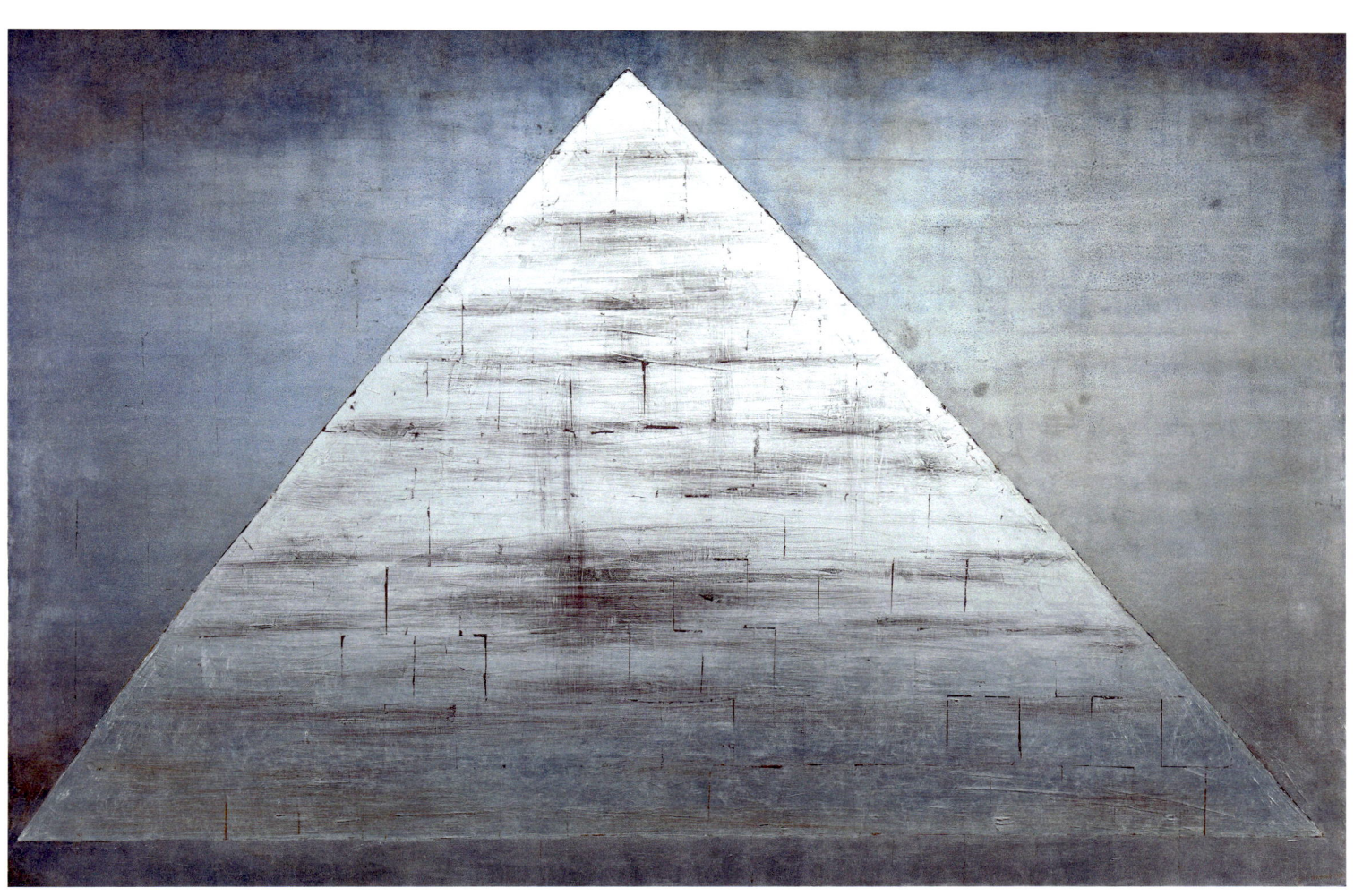

N°7-1960 Grand tombeau, 1960
Olje og bladmetall på lerret, 200 × 300 cm

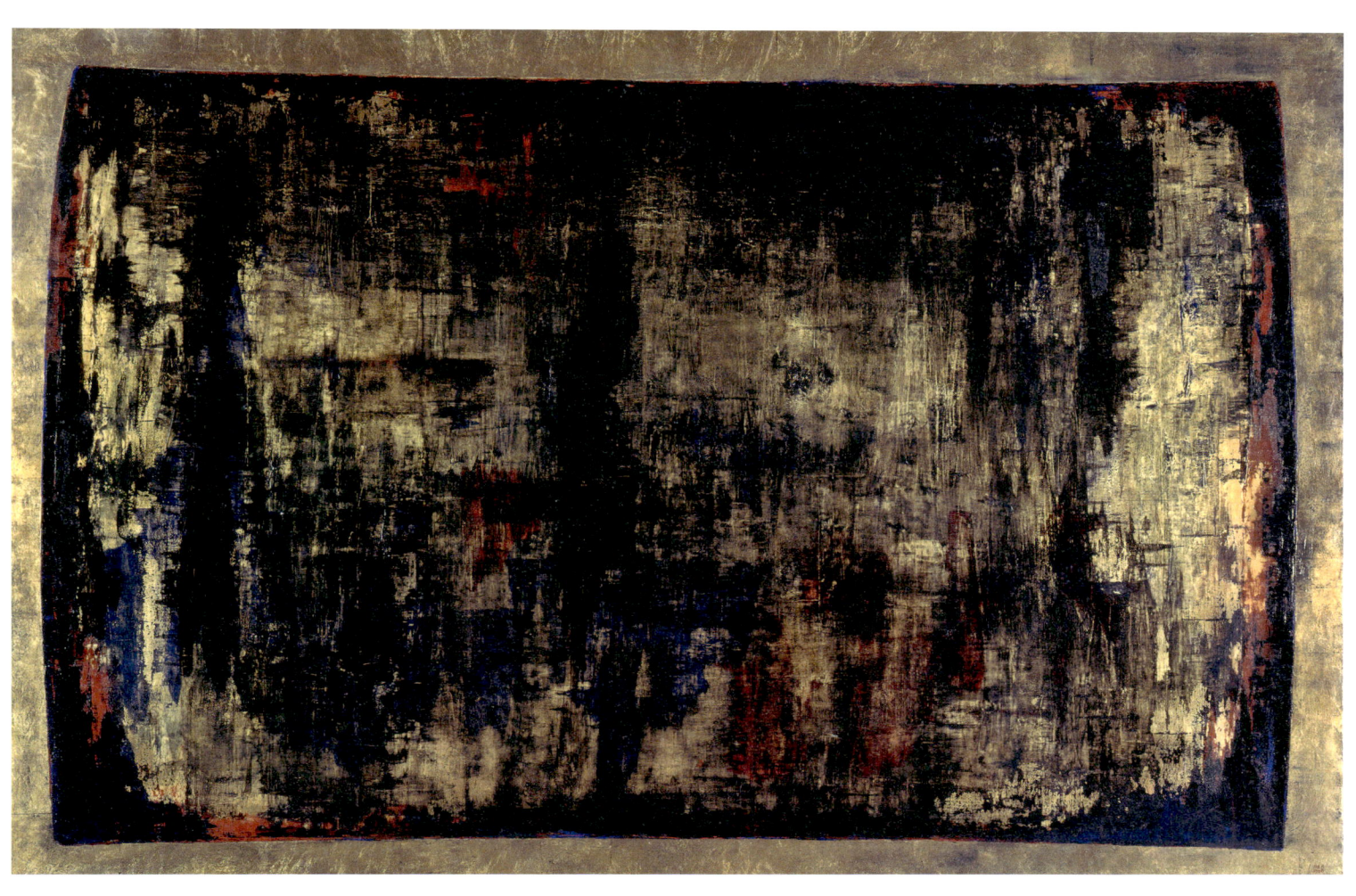

N°11-1960 Grande vallée, 1960
Olje og bladmetall på lerret, 200 × 300 cm

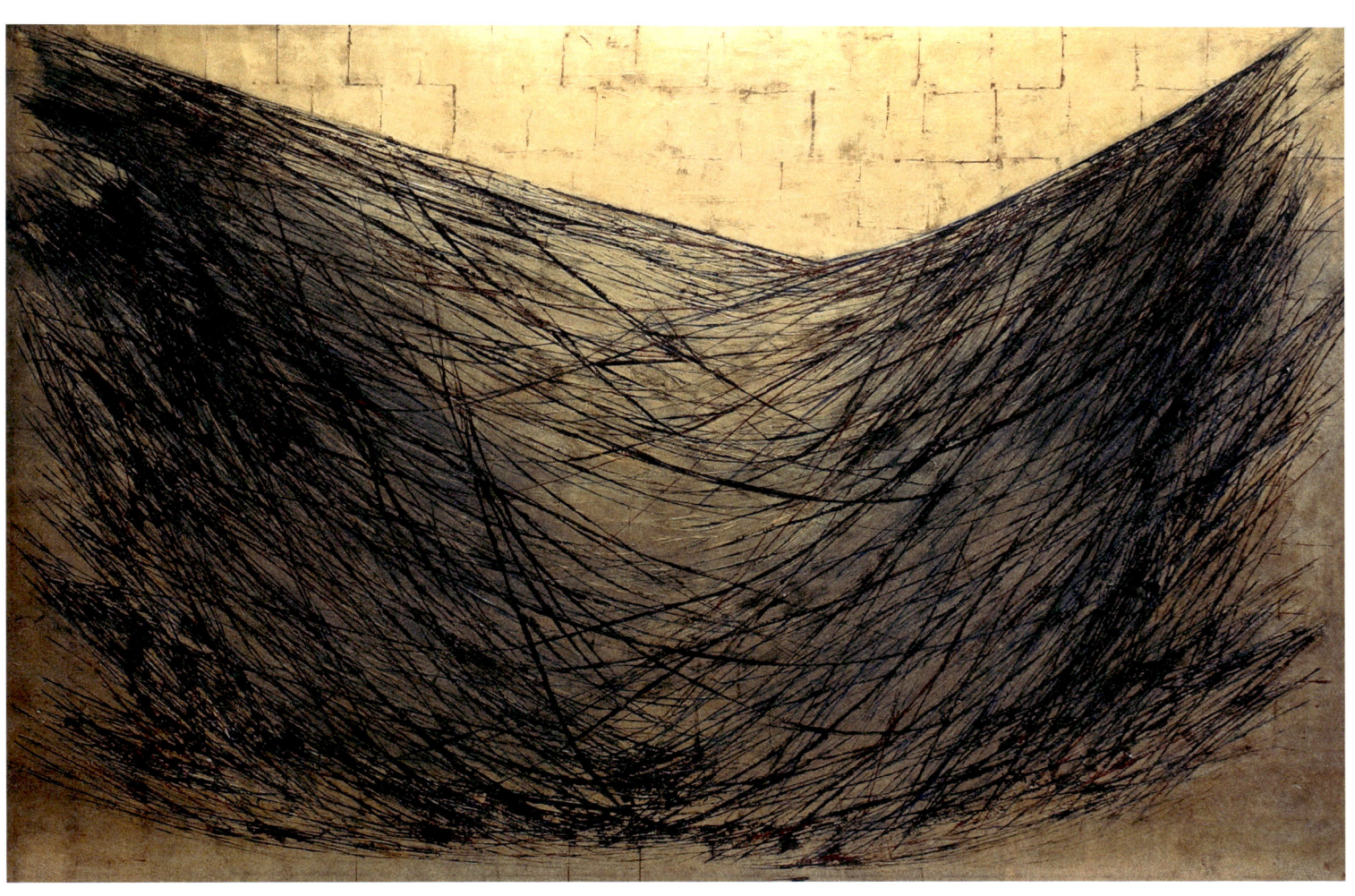

N°12-1960 Grand miroir, 1960
Tempera og bladmetall på lerret, 250 × 200 cm

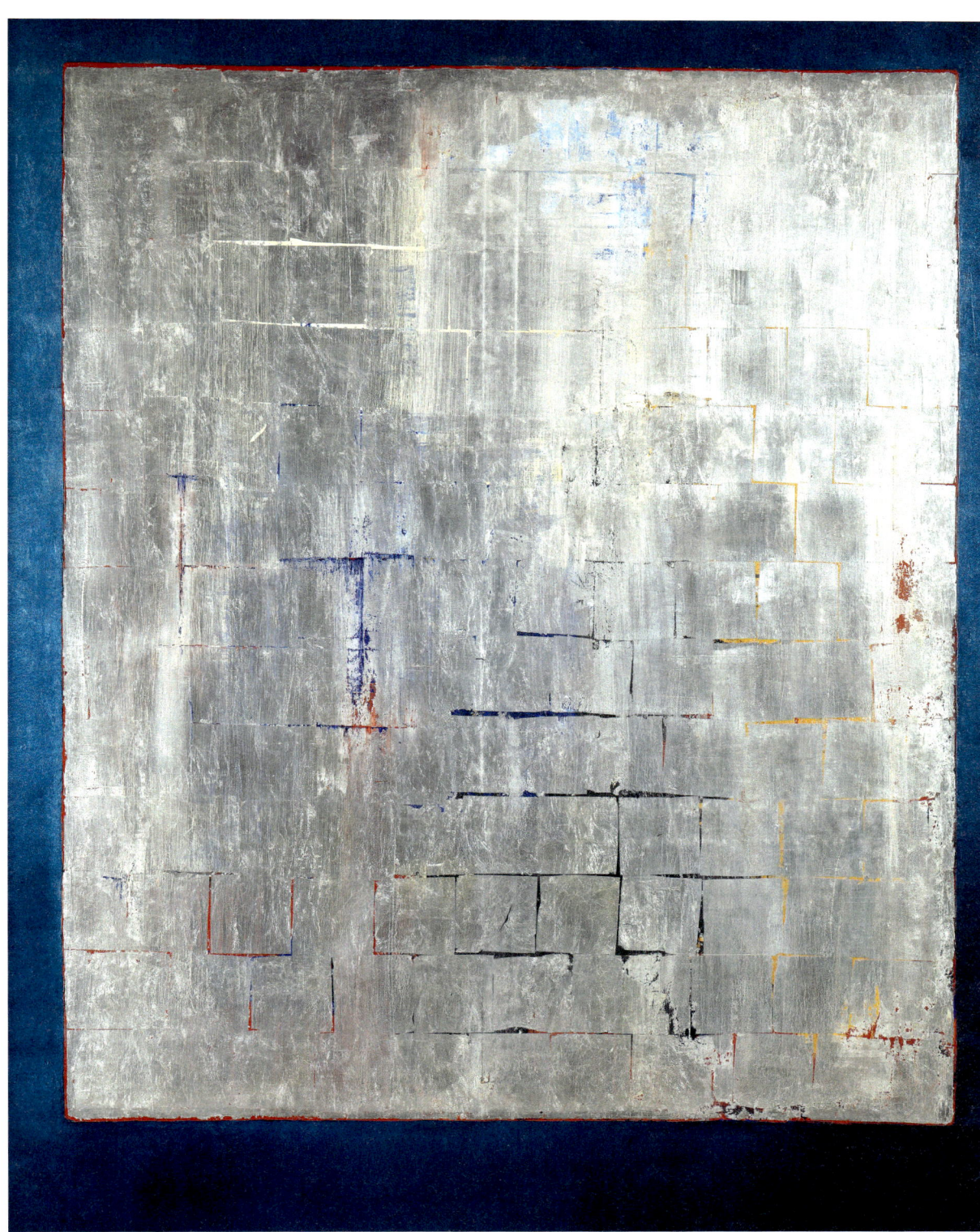

N°13-1960 Le tombeau de Théodoric, 1960
Olje og bladmetall på lerret, 200 × 300 cm

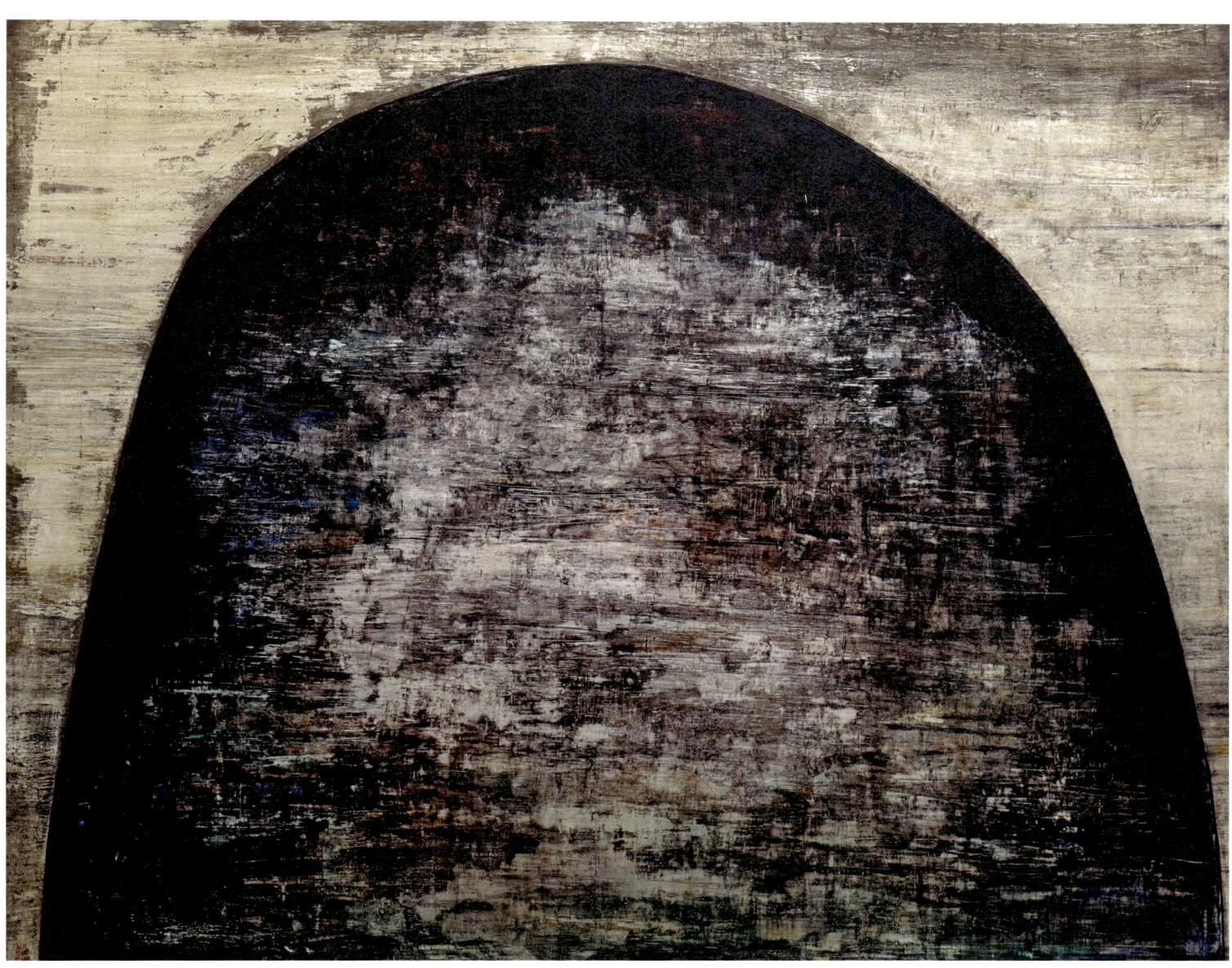

N°20-1962 L'eau, 1962
Olje og bladmetall på lerret, 180 × 270 cm

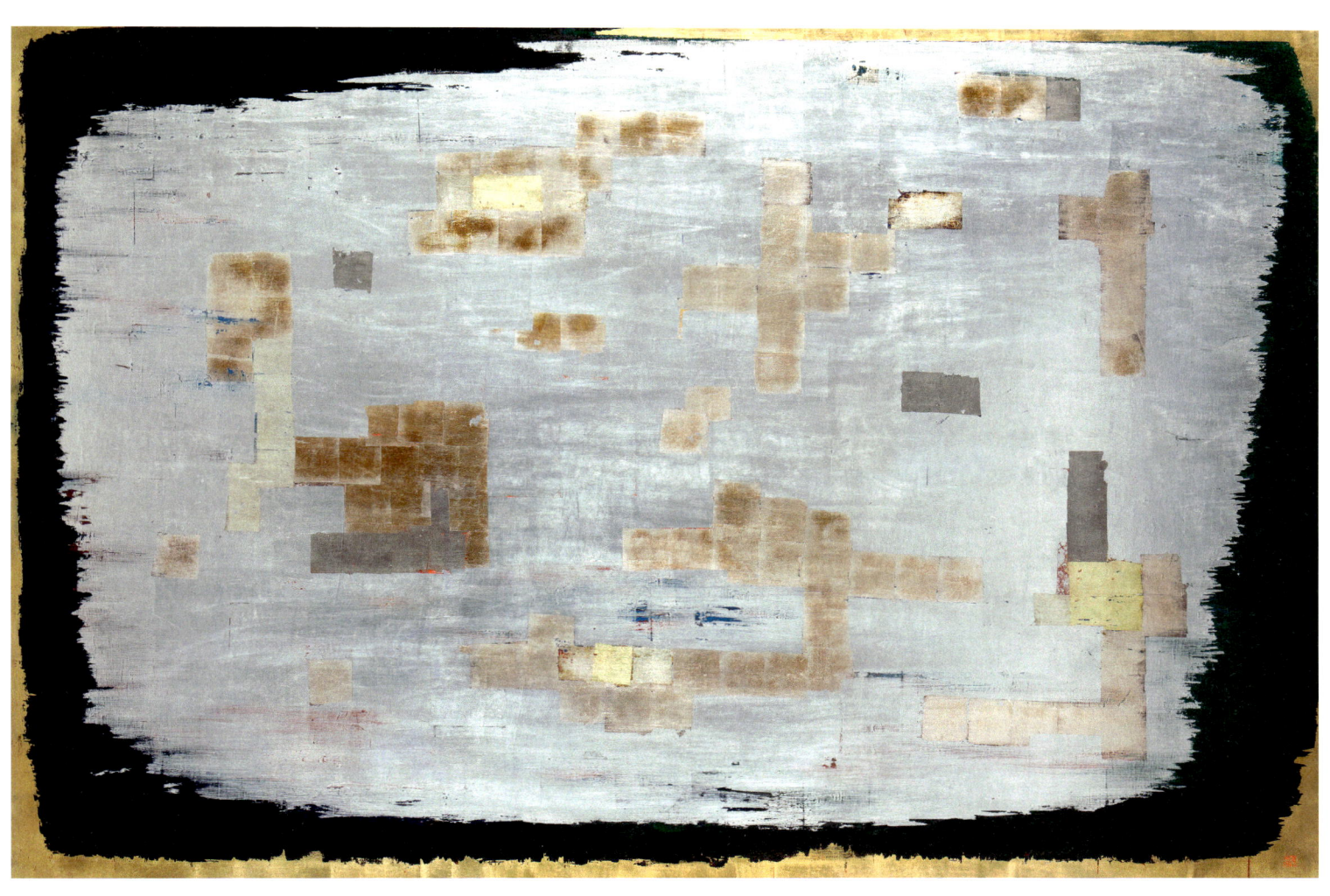

N°26-1962 Feu, 1962
Olje og bladmetall på lerret, 250 × 200 cm

N°38-1965 Finnmark, 1965
Vinyl og bladmetall på lerret, 180 × 271 cm

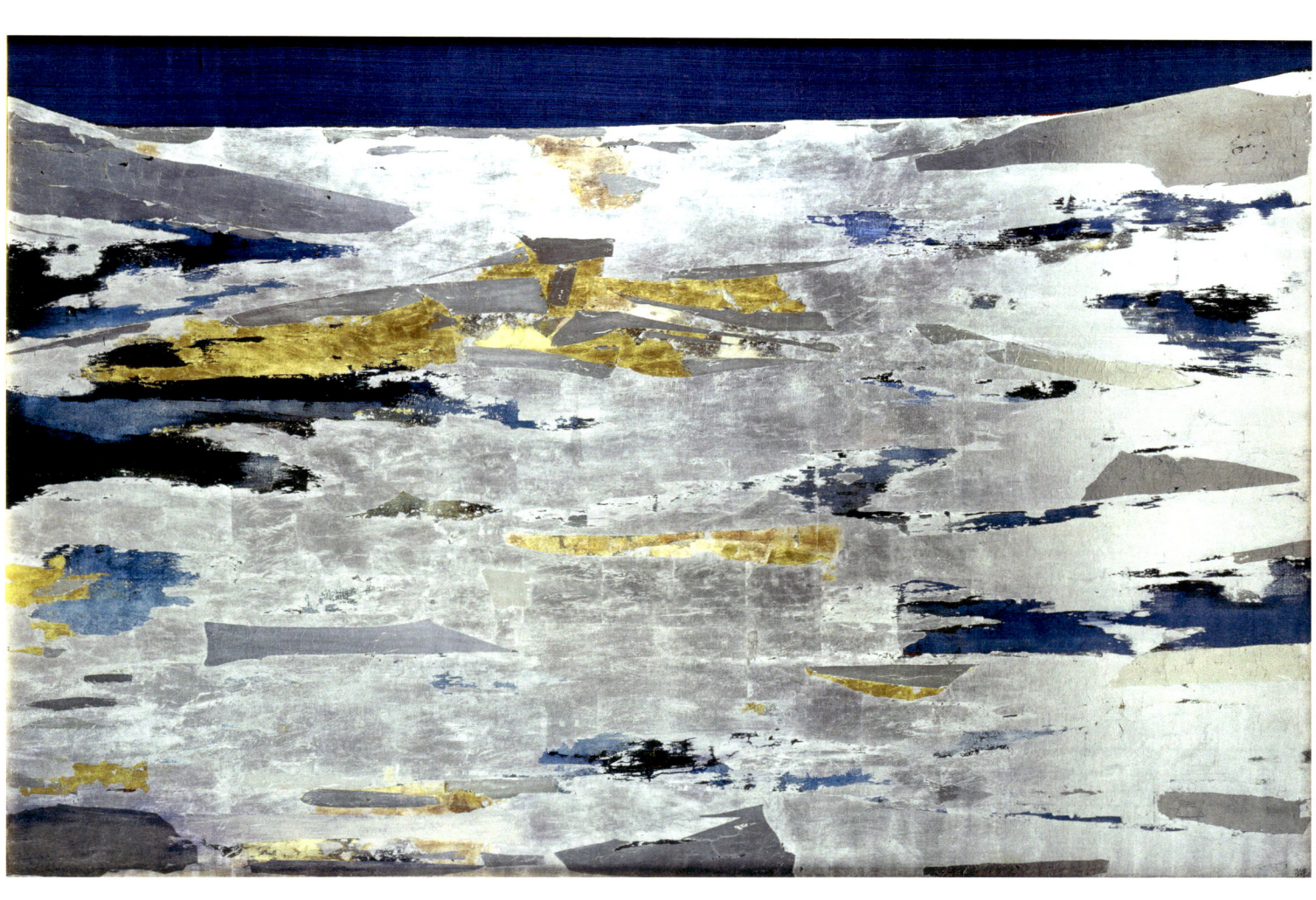

N°2-1966 Finnmark hiver (Hiver horizon du nord), 1966
Vinyl og bladmetall på lerret, 150 × 300 cm

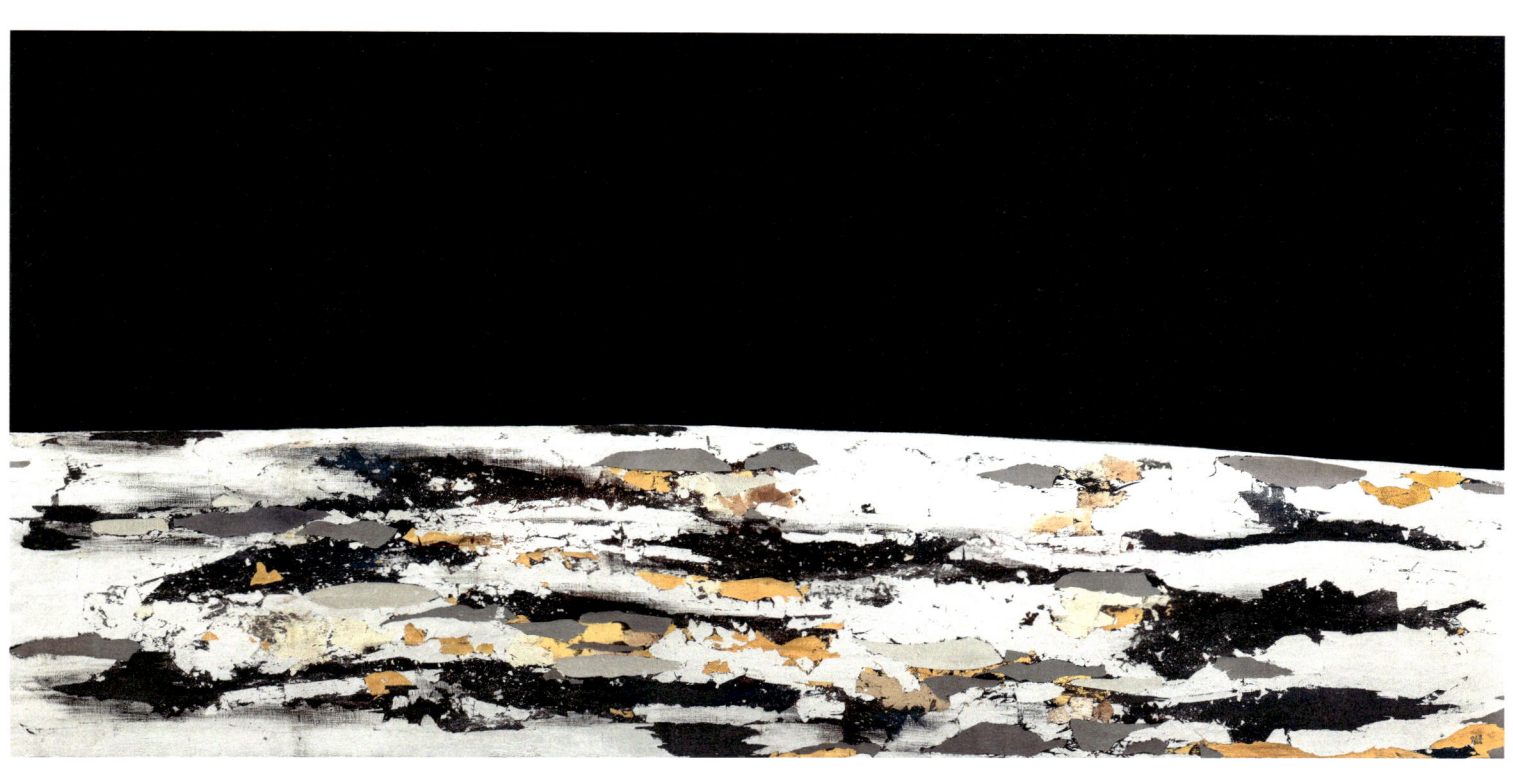

N°67-1966 Grand océan, 1966
Vinyl og bladmetall på lerret, 250 × 200 cm

N°1-1967 Fjord, 1967
Vinyl og bladmetall på lerret, 150 × 250 cm

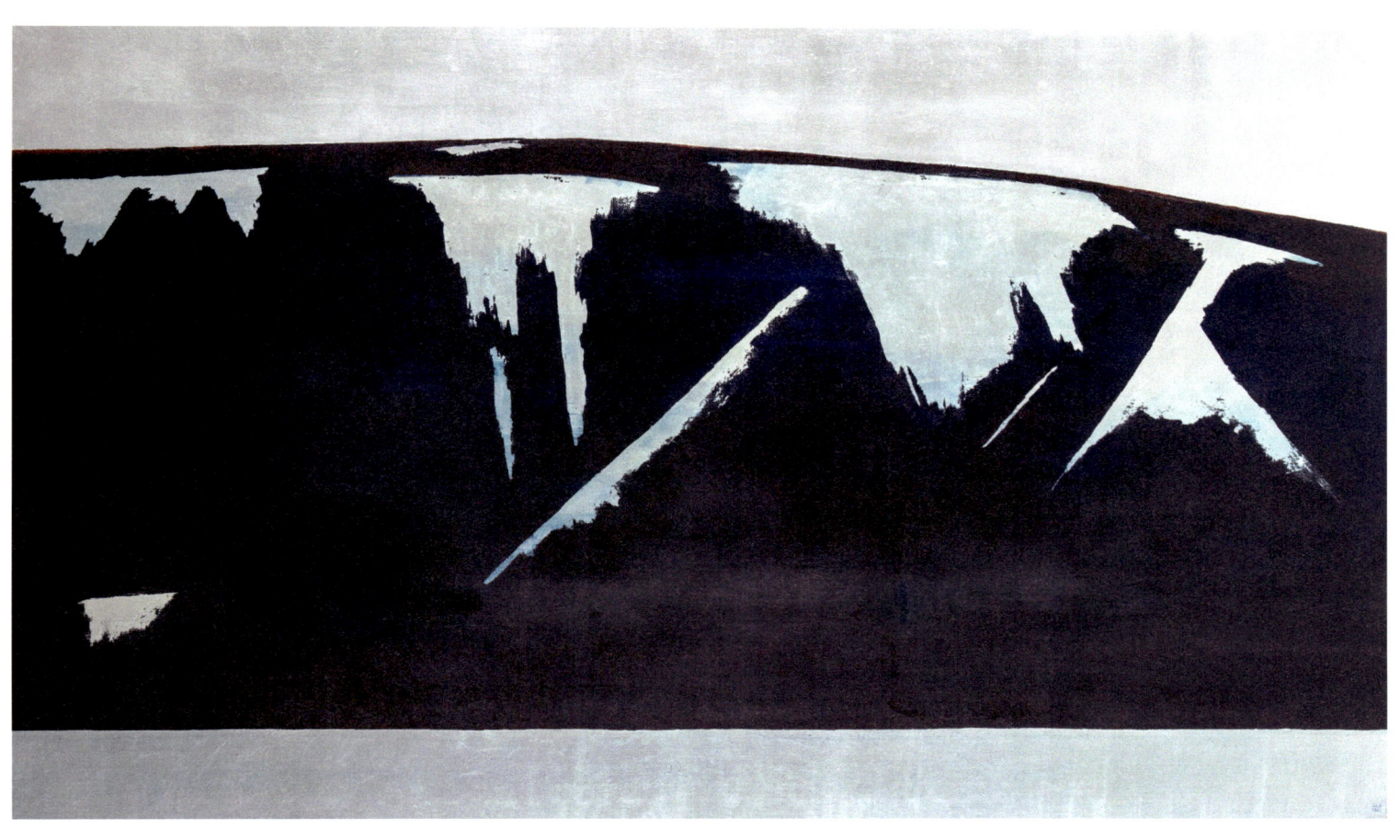

N°4-1967 Montagne transparente, 1967
Vinyl og bladmetall på lerret, 180 × 270 cm

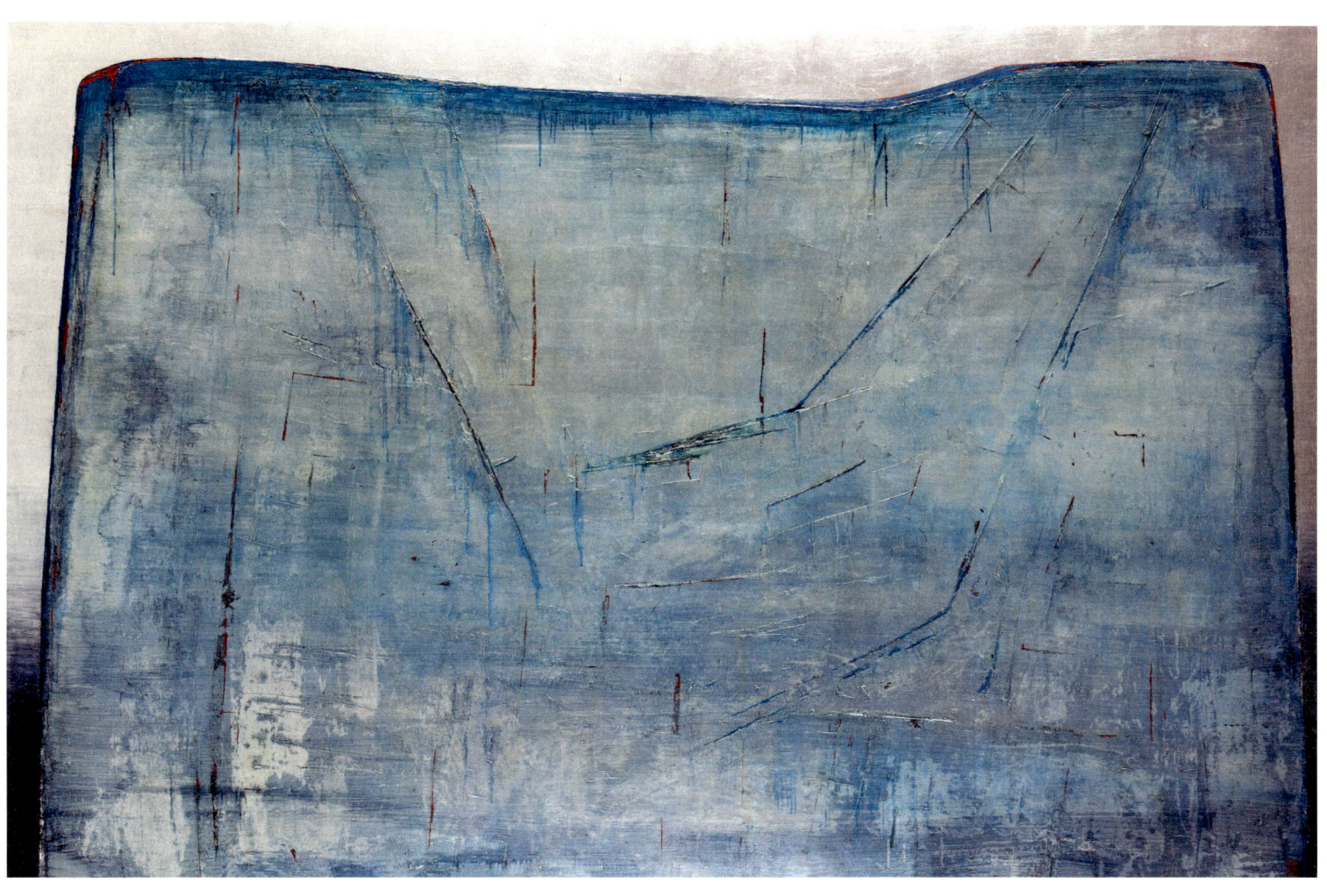

N°12-1967 Grand Finnmark rouge, 1967
Vinyl og bladmetall på lerret, 150 × 300 cm

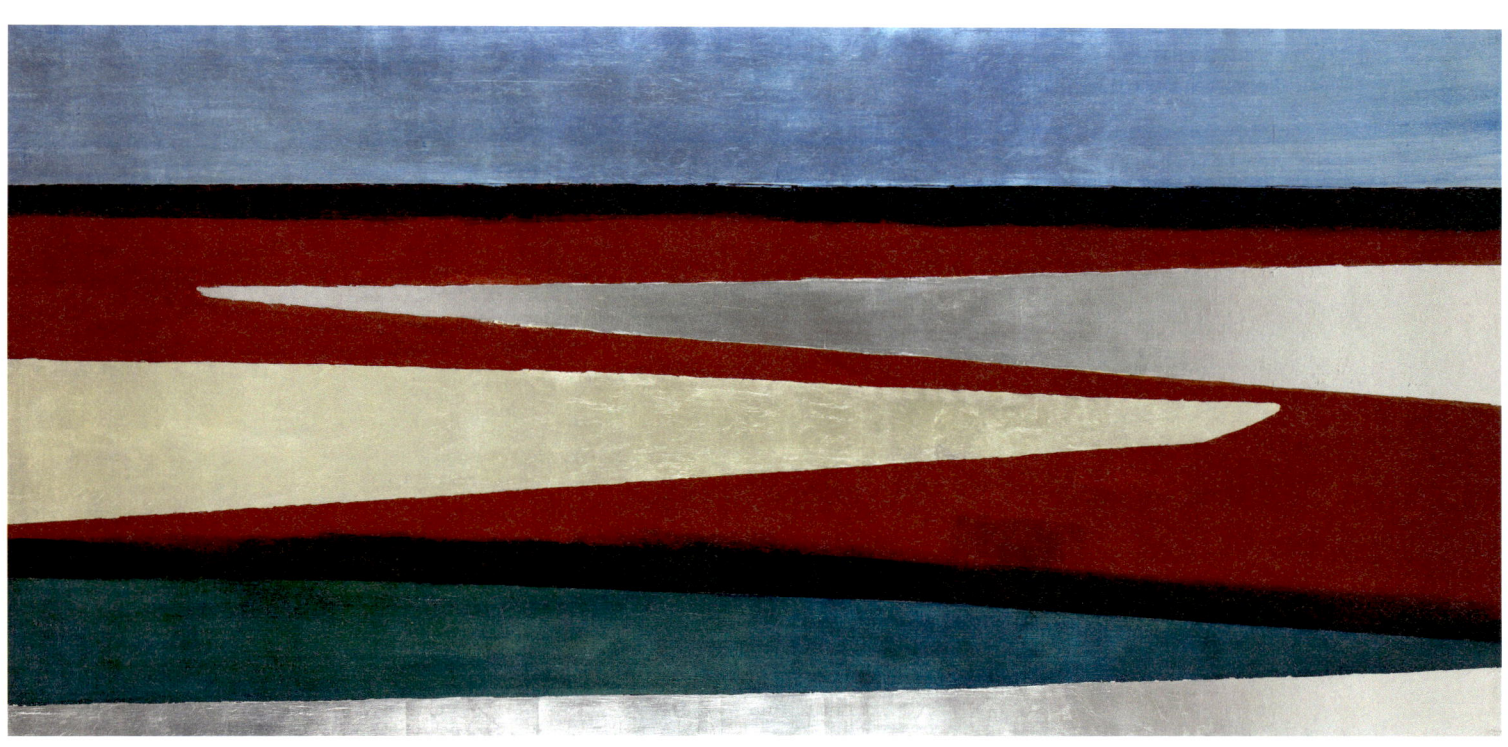

N°11-1968 Grand rond, 1968
Vinyl og bladmetall på lerret, 200 × 250 cm

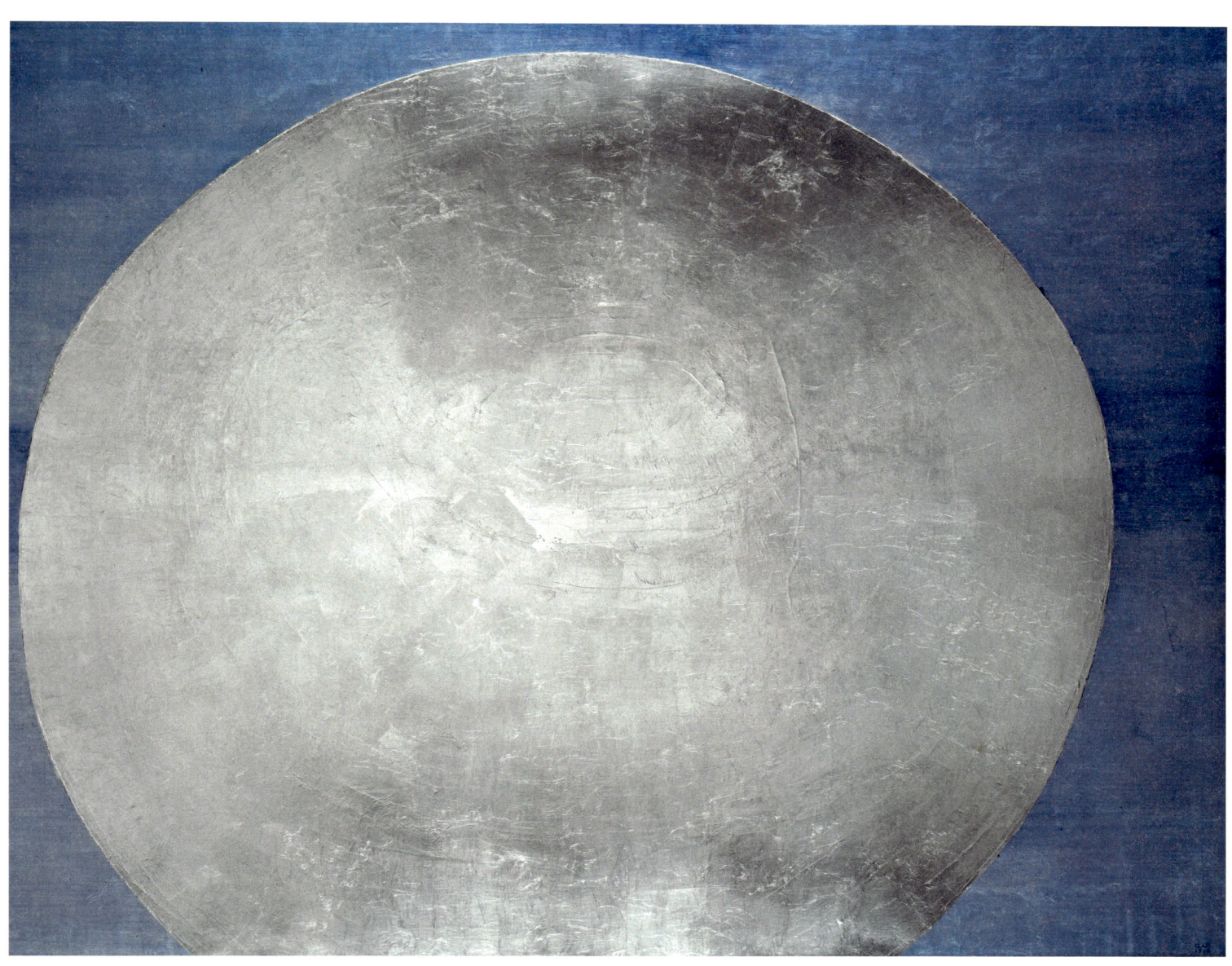

N°16-1968 Paysage nuit, 1968
Vinyl og bladmetall på lerret, 240 × 100 cm

N°17-1968 Paysage jour, 1968
Vinyl og bladmetall på lerret, 240 × 100 cm

N°8-1969 Grand horizon bleu, 1969
Vinyl og bladmetall på lerret, 200 × 300 cm

N°55-1969 Autre terre, autre lune, 1969
Vinyl og bladmetall på kryssfinerplate, 130 × 97 cm

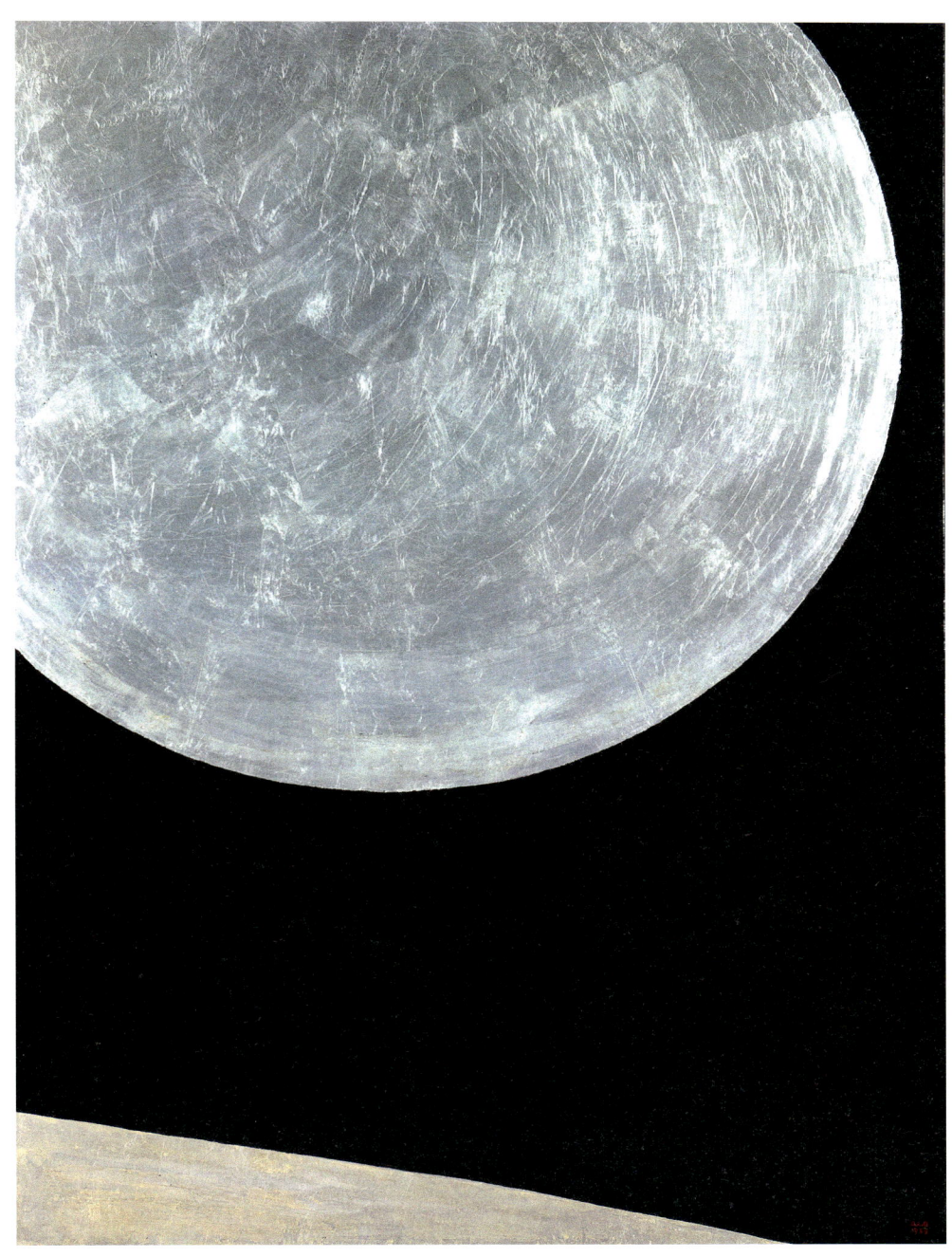

N°49-1973 Vague baroque, 1973
Akryl, modelleringspasta og bladmetall på lerret, 97 × 130 cm

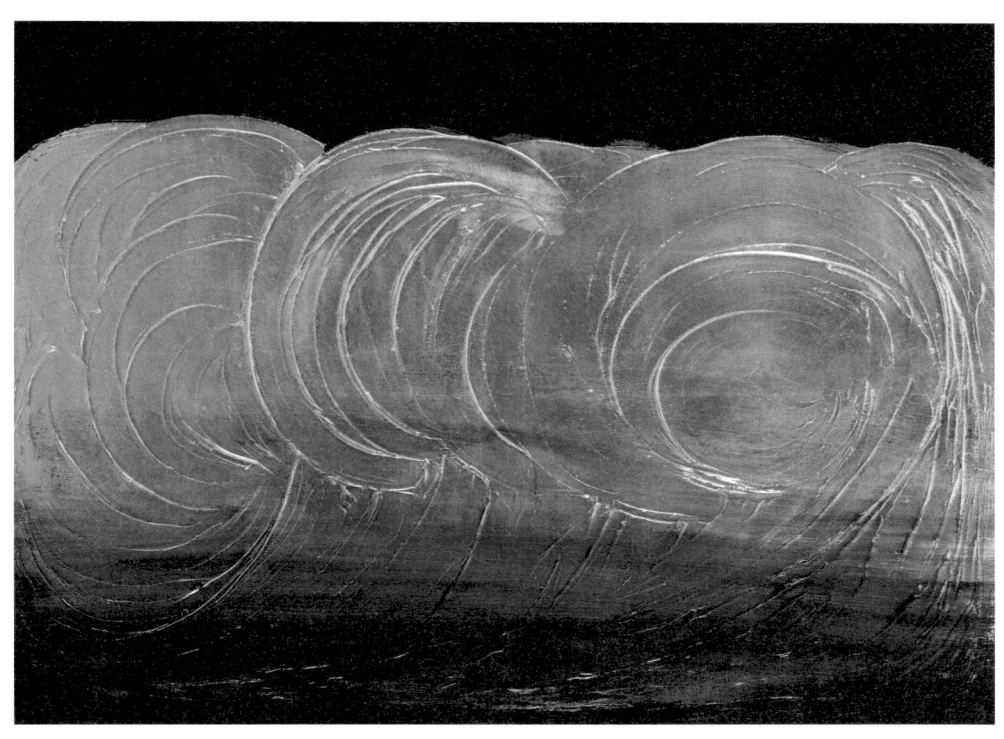

N°17-1974 Pluie, 1974
Akryl, modelleringspasta og bladmetall på lerret, 100 × 81 cm

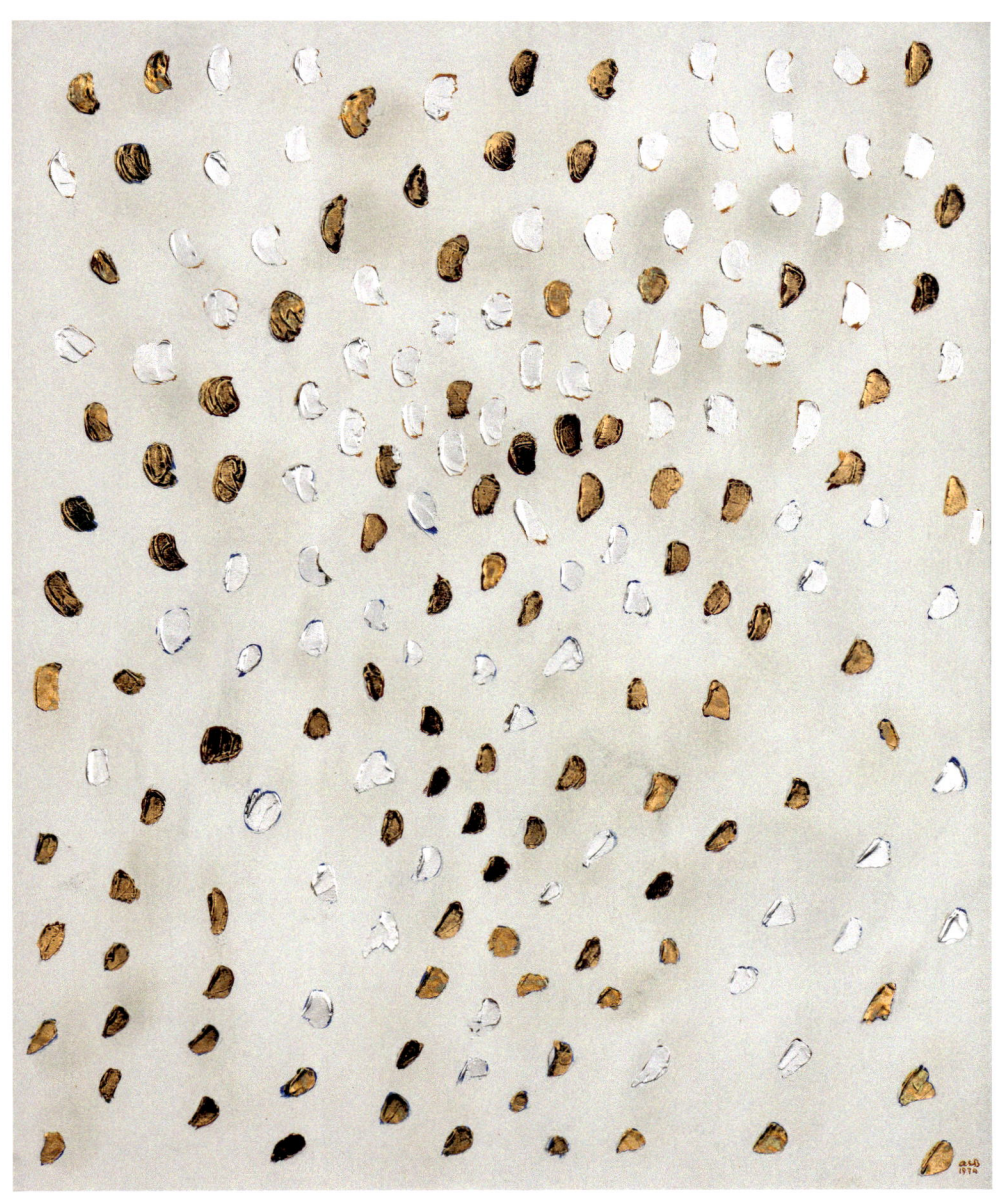

N°19-1974 Vague I, 1974
Akryl, modelleringspasta og bladmetall på lerret, 97 × 195 cm

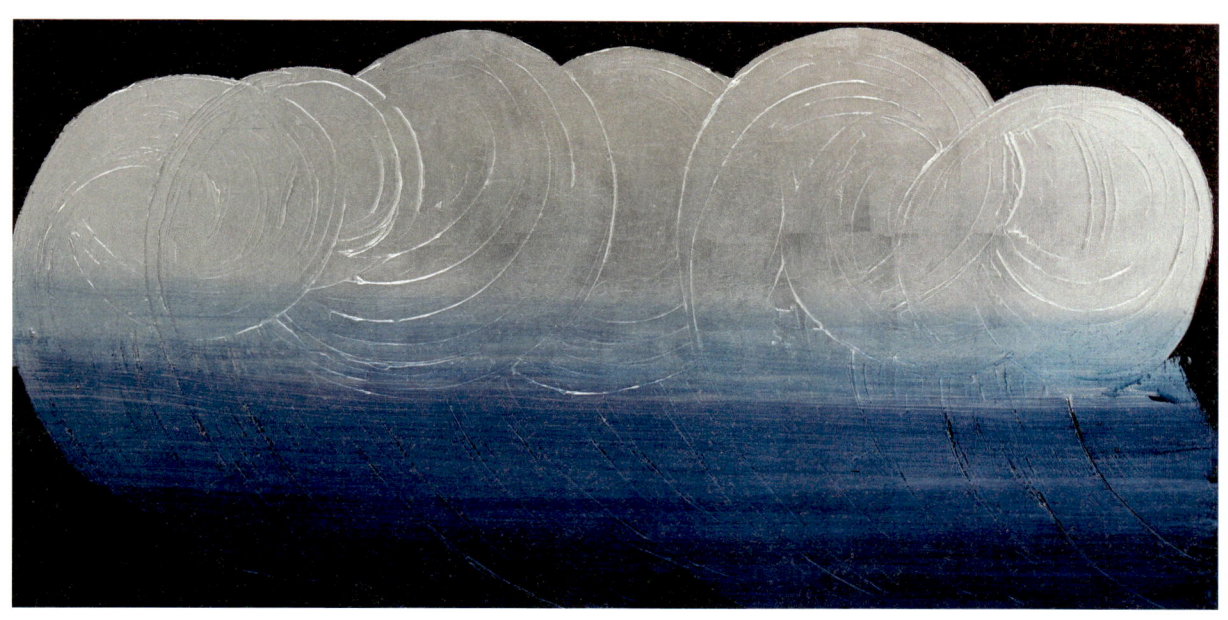

N°21-1974 Pluie, 1974
Akryl, modelleringspasta og bladmetall på lerret, 73 × 60 cm

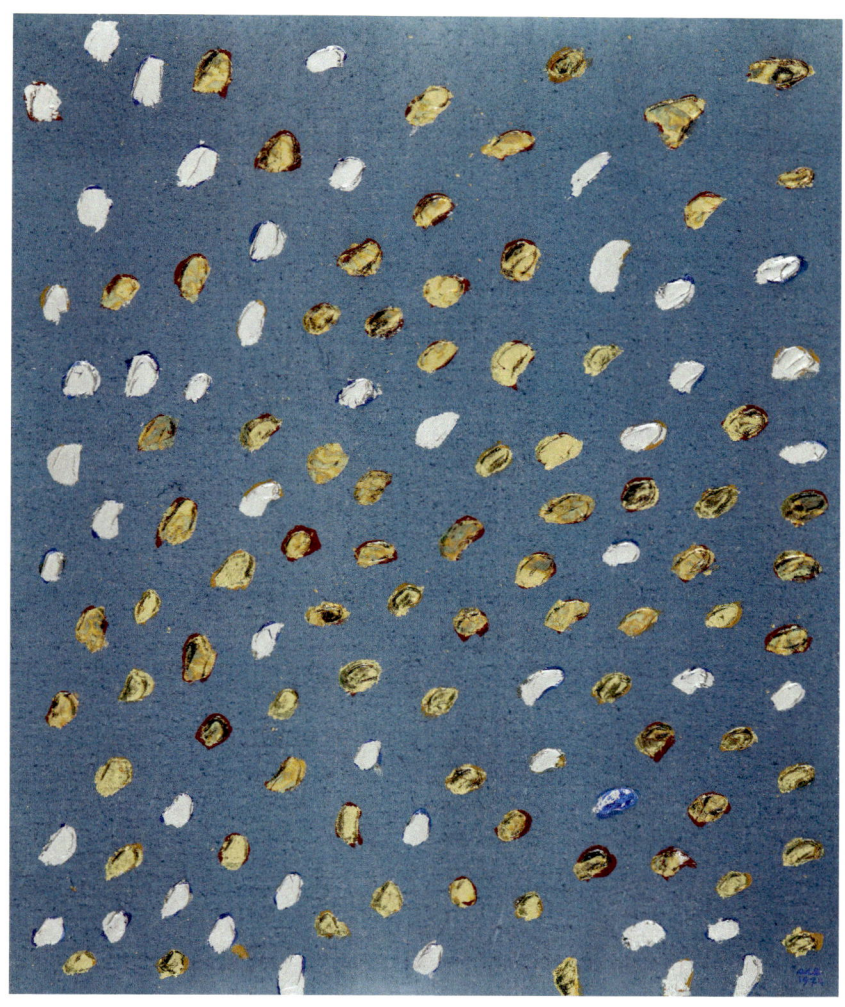

N°12-1975 Terre ocre avec ciel doré, 1975
Akryl, modelleringspasta og bladmetall på lerret, 180 × 250 cm

N°14-1975 Mistral, 1975
Akryl, modelleringspasta og bladmetall på lerret, 97 × 195 cm

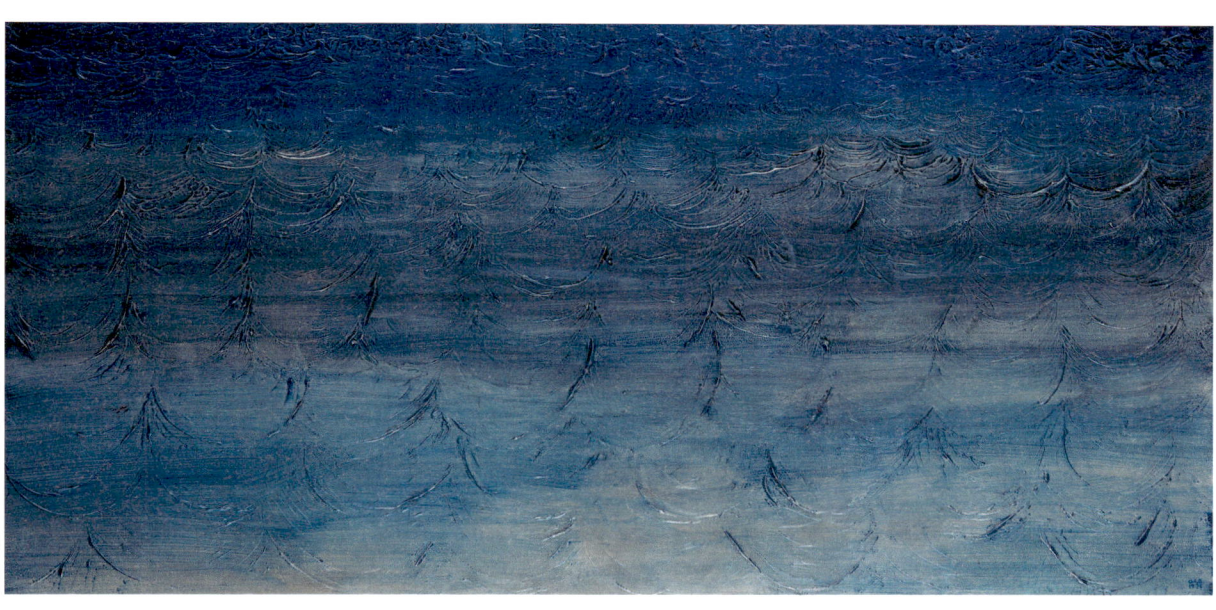

English Texts

Director's foreword

Our exhibition 'Becoming Anna-Eva Bergman' is devoted to paintings by the Norwegian artist Anna-Eva Bergman (1909–1987) from the years 1950–75. In this period, Bergman developed a new artistic language and achieved international recognition. Known for her distinctive combination of influences from Norwegian and international art, as well as her focus on both past and present, she became an important figure in the postwar abstract art scene. Upon her first exhibition at the Young Artists' Society (UKS) in 1950, she was described accurately as 'cosmopolitan' – a person with experience of many countries and cultures. From 1928 to 1939, Bergman lived and studied abroad, spending time in Vienna, Dresden, Berlin, Paris and Menorca. She studied under Eugen Steinhof in Vienna and under André Lhote in Paris; she was introduced to the international art world and got to know artists such as Wassily Kandinsky, Piet Mondrian and Joan Miró. After spending the war years in Norway, she re-established herself as an abstract artist. In this period, she developed and experimented with what would become her signature artistic technique: 'painting' with metal. Using metal leaf, she created the sensation of light and space, engaging the viewer with surfaces that are in perpetual flux.

In 1952, Bergman left Norway and settled in France. First in Paris, then in Antibes in the south. In Paris, she became part of a vibrant art scene and participated in a series of prestigious international exhibitions and events.

Bergman left behind an exceptional collection of work, following a career that deserves a prominent place in Norwegian art history. This exhibition in the Light Hall at the National Museum brings together several of her most well-known monumental paintings. Her simplified representations of mountains, oceans, horizons and the moon continue to speak to us today. 'The pathway to art passes through nature and our attitude to it', wrote Bergman in 1950. Today, Bergman's words take on renewed relevance given nature's fragility and humanity's impact on the world. Through her paintings, Bergman continues to engage our attention and generate space for reflection on this theme.

For the first time since 1956, all three parts of Bergman's *Komposisjon / Composition* (1951) are exhibited together. This ambitious painting, commissioned for Hotell Farris Bad in Larvik, indicates Bergman's artistic direction in the period immediately before she left Norway. The whereabouts of this work was unknown for many years until it came up for auction in 2013 and was purchased by the National Museum. This painting provides important new insights into Bergman's approach to abstraction, references to nature and use of metal leaf.

The exhibition 'Becoming Anna-Eva Bergman' is a collaboration with the Fondation Hartung-Bergman and the Musée d'Art Moderne de la Ville de Paris. We are very grateful to them for a long period of successful and enjoyable teamwork, for loans of works, and for all the other assistance both institutions have provided. Thanks to Henie Onstad Kunstsenter for loan of work, and to everyone who has contributed to this exhibition and the accompanying catalogue. We look forward to welcoming you to experience Bergman's rich and distinctive art.

Ingrid Røynesdal
Director, The National Museum of Art, Architecture and Design

Becoming Anna-Eva Bergman
Wenche Volle

'The pathway to art passes through nature and our attitude to it.'[1]

In 1959, Anna-Eva Bergman (1909–1987) was represented at the second edition of the Documenta international art exhibition held in Kassel, Germany. One of the three paintings that she showed in the exhibition halls of the Museum Fridericianum was *N°4-1957 La grande montagne*, from 1957 [ill. 1, p. 27]; a monumental, glittering silver form on a blue background.[2]

Held every five years in Kassel, Documenta continues to be highly influential. Documenta II was devoted to art since 1945 and was intended as a survey of postwar art. Its slogan was 'Art has become abstract.'[3] The exhibition included 1,770 works by 336 artists and was seen by 134,000 visitors. Bergman was one of six women artists to have paintings included in the exhibition.[4] Other members of this tiny minority included the American artists Joan Mitchell (1925–1992) and Helen Frankenthaler (1928–2011), and the Portuguese artist Maria Helena Vieira da Silva (1908–1992). A retrospective subsection of the exhibition displayed works by the first generation of abstract painters, including Wassily Kandinsky (1866–1944) and Piet Mondrian (1872–1944), artists with whom Bergman had struck up acquaintances in Paris back in the 1930s.[5] Representatives of Bergman's own generation included her husband, the Germano-French artist Hans Hartung (1904–1989),[6] his fellow German painter Wols (Alfred Otto Wolfgang Schulze, 1913–1951), the French artist Georges Mathieu (1921–2012), and American artists such as Jackson Pollock (1912–1956) and Mark Rothko (1903–1970). Bergman would get to know Rothko personally and, among other things, would visit him in New York in the 1960s, while he was working on his paintings for the Rothko Chapel in Houston.[7]

The American artists were well represented, and their large-scale paintings attracted a great deal of attention. Bergman would start to work on a similar scale in the following years, creating works that vitrually enveloped the viewer physically in that space.

The exhibition venue in Kassel was still scarred by wartime bombing and provided a sombre setting for the exhibition. How to create art after a second world war? Painting's two-dimensional surface became an arena for the expression of emotion through physical gestures and materials-based effects. Abstract art not only gave artists freedom to express themselves; it also gave the viewer freedom in interpreting the art.[8] Artists were concerned with exploring the limits of human comprehension, as well as asking how the atrocities of war had been possible, and how art could respond to these events. For Bergman, the relationship with nature was significant and offered a way to address these huge existential questions. She wanted to make art that could capture reality 'with all its beauty, struggle and suffering – with its dynamics – rhythms, harmonies and discords.'[9]

A silver mountain
N°4-1957 La grande montagne meets you at the entrance to the exhibition in the Light Hall at the National Museum.[10] A silvery form evocative of a towering mountain fills the pictorial surface, while almost appearing to hover in space. Is it dissolving, or is it looming towards us? The silver mountain is shaped like a

1 Anna-Eva Bergman, *Pistes/Stier*, edited by Ole Henrik Moe and Christine Lamothe (Antibes: Fondation Hartung-Bergman, 1999), unpaginated, entry dated 2 August 1950.
2 The other two paintings were *Gong Gong* (1956) and *Le grande crabe* (1957).
3 *Il. documenta '59. Kunst nach 1845. Malerei, Skulptur, Druckgrafik. International Ausstellung. 11 Juli–11 Oktober 1959. Kassel* (Köln: Verlag M.Dumont Schauberg Köln, 1959).
4 Six other women artists were represented by sculptures and prints.
5 Kandinsky and his wife Nina visited Bergman and Hartung at their home in rue Daguerre in Paris, and all four of them visited Mondrian in his Paris studio. See Hans Hartung, *Selbstportrait, zusammengestellt und bearbeitet von Monique Lefebvre, Schriftenreihe der Akademie der Künste, Volume 14* (Berlin: Akademie der Künste Berlin, 1981), 87, 91.
6 Bergman and Hartung married twice. They married for the first time in 1929 and divorced in 1938. In 1939, Bergman returned to Norway. While in Norway, she married Fritjof Lange. Meanwhile, Hartung married Roberta Gonzales. Bergman and Hartung began to correspond secretly in 1948. They were reunited in Paris in 1952 and remarried in 1957.
7 Anna-Eva Bergman's memoirs dictated to Andrea Schomburg, 1985, manuscript in the archives of the Fondation Hartung-Bergman, 86. In his autobiography, Hartung describes his friendship with Rothko and reminisces about a meeting at Hartung's studio in Arcueil as early as 1946 or 1947. Hans Hartung, *Selbstportrait*, 152.
8 Pepe Karmel, *Abstract Art. A Global History* (London: Thames & Hudson, 2021), 31.
9 Bergman, *Pistes/Stier*, unpaginated, entry dated 24 March 1951.
10 The painting is the starting point for the analysis in Tove Aadland Sørvåg, 'Alt blir som en visjon. En lesning av Anna-Eva Bergmans verk *Grande Montagne d'argent*,' master's thesis in the history of art, University of Bergen, 2009.

ill. 1 *N°4-1957 La grande montagne*, 1957

11 See Ida Bronken's chapter
    'Painting with metal' in this book.
12 Bergman, *Pistes/Stier*, unpagi-
    nated, entry dated 21 July 1947.
13 Karl Egil Aubert, 'det gylne snitt'
    ['the golden ratio'] in *Store norske
    leksikon* at snl.no.
14 Anna-Eva Bergman's memoirs, 99.
15 Anna-Eva Bergman's memoirs, 53.

trapezoid, a geometric form, in the centre of the painting. Fragments of metal leaf, sparkling silver, give the mountain a luminous, almost vibrating, energy. Bergman had been experimenting with using metal leaf in her paintings since 1948, and it became her artistic signature. She 'painted' with different metals, as discussed in studies by paintings conservator Ida Antonia Tank Bronken.[11] The technique of using metal leaf extends back to the Middle Ages and Byzantine church decorations. Metal leaf is reflective, responding to the slightest fluctuations in the surrounding light. In *N°4-1957 La grande montagne,* Bergman applied and scraped into layer upon layer of metal leaf and paint. The result is a rough, tactile surface that appears simultaneously robust and transient. The mountain glitters and is in constant flux as viewers move and the light shifts around it.

Materiality and craft skills are both important in Bergman's art. Her work with metal leaf and her methods for achieving tactility in her paintings show both a knowledge of and a willingness to experiment with materials and the process of painting. She was in tune with her times: Pollock dripped paint; Frankenthaler soaked her canvases with diluted colours; and Mathieu became famous for his performative application of paint onto canvas. In Norway, artists including Olav Strømme (1909–1978) and Sigurd Winge (1909–1970) had experimented with adding powders and sand to their paintings. Materiality was in focus, and paintings had to bear traces of the artist's hand, body, and physical presence.

Before starting a painting, Bergman would make exhaustive preparatory sketches, designing her motif according to geometrical principles and positioning it on the golden ratio (also known as the golden section or golden mean). She writes about the golden ratio in several of her texts:

> The Old Masters found that the golden ratio was the most harmonious division. It has been preserved through hundreds of years. One positions the main composition on the picture's golden ratio.[12]

The golden ratio is a classical principle used in art and architecture that is based on a specific geometrical relationship. It exists when a line is divided into two portions, such that the ratio of the whole line to the longer portion is the same as the ratio of the longer portion to the shorter portion.[13] The use of the golden ratio is believed to promote a sense of harmony and tranquillity. The concept of the golden ratio can be traced back to classical antiquity and was also important in Renaissance painting. Later, Bergman stated that the golden ratio had entrenched itself in her subconscious.[14] It had become integral to her way of working with art.

Creating light

The first of Bergman's paintings that we know of in which she used metal leaf is *N°ca-1948-50* [ill. 2, p. 29]. The painting is of two golden shapes on a dark background. The subject of the modestly sized painting is uncertain; could it be a tree, a fissure, or simply abstract shapes? Bergman used metal leaf in various ways throughout her career: sometimes to create simple forms; sometimes as an added element; sometimes as a surface to scrub and scrape; and sometimes as geometric squares (or building blocks) to apply to her canvas or panel. The many photographs of Bergman at work provide insight into her technically and physically demanding process. Through the use of metal leaf, Bergman discovered her personal style of artistic expression.[15] She revived an ancient technique and discovered herself as an artist. She became Anna-Eva Bergman.

ill. 2 *N°ca-1948-50*, 1948–1950

Nature

N°4-1957 La grande montagne is characteristic of Bergman's paintings from the early 1950s onwards. Devoid of any human figures, her images focus on simple natural forms: stones, mountains, trees and planets. From 1950, she pursued and manipulated these motifs, using them as a kind of artistic alphabet or dictionary of forms. She found her own visual language in an abstract style that was rooted in nature. She formulated her relationship with nature in writing on several occasions. In November 1946 she noted:

> Just like frost is an instrument for creating beautiful ice crystals, humans are an instrument for creating works of art. This is not a recommendation to reproduce and emulate nature as precisely as possible, – on the contrary it recommends the creation of a new nature in one's pictures.[16]

Nature, not as an imitation or a copy, but as art on its own terms. At the same time as she was experimenting with metal leaf, Bergman moved from figuration to abstraction, although she never wholly severed her connection with the real world. She developed an artistic language that could express not only the fundamental elements of painting – line, form, colour and texture – but also recognizable forms from nature – rocks, mountains, trees, celestial bodies, the sea and horizons. Sometimes she would focus closely on nature, while at other times she would turn her gaze towards outer space, with depictions of hovering celestial bodies and the Moon. In addition to the natural world, she depicted architecture: houses, pyramids, burial chambers and walls.

Her interest in abstraction did not cause her to turn her back on nature. Abstract art is based on experiences of the real world.[17] The history of abstract art is not only about formal invention, but also about artistic responses to social, political and cultural change.[18] In her notes and statements, Bergman said that she wanted to use her art to convey her 'world view': 'I paint my perception of my world view.'[19]

After the war, artists took up the legacy of the first generation of abstract artists, which had included Kandinsky, Mondrian and Kazimir Malevich (1879–1935), all of whom had begun as figurative artists but transitioned to abstraction. Both Mondrian and Hilma af Klint (1862–1944) had originally been landscape painters but had shifted to an abstract form of expression. Mondrian and af Klint's abstraction was not a rejection of nature, but opened up new ways of thinking *through* nature.[20] The same was true of Bergman. In 1950 she noted: '[We] do not flee from nature, we simply reproduce new aspects of it.'[21] This comment opens our eyes to new connections between abstraction and the representation of the natural world. On the relationship of abstraction to nature, Bergman wrote:

> In order to create something 'abstract,' one must study nature, indeed one can absolutely not study it thoroughly enough or get close enough to the bottom of it – both the nature that surrounds us and the nature that is within us – our own inner natures.[22]

Abstract artists of the postwar period not only followed in the footsteps of the first generation of abstract artists, but also incorporated ideas from Surrealism and its emphasis on inner lives, dreams, emotions, intuition, the unconscious and spontaneous methods. As Bergman began to distil her new approach to painting in the late 1940s, we can detect the influence of Surrealism in her art.[23]

16   Bergman, *Pistes/Stier*, unpaginated, entry dated 11 November 1946.
17   See Karmel, *Abstract Art*, which considers the history of abstract art and its links with the real world.
18   Karmel, *Abstract Art*, 7.
19   Bergman, *Pistes/Stier*, unpaginated, entry dated 22 September 1949; Istvan Korda Kovacs and Kari Borg Mannsåker, *Møte med malerne Anna-Eva Bergman og Hans Hartung*, NRK, 24 January 1980.
20   Nabila Abdel Nabi, Briony Fer, Frances Morris and Laura Stamps, 'Introduction,' in *Hilma af Klint & Piet Mondrian: Forms of Life* (London: Tate Modern, 2023), 9.
21   Bergman, *Pistes/Stier*, unpaginated, entry dated 15 October 1950.
22   Bergman, *Pistes/Stier*, unpaginated, entry dated 24 July 1950.
23   The touring exhibition 'Surrealisme, strek og form. Anna-Eva Bergmans formative år 1949–1952,' which opened at Henie Onstad Kunstsenter in 2010, focused on the influence of Surrealism in Bergman's images from around 1950. Karin Hellandsjø (ed.), *Surrealisme, strek og form. Anna-Eva Bergmans formative år 1949–1952* (Høvikodden: Henie Onstad Kunstsenter, 2010).

24 Nils Messel, *Oppdagelsen av fjellet* (Oslo: National Museum of Art, Architecture and Design, 2008). The exhibition 'Sauvages nudités. Peindre le Grand Nord' displayed works by Peder Balke, François-Auguste Biard and Anna-Eva Bergman at the Château de Fontainebleau, not far from Paris, 7 June–8 July 2019.

25 Edmund Burke, *A Philosophical Enquiry into the Origin of our Ideas of the Sublime and Beautiful* (London: Thomas M'Lean, Haymarket, 1823 [1757]), 45.

26 Burke, *A Philosophical Enquiry*, 73.

27 Bergman, *Pistes/Stier*, unpaginated, entry dated 2 August 1950.

28 Bergman, 'Reisen til Nord-Norge, 1950,' in *Pistes/Stier*.

Landscape

With *N°4-1957 La grande montagne* and other related images that included forms reminiscent of mountains, Bergman inserted herself into a larger narrative in Norwegian and European painting. In Norwegian art history, she was standing on the shoulders not only of Johannes Flintoe (1787–1870), J.C. Dahl (1788–1857) and Thomas Fearnley (1802–1842), who all had an interest in mountain motifs, but also Harald Sohlberg (1869–1935), with his iconic mountain painting *Vinternatt i Rondane / Winter Night in the Mountains* (1914), Nikolai Astrup (1880–1928) with his mountains inspired both by the western Norwegian landscape around Jølster and by Japanese woodcuts, Theodor Kittelsen's (1857–1914) mysterious, otherworldly mountain images, and Peder Balke's (1804–1887) *Stetind i tåke / Stetind in Fog,* with a desolate mountain peak at its centre and which Bergman's work has been exhibited alongside [ill. 5, p. 30].[24] Also relevant to the narrative of Norwegian landscape painting are the works of the German artist Caspar David Friedrich (1774–1840), whose works Bergman may have seen at the National Gallery in Oslo, as well as in Dresden and Berlin. In Friedrich's paintings, encounters between human beings and the might of nature – whether in the form of mountains, the ocean, horizons, trees or the moon – symbolize the relationship between the eternity of the universe and the transience of human existence. *N°4-1957 La grande montagne* confronts us with a mountain and an experience of the sublime. The concept of the sublime was formulated in the 18th century by Edmund Burke (1729–1797), who described its source as that which 'produces the strongest emotion the mind is capable of feeling.'[25] The concept was well suited for describing the art of Romanticism and the Romantic idea of the personal experience of the world.

> The passion caused by the great and sublime in nature when those causes operate most powerfully, is astonishment; and astonishment is that state of the soul, in which all its motions are suspended, with some degree of horror.[26]

As a continuation of the ideas of the Romantic painters and the concept of the sublime, Bergman's *N°4-1957 La grande montagne* invites us to contemplate our relationship with nature and our place in a larger whole. Today's urgent need to halt global warming and minimize our global footprint lends new resonance to Bergman's words about 'our attitude to [nature].'[27] Our ideas about nature have changed radically since the Romantic era when it inspired 'astonishment' and awestruck horror, since in our current precarious situation, we human beings are the primary threat to nature and our own existence. Bergman's images sharpen our appreciation of the nature we have and our relationship with it.

Norwegian landscapes and Hardanger

Bergman's journey to northern Norway in 1950 and the summers she spent on Citadelløya (an island off the coast of Stavern, about 135 km south of Oslo) in the years 1949 to 1951, were crucial in shaping her path towards a new kind of artistic expression. On board the *Brand V,* she voyaged along the Norwegian coast from Bergen to the North Cape and back, experiencing the landscape and the light summer nights. In addition, on excursions onto the mainland, she visited towns and churches, witnessing the effects of wartime destruction and the ongoing process of reconstruction. Her travel notes tell us where she went and what she saw, and also provide us with a source for understanding the art she would create in the ensuing years.[28] In 1964, she took Hartung with her on a similar journey to northern Norway, where their encounters with the region's nature and landscape

ill. 3   Anna-Eva Bergman with *N°31-1951 Sort stilistisk (sort hvidt oker)*, Oslo, 1951

ill. 4   Anna-Eva Bergman, *Formatene og deres deling* [The formats and their division], 1949

ill. 5   Peder Balke, *Stetind in Fog*, 1864

provided new inspiration for her art. The photographs they both took during the journey give us insight into their paintings in the following years [ill. 6, p. 30].

Her impressions and studies from her journey to northern Norway and Citadelløya in the summer of 1950 were the starting point for the abstract, surreal paintings she exhibited at the UKS (Unge Kunstneres Samfund) gallery in Oslo in November 1950. The exhibition showed how Bergman had experienced a turning point in recent years, moving from a figurative and imaginative style towards various forms of abstraction, uniting geometric abstraction, rhythmic and spontaneous lines and organic forms. It was clear that Bergman had a thorough knowledge of early abstract art and had explored different approaches within the field [ill. 7, p. 30].

Her stays at the artists' collective on Citadelløya brought her into close contact with a landscape characterized by *svaberg* (gently sloping rock formations smoothed by Ice-Age glaciers) and other distinctive rock formations. The landscape helped to nourish Bergman's development of a new artistic language. The artists at Citadelløya, who included Carl Nesjar (1920–2015) and Rigmor Holter (1906–2004), studied and observed nature in what was almost a collective project.

Bergman switched between recognizable and imaginary representations of the landscape. As her work became more and more abstract, she concentrated on the interaction of lines and simple, defined shapes. In a series of images with the general title 'Fragments d'une île en Norvège' [ill. 8, p. 30], we see how she began to distil formulas for representing rock formations and the island in an abstract manner. During this period, she was working on a large, commissioned triptych for the new bar at the Hotel Farris Bad in Larvik, *Komposisjon* (1951) [p. 96–97]. The triptych encapsulated many of Bergman's artistic interests over the past few years. She brought together rhythmic lines and large, defined shapes that were reminiscent of the rock formations and geology of Citadelløya and the Larvik coast. The colours are muted, apart from isolated areas of rainbow-like colour. A distinctive feature is Bergman's use of metal leaf and materiality. This monumental work is being displayed in its entirety for the first time since 1956 in this exhibition at the National Museum.[29]

Texts about Bergman's artistic career tend to emphasize the importance of the landscapes she experienced in northern Norway and on Citadelløya. Less attention has been paid to her links with the Hardanger region and in particular the village of Lofthus in Ullensvang Municipality. The art historian and Bergman connoisseur Ole Henrik Moe turned his attention to Hardanger in his 1990 biography, *Anna-Eva Bergman. Liv og Verk:*

> [It] is natural to assume that it was in Hardanger that the future motifs for her mature art – fjords, mountain lakes, glaciers, cliffs and mountain ridges – embedded themselves into her consciousness. Another 10 years would pass before they materialized in her art.[30]

Bergman's mother, Edvardine Magdalene Margrethe Lund (1878–1967), known as Bao, had been born and spent her childhood at Skrivargarden, a senior state official's residence in Lofthus.[31] Here she had grown up in a large group of siblings.[32] Bergman spent her childhood summers in Hardanger and often returned to visit. Skrivargarden offered views of high mountains, the Folgefonna glacier and Sørfjorden. The landscape has a spectacular wild beauty that undergoes dramatic seasonal changes. The area has a favourable climate for growing apples and plums and is famous for its orchards; hundreds of thousands of trees grow on the steep slopes leading up from the fjord. The landscape is a truly memorable

29 See Bronken, 'Painting with metal.'
30 Ole Henrik Moe, *Anna-Eva Bergman. Liv og verk / Vie et Œuvre* (Oslo: Dreyer Forlag, 1990), 29.
31 Bao's father, Emanuel Christopherson Lund (1830–1911) had taken possession of the property in 1880 and ran the farm, but was also an army officer, cartographer, captain and lieutenant-colonel. Gabriel Lund, *Farsund-Lundene* (Oslo: Dybwad, 1950), 216.
32 Bao's sister, Hilda Othelie Lund (1870–1957), took over the property after her father. Lund, *Farsund-Lundene*, 217–219.

ill. 6 From the journey to Northern Norway, 1964
ill. 7 Anna-Eva Bergman, *N°32-1951 Fragment d'une île en Norvège*, 1951

33 Anna-Eva Bergman's memoirs, 69–70.

34 The Biennale was initiated in 1951 and was modelled on the Venice Biennale. Other Norwegian artists at the Biennale were Trond Botnen (1937–2019) and Arne Malmedal (1937–2018), both showing prints, and Arne Vinje Gunnerud (1930–2007) showing sculptures.

35 Anna-Eva Bergman's memoirs, 101–102.

36 Francisco Matarazzo Sobrinho, 'Presentation,' in *X Bienal de São Paulo: Catálogo* (São Paulo: Fundação Bienal, 1969), 14.

37 Anna-Eva Bergman's memoirs, 17–18.

sight in the spring when the trees are in full blossom, and streams of meltwater race downhill from the mountain snowfields and glaciers. The cyclical seasonal changes are visible as the fruit trees blossom, their fruit ripens and is harvested, and their leaves fall. The composer Edvard Grieg (1843–1907) visited Lofthus for the first time in 1877 and fell in love with the area. He returned regularly to Lofthus and composed several works there, including *Våren / Last Spring* (1881), a setting of a poem that describes the natural cycle of life and death. With its abundant nature, dramatic weather, and dynamic seasonal cycles, Lofthus was also rich in the folk art and folk music that inspired Norwegian artists, authors and composers. The setting was also relevant to Bergman's visual themes; Hardanger became her first paradise and was the seed of her close relationship with nature and its cyclical changes. She walked in the mountains, collected stones, drew and painted.[33] Before Bergman enrolled at Statens Håndverks- og kunstindustriskole (the Norwegian State College of Craft and Applied Art – SHKS), she made several paintings of Lofthus, showing trees in blossom and mountain and fjord views.

The São Paulo Biennale 1969

Ten years after she exhibited at Documenta II, Bergman was one of four artists selected to represent Norway at the tenth São Paulo Biennale, held in 1969.[34] Bergman was represented by 16 large paintings, which included images based on Norwegian landscapes, horizons, the sea and the Moon [ill. 9 A–B, p. 33]. Horizons depicting the meeting of the sea and sky were a constantly recurring motif in Bergman's oeuvre. According to Bergman, these horizons became images of eternity, of a transition to the unknown, of a limit for human understanding that we want to exceed.[35] *N°8-1969 Grand horizon bleu* (1969) is one of Bergman's most eye-catching horizons: an intensely blue sea, a sky of silver, separated by a thin line of pale yellow [p. 152]. At the Biennale, it was exhibited alongside *N°67-1966 Grand océan* (1966) [p. 139], in which Bergman zooms into the rippling lines on the ocean's surface, revealing the rhythmic movements of the waves in shades of lilac, pink and blue. Almost like a sublime triptych, the group was completed by *N°11-1968 Grand rond* [p. 147]. This work is a monumental depiction of the Moon, which almost leaps off the large canvas, appearing to hover above an ethereal blue background. The Moon is a central motif in Bergman's oeuvre, not only as an object of Romantic yearning, but also in the context of scientific discoveries and space travel — in particular the space race that led up to the Moon landing in 1969. The painting was made one year before Apollo 11 landed on the Moon. The exhibition catalogue for the São Paulo Biennale remarked on the year:

> What an extraordinary year this 1969! For the first time man has realized the dream so long nourished in the quests of Galileo, Copernicus, Kepler, Jules Verne and Meliès, the last two of whom, already on the threshold of science-fiction and science-cinema, envisioned the ascent to the moon.[36]

The Moon has fascinated artists, writers, philosophers and scientists since time immemorial, inviting us to imagine, dream and speculate. With the Moon landing, a threshold was passed for what human beings were capable of achieving. We also find the Moon as a motif in works by Bergman's Norwegian contemporaries Synnøve Anker Aurdal (1908–2000) and Gunnar S. Gundersen (1921–1983), the French artist Yves Klein (1928–1962) and the American artist Robert Rauschenberg (1925–2008). The Moon is also of central importance in the oeuvre of Edvard Munch (1863–1944). Bergman was well acquainted with Munch's art; she had visited the National Gallery in Oslo and had also seen Munch's murals in the University of Oslo's Aula (ceremonial hall).[37] In 1927, the same year that

ill. 8 From the series 'Fragments d'une île en Norvège', 1950
ill. 9 Bergman's contribution to the São Paulo Biennial, Brazil, 1969

she enrolled at Kunstakademiet (the National Academy of Fine Arts) in Oslo, a major Munch exhibition opened at the National Gallery. The whole of the upper floor was cleared in order to display a complete retrospective of Munch's works. In Munch's attempts to convey the interior lives of modern humans, interaction with nature was central. In the 1890s, he had developed his emblematic formulas for depicting the Moon, including his distinctive column-like reflections, curving shorelines and the stylized birch trees that contribute to the emotional framework or architecture of the image.

In 1951, Bergman was selected to participate in a major exhibition of Norwegian art, 'Norsk Nutidskonst' ['Norwegian Contemporary Art'], in Stockholm. She was represented by three abstract paintings and three ink drawings.[38] These works included one of the images from her series based on Citadelløya, *N°26-1951 Fragment d'une île en Norvège IV*. For Bergman, who was keen to gain a foothold in the Nordic art scene, her participation must have represented a major positive step. The exhibition also included paintings by Munch, including the moonlit image *Strandmystikk / Mystical Shore* (1892), which shows the Moon reflected in the sea while rocks and tree roots appear to be living creatures. Another painting on display was Munch's *Melankoli/Melancholy* (1894), which shows a man in the foreground with a vigorously curving shoreline behind.[39] While Munch's paintings were based on landscapes he knew, in these examples the beach at Åsgårdstrand and the shoreline south of Oslo, he painted them from his memories. Bergman's painting of a fragment of an island in Norway was based on her time on Citadelløya but appears to be a distilled formula for an island. The year before, she had described the importance of experiences: 'To express oneself artistically might perhaps mean: to express the resonance that the experience has left in one. To express the resonance of what has been experienced.'[40] This reference to the importance of remembered experiences also accords with Munch's development of formulas for the effective representation of emotion.

Architecture

An interest in architecture is a recurrent feature of Bergman's life and work; we see it in her art and writing, as well as in her social and professional networks, homes and surroundings. From a very young age, she made drawings of houses, buildings and churches – everything from simple south Norwegian dwellings to mediaeval cathedrals and complex urban environments. In the early 1930s, she painted the streets and plazas of Fornells on the island of Menorca. Her paintings of the town's whitewashed houses and church focus on the straightforward surfaces of the architecture and her compositions are structured using the golden ratio. From the end of the 1930s until 1946, Bergman abandoned fine art and devoted herself to illustration and writing. When she returned to fine art, a house was one of the first motifs to which Bergman devoted attention in her painting *N°33-1947 Maison – 'Ensomhet' Huset (gylne snit)* (1947). This painting is often seen in the context of the idyllic summer that Bergman and Hartung spent on Homborøya (an island off the south coast of Norway) in 1932.[41] In the 1960s, she made the monumental paintings *N°6-1960 Pyramide* (1960) and *N°13-1960 Le tombeau de Théodoric* (1960). These motifs depict structures built to commemorate the dead, referring respectively to the Egyptian pyramids and the Mausoleum of Theodoric in Ravenna [p. 128]. Her representations of walls are also examples of her interest in architecture and basic architectural elements. In these works, she uses pieces of metal leaf as building blocks. Bergman and Hartung had contact with a number of architects and were interested in both contemporary modernist and historical architecture. Through her friendship with the architect, who also became her father in law, Bernt Arlet Christian Lange (1864–1951), Bergman

38 *Norsk Nutidskonst. Den offisielle norske kunstutstilling Stockholm 1951. Liljevalchs konsthall 19. oktober–20. november 1951* (Stockholm: Liljevalchs Konsthall, 1951), 10, 52.

39 *Norsk Nutidskonst*, 29–30, 58–59. Edvard Munch was represented by the paintings numbered 281, 359, 605, 1001, 1286 and 1579 in Gerd Woll, *Edvard Munch: Samlede malerier* (Oslo: Cappelen Damm, 2008), as well as six prints loaned from the then National Gallery (now merged into the National Museum of Art, Architecture and Design).

40 Bergman, *Pistes/Stier*, unpaginated, entry dated 1 August 1950.

41 Svein Engelstad, 'Anna-Eva Bergman,' in *Anna-Eva Bergman. Minneutstilling*, 1989 (Oslo: Kunstforeningen, 1989), 14. In 1939, Bergman returned to Norway. She stopped making art, made a living from her writing and illustrations and immersed herself in various studies. It was only in 1946 that she returned to making art.

42   Bergman met Lange after publishing her novel *Turid i Middelhavet* (1942), she married his son Frithjof Lange soon after.

43   This was an elegant residence that had been built originally in 1878/79 for the businessman Christian Christiansen jr. (1825–1894) and his family. In 1888, the property was sold to the pioneering physician Ingebrigt Christian Lund Holm (1844–1918), who relocated his health spa there. 'Nedre Nanset' on lokalhistoriewiki.no; Sverre Thon, 'Ingebrigt Holm,' in *Norsk biografisk leksikon* at snl.no.

44   See Thomas McQuillan, 'À chacun son paradis,' in this book.

45   The house was designed originally in 1928–1931 for the American art collector Théodore Schempp (1904–1988) and was named Villa Schempp.

had been introduced to mediaeval cathedrals and the use of metal leaf in items made to decorate them.[42] For the Hotel Farris Bad in Larvik, she was commissioned to adapt her triptych *Komposisjon I* (1951) to the building designed by the architect Paul Due (1835–1919),[43] which was located on a high point overlooking the fjord and with an entrance facing the woods of Bøkeskogen.

The importance of architecture is clearly apparent in the homes that Bergman and Hartung built and furnished on Menorca in the early 1930s, their apartment at 5 rue Gauguet in Paris, where they moved in 1959, and their studio house in Antibes, which was ready for them to move into in 1973 [ill. 10, p. 35]. The couple designed their homes together to suit their lifestyle and artistic activities. Can we see these homes in the context of, or as extensions to, their art? A recurring theme in the design of the homes is a quest for unity in the interaction between interior and exterior, between private space and the landscape beyond. They decided on a modernist style of architecture with plain surfaces, restrained lines, and windows that framed the home's surroundings.

The dream of a home

After shuttling between Dresden, southern France, Norway and Paris, Bergman and Hartung decided in 1933 to find a cheaper place to live. They decided on the Spanish island of Menorca. On a hill overlooking the Mediterranean, they had a house built that they had designed themselves: a cube-like, whitewashed building, functionally adapted for living and working with art. Modernist architecture in dialogue with local building customs, with an interior furnished with traditional Menorcan brown-stained wood and rattan canework furniture.

The house was the setting for a happy and productive period for the couple. But their stay in this paradise was short-lived, as political tensions under the Franco regime soon forced them to flee Menorca. The house was subsequently demolished. Their home on Menorca lived on in their photographs and memories, and later became a model for their home in Antibes.

After the couple reconciled and remarried, they moved in 1959 into their new home at 5 rue Gauguet in Paris, close to Parc Montsouris in an area known for its many architect-designed houses with artists' studios.[44] The architect behind Bergman and Hartung's building was the Polish-born architect Marcel Zielinski, who had been a student of the architect Robert Mallett-Stevens and had worked in Le Corbusier's office.[45] The apartment at 5 rue Gauguet had a decisive influence on Bergman's development as an artist. For the first time, she had her own large space to work in, making it possible for her to start working on a larger scale. The use of metal leaf in her paintings was a slow, technically challenging, and physical process that took up a lot of space. Sometimes she worked on canvases while they were laid flat, and at other times they would be propped vertically.

Photographs of the interior of 5 rue Gauguet show a streamlined modernist design. Everything they surrounded themselves with was the result of deliberate choices, and as when they composed their art, they composed their interiors with the aim of achieving harmonious interactions between surfaces, lines and the various materials [ill. 11, p. 35].

As Thomas McQuillan writes in his chapter 'À chacun son paradis' in this book, Bergman and Hartung planned a new home in Spain, more specifically in Carboneras. They wanted to recreate their lost Menorcan paradise, but on a larger scale. Their finances had improved radically, but their plans remained on the drawing board. Instead, they purchased a plot in Antibes, an olive grove on a hillside overlooking the Mediterranean. Here they built a house and separate studio

ill. 10   Anna-Eva Bergman in front of her studio in Antibes, France, 1975
ill. 11   The living room in Antibes, 1981

buildings, carefully positioned between the many olive trees. They designed the buildings themselves, but with some help from architects.

The interior was simply furnished: there were shelves reminiscent of their Menorcan furniture and the walls were kept bare, free of pictures. As in Menorca, the windows served to frame the landscape and the architecture outside. On the lower part of the plot, out of sight of the house at the top, were Bergman and Hartung's respective studios. The goal was to make a distinction between their domestic life and their work as artists. Just as its walls were empty, so the home itself was to be an art-free zone, or perhaps most importantly: life in the studio was not to be disrupted by everyday domestic chores. From her studio, which was significantly smaller than her husband's, Bergman had a view of the olive trees and thus could follow closely the annual seasonal cycles. Bergman put down roots in Antibes and started to incorporate French motifs into her work: waves, the Mistral and Mediterranean horizons. She no longer yearned for Norway. 'France has become my home,' she said.[46]

Homesickness and memories

In 1952, Bergman severed her ties with Norway and made France her new home. Her existence between different homelands and art worlds was very influential on her art, however.[47] Her memories of Norway and the Norwegian landscape followed her throughout her life and found their way into her art. At a distance, her connections with Norwegian nature became more obvious in her motifs. At the same time, during her time in Paris she became part of a vibrant, international art scene. The French art historian Annie Claustres has examined the significance of memory in Bergman's art and how her images so easily become fixed in the memory of the viewer.[48]

> It was when she began to mourn Norway that she claimed an artistic language in which images come to occupy places in order to secure the permanence of memory.[49]

Regarding the importance of memory for Bergman's art, we can find a parallel in the Franco-American artist Louise Bourgeois (1911–2010), who was a contemporary of Bergman. Bourgeois left her homeland of France and settled in New York. As Briony Fer writes about Bourgeois, in words that are also relevant to Bergman: '[The] very "cut" from her native France that had initially made her so homesick feeds into her work; so does her new "habitat" of New York and its art world. Severance *from* and retrieval *of* the past, from this point on, become intimately conjoined.'[50] As Bergman put it, 'This *is* Norway [...] Especially now that I live abroad, it sneaks in.'[51] Bergman and Bourgeois joined a long list of artists who severed links with their native countries, including Bergman's husband Hartung, Kandinsky, Sonja Ferlov Mancoba (1911–1984), Sonia Delaunay (1885–1979) and Rothko, with whom Bergman was acquainted. Both Paris and New York were melting pots for artists from different countries. Even before her departure for Paris, Bergman reflected on being distant from her homeland; 'You only learn to see yourself, your uniqueness, and also your nation's unique character when you've been distant from it for a while.'[52]

Bergman had her breakthrough as an artist in France in the 1950s: instead of being 'Hans Hartung's wife' she became the artist Anna-Eva Bergman. She had discovered the potential that lay in metal leaf's glimmering, reflective effects, and also its intriguing, almost unreal and mystical character.

46 Anna-Eva Bergman's memoirs, 95.
47 Kovacs og Mannsåker, *Møte med malerne Anna-Eva Bergman og Hans Hartung.*
48 Annie Claustres, *Anna-Eva Bergman: Peindre feuille à feuille / Painting Leaf by Leaf* (Antibes: Foundation Hartung-Bergman, 2000), 22.
49 Claustres, *Anna-Eva Bergman*, 23.
50 Briony Fer, 'The Ticking of the World,' in *Louise Bourgeois. Imaginary Conversations / Imaginære samtaler*, edited by Andrea Kroksnes et al. (Oslo: National Museum of Art, Architecture and Design, 2023), 69.
51 Jon Lie, 'Lavmælt oppstuss på Høvikodden,' *Aftenposten*, 27 April 1979.
52 Bergman, *Pistes/Stier*, unpaginated, entry dated 31 December 1948.

Sources

Bergman, Anna-Eva. 'Reisen til Nord-Norge, 1950,' in *Pistes/Stier*. Edited by Ole Henrik Moe and Christine Lamothe. Translated by Luce Hinsch. Antibes: Fondation Hartung-Bergman, 1999.

Bergman, Anna-Eva. *Pistes/Stier*. Edited by Ole Henrik Moe and Christine Lamothe. Translated by Luce Hinsch. Antibes: Fondation Hartung-Bergman, 1999.

Burke, Edmund. *A Philosophical Enquiry into the Origin of our Ideas of the Sublime and Beautiful*. London: Thomas M'Lean, Haymarket, 1823 [1757].

Claustres, Annie. *Anna-Eva Bergman: Peindre feuille à feuille / Painting Leaf by Leaf*. Antibes: Foundation Hartung-Bergman, 2000.

Engelstad, Svein. 'Anna-Eva Bergman,' in *Anna-Eva Bergman. Minneutstilling 1989*, exhibition catalogue. Oslo: Kunstforeningen, 1989.

Fer, Briony. 'The Ticking of the World,' in *Louise Bourgeois. Imaginary Conversations / Imaginære samtaler*. Edited by Andrea Kroksne, Briony Fer, Marianne Yvenes and Kristian Wikborg Wiese. Oslo: Nasjonalmuseet for kunst, arkitektur og design, 2023.

Hartung, Hans. *Selbstportrait, zusammengestellt und bearbeitet von Monique Lefebvre, Schriftenreihe der Akademie der Künste, Band 14*. Berlin: Akademie der Künste Berlin, 1981.

Hellandsjø, Karin (ed.). *Surrealisme, linje og form. Anna-Eva Bergmans formative år 1949–52*, exhibition catalogue. Høvikodden: Henie Onstad Kunstsenter, 2010.

II. documenta '59. Kunst nach 1845. Malerei, Skulptur, Druckgrafik. International Ausstellung 11. Juli–11. Oktober 1959. Kassel, exhibition catalogue. Köln: Verlag M.Dumont Schauberg Köln, 1959.

Karmel, Pepe. *Abstract Art. A Global History*. London: Thames & Hudson, 2021.

Kovacs, Istvan Korda and Kari Borg Mannsåker. *Møte med malerne Anna-Eva Bergman og Hans Hartung*. NRK, 23. januar 1980.

Lund, Gabriel. *Farsund-Lundene*. Oslo: Dybwad, 1950.

Messel, Nils. *Oppdagelsen av fjellet*. Oslo: Nasjonalmuseet for kunst, arkitektur og design, 2008.

Moe, Ole Henrik. *Anna-Eva Bergman. Liv og verk / Vie et Œuvre*. Oslo: Dreyer Forlag, 1990.

Nabi, Nabila Abdel, Briony Fer, Frances Morris and Laura Stamps. 'Introduction,' in *Hilma af Klint & Piet Mondrian: Forms of Life*. London: Tate Modern, 2023.

Norsk utidskonst. Den offisielle norske kunstutstilling Stockholm 1951. Liljevalchs konsthall 19. oktober–20. november 1951, exhibition catalogue. Stockholm: Liljevalchs Konsthall, 1951.

Sobrinho, Francisco Matarazzo. 'Presentation,' in *X Bienal de São Paulo: Catálogo*. São Paulo: Fundação Bienal, 1969.

Sørvåg, Tove Aadland. 'Alt blir som en visjon: En lesning av Anna-Eva Bergmans verk *Grande Montagne d'argent*.' Master's thesis. University of Bergen. 2009.

Woll, Gerd. *Edvard Munch: Samlede malerier*. Oslo: Cappelen Damm, 2008.

Anna-Eva Bergman. A rediscovery
Hélène Leroy

At the time of the retrospective organised by the Musée d'Art Moderne in 2023, the first to be devoted to her entire body of work, Anna-Eva Bergman is being rediscovered. Yet during her lifetime, she was never a little-known artist. Throughout her life, Bergman theorised her artistic path.[1] Her training developed a precocious talent, confirmed through contact with the teachings in vogue in European capitals in the early twentieth century. Her career was both a powerful sign of emancipation and a fairly faithful reflection of the initiation characteristic of artists of the modern movement, who felt the instinct or need to escape from the systems most likely to restrict them.[2] Before the war, Bergman's travels and sojourns gave rise to numerous writings and to figurative and journalistic work that bore witness to her talents as an observer. At the time, her approach to modern art remained the subject of an informed distance, fuelled by her artistic friendships and visits to exhibitions and institutions. After the war, she began to mature and to question her own work, leading to the fulfilment of her vocation as an abstract painter. That was when she achieved the renown that officially placed her in the field of 'living art.'[3]

Painting, 'abstract art' category

In the schematic history of painting in the second half of the twentieth century, the post-war period saw the establishment of the dominant movement, abstraction, with a lyrical abstraction triumphant on the one hand, and geometric abstraction and its optical and kinetic derivatives on the other. Bergman's belonging to the Paris scene and her presence at major international events meant that she was associated with the 'second' or 'new School of Paris.' Whereas the 'first School of Paris' brought together foreign artists active in the French capital during the inter-war period with little stylistic unity, the second brought together non-figurative artists who had lived through World War II, during which abstract art was relegated to the rank of 'degenerate art' by Nazi Germany. These artists met regularly in Parisian salons, particularly at the Salon de Mai, an annual event founded in 1943 under the aegis of the critic Gaston Diehl, in opposition to the Nazi conception of art. It was regularly held on the premises of the Musée d'Art Moderne de la Ville de Paris until the late 1970s, and Bergman exhibited there every year from 1952 onwards.

However, contrary to all expectations, the relationship with abstraction was rarely theorised in the discourse of the most prominent critics who defended Bergman's work, while she herself qualified the 'non-figurative' quality, or 'art of abstraction,' of her oeuvre. The authors preferred to highlight the artist's singularity. The tone was often laudatory and passionate, carried away by the cosmic or contemplative dimension of the works described. This was the case with texts by Michel Ragon, Marcel Seuphor, Alain Jouffroy, Herta Wescher and Roger Van Gindertael in France, Josef Paul Hodin in England, Giuseppe Marchiori in Italy and Will Grohmann in Germany, to name but a few of the most important in the bibliography compiled during the artist's lifetime.

The reception of Bergman's work by the general public is not easy to determine a posteriori, but the numerous articles published in the press, magazines and exhibition catalogues testify to the visibility of her work. They are certainly proof that her work had not gone unnoticed, but their real impact on public

1   See the artist's writings, notably in Ole Henrik Moe and Christine Lamothe (eds.), *Pistes/Stier*, trans. Luce Hinsch (Antibes: Fondation Hartung-Bergman, 1999). Anna-Eva Bergman also recounted her memoirs, unpublished, in interviews with Andrea Schomburg in 1985. Fondation Hartung-Bergman archives.

2   For a more detailed look at Anna-Eva Bergman's early years and her quest for independence, see Romain Mathieu's biographic sections in *Voyage vers l'intérieur. Anna-Eva Bergman* (Paris: Musée d'Art Modern de la Ville de Paris, 2023), as well as Thomas Schlesser, *Anna-Eva Bergman. Vies lumineuses* (Paris: Gallimard, 2022), in English as *Luminous Lives: A Biography of Anna-Eva Bergman*, trans. Charles Penwarden (London: ERIS, 2023).

3   The term 'contemporary art,' which is commonly used today to describe current art and developments in art since the second half of the twentieth century in textbooks and museums, was little used by critics and institutions in the late 1930s and post-war period, who preferred the term 'living art.'

4   Fondation Hartung-Bergman
    archives.
5   There have been 24 solo exhibitions
    in France, 22 in Norway and
    10 in Germany.
6   See Audun Eckhoff (ed.), *Fokus
    1950. Norsk billedkunst i etterkrigs-
    tiden*, exh. cat. (Oslo: Spartacus /
    Museet for samtidskunst, 1998).

appreciation on the one hand, and academic recognition on the other, is difficult to measure. Moreover, there are few negative articles that could have played a constructive antagonistic role. They are mostly anonymous or come from authors with little recognition in the discipline of art criticism, laconically expressing their incomprehension. In most of the press articles in the artist's archives,[4] the points of view are highly subjective and, there too, the demonstration of the evident contemplative nature of Bergman's painting took precedence over analysis. It's as if the work was not yet ripe for art history, and simply needed to be unveiled and looked at, which was the case given the figures compiled by the expography.

During her lifetime, Bergman took part in 317 exhibitions in 40 countries, including 141 in France, 49 in Norway and 21 in Germany. There were 71 solo exhibitions, 29 of which were in institutions (museums, art centres, universities, and art schools, etc.), that is, outside galleries and the art market.[5] The overwhelming majority of collective events organised internationally were dedicated to printmaking, in harmony with the revival of printmaking after the war. The enthusiasm for the medium throughout Europe was illustrated by the proliferation of salons, biennials and professional or amateur associations of printmakers. Bergman's talent was particularly renowned in the field, and her collaboration with the best engraving studios, such as Lacourière, helped make her one of the protagonists of the revival.

The artist's national and international breakthroughs
Bergman had her first solo exhibition in Norway in 1950, at Unge Kunstneres Samfund (UKS). The exhibition was discussed extensively in the press but was soon forgotten. It was first with the exhibitions at Kunstnernes Hus in Oslo and the Kunstforening in Bergen in 1966 that she was broadly represented in Norway. After that, Norway was the country that organised the greatest number of solo exhibitions in institutions during the artist's lifetime.

What's more, the Norwegian press widely covered the events Bergman participated in abroad. From 1966, the articles took on a more laudatory and better-informed tone. They were written by critics, some of whom were also artists, such as Ole Mæhle and Bjarne Rise, while others, such as Karl K. Ringstrøm, based in France, and above all Ole Henrik Moe, engaged in genuine historiographical analysis. Most of the articles were illustrated by one or more photographs of works, and very often by portraits of the artist, who thus finds herself massively disseminated [ills. 4 and 6, p. 44 and 45]. The collectors, museums and art market of Norway continue to reflect this interest to this day. This recognition extended internationally, when Bergman officially represented Norway at the São Paulo Biennial in 1969. However, in the narrow field of Norwegian art history, reconsideration of the artist came later, during the 1990s, when the 1950s were the subject of major exhibitions and studies by Norwegian curators and art historians. The historiographical importance of the work tended to be confirmed in that context.[6]

With the notable exception of Italy, which held one of the finest retrospectives of her lifetime at the Galleria Civica d'Arte Moderna in Turin in 1967 [ill. 3, p. 43], it was France and Germany that quickly took over from Norway in the development of the artist's reputation. Her first solo exhibition abroad was in Berlin, at the Kunstantiquariat Wasmuth, in 1952. In Germany, the critic Will Grohmann, whom Bergman and Hans Hartung frequented before the war, played a very important role in promoting her work beginning in the early 1950s, contributing to its international recognition by selecting it for the second Documenta at Kassel in 1959. This was all the more significant given that, at the time, women artists were poorly represented at the international event (there were seven in 1955, twelve in 1959, eight in 1964, four in 1968 and twelve in 1972). From this

ill. 3   Anna-Eva Bergman at the opening of the exhibition
        'Anna-Eva Bergman. Dipinti, Tempere, Disegni,' Galleria
        Civica d'Arte Moderna, Turin, 1967

point of view, Bergman's renown bypassed certain criteria for the invisibilisation of women artists. In 1959, she appeared alongside Anne Bonnet, Lynn Chadwick, Helen Frankenthaler, Terry Haass, Grace Hartigan, Barbara Hepworth, Brigitte Meier-Denninghoff, Fayga Ostrower, Dorothea Tanning, Maria Helena Vieira da Silva and Unica Zürn. All practised an essentially non-figurative form of art.

The role of the Galerie de France

In France, the dissemination of Bergman's work relied on the commitment of the Galerie de France, which organised seven major monographic events [ill. 5, p. 44]. All of them focused on each of the major stages in Bergman's artistic development and were widely covered in the press. The gallery, located on the Rue du Faubourg Saint-Honoré in Paris, was managed by Myriam Prévot and Gildo Caputo, who had joined from the Galerie Drouin, renowned for its avant-garde vision. They promoted artists of what was known as 'lyrical' or 'gestural' abstraction, most of whom were close to Bergman, foremost among them Hans Hartung, as well as Zao Wou-Ki, Pierre Soulages, Alfred Manessier, Jean Le Moal and Édouard Pignon.

The friendship between Myriam Prévot and Bergman and Hartung favoured highly committed dissemination.[7] Bergman trusted her completely with the hanging of her works. The views of her exhibitions at the Galerie de France bear witness to the great attention paid to her solemn minimalism, which is in perfect harmony with the refined furnishings [ills. 1 A–B, p. 42]. Keen to place its artists in the most contemporary settings, the gallery also regularly collaborated with avant-garde design retailers, such as the Mobilier International shop near the Faubourg Saint-Honoré, and with department stores where prints intended for sale were sent. The Galerie de France's hangings were characterised by their elegance and boldness. In 1968, for example, two large separate canvases, entitled *N°17-1968 Paysage jour* and *N°16-1968 Paysage nuit*, were presented in a closely spaced diptych, almost forming a single new work. This presentation was repeated by the artist in Antwerp in 1970 [ill. 2, p. 43].

In addition, the Paris-based gallery supported numerous other exhibitions in France and abroad, whether organised by students, art associations or colleagues. It acted as an intermediary between the artists and the organisers, managing the loan of works and media coverage. Bergman was systematically included in these selections. However, in the building of Bergman's reputation, the gallery's commercial impact was put into perspective by the sale prices, which were much lower (a few thousand new francs, ranging from ten thousand to twenty thousand francs for large formats) than those charged for other artists represented, such as Hans Hartung, Zao Wou-Ki and Pierre Soulages, whose work was valued at several tens of thousands of francs.[8]

Elements for a rediscovery

Although it highlights the faultless career of a resolutely modern and European figure, who was passionately defended and benefited from numerous exhibitions and publications during her lifetime, Bergman's reputation nevertheless declined after her death in 1987. This was despite the continuation of exhibitions in institutions, notably in Norway, and publications under the aegis of the Fondation Hartung-Bergman, in a climate that had become little conducive to the reception of the great masters of abstract art.

Although Bergman may have been caught up in this unfavourable context for post-war painting, it would seem that, in her particular case, the impossibility of categorically establishing her as an abstract artist also provoked a certain form of institutional blockage and contributed to a lasting hindrance to the

7 Myriam Prévot and Gildo Caputo were witnesses to the remarriage of Anna-Eva Bergman and Hans Hartung in 1957.
8 This data can be consulted in the Galerie de France archives (exhibitions, lists of artists, prizes and press reviews) held at the Institut Mémoires de l'Édition Contemporaine (Imec).

ills. 1 A–B   Views of the exhibition 'Anna-Eva Bergman. Œuvres récentes,' Galerie de France, Paris, 1968
ill. 2   View of the works of Anna-Eva Bergman at the Akademie Antwerpen as part of the travelling exhibition '10 Noren' organised by the Norwegian government, Akademie Antwerpen, Antwerp, Belgium, 1970

9   See Thomas Schlesser's chapter 'From Fra Angelico to Rothko' in this volume.

10 Karin Hellandsjø and Lars Toft-Eriksen, *Surrealism, Line and Form: Anna-Eva Bergman's Formative Years 1949–52*, exh. cat., trans. Peter Cripps (Høvikodden: Henie Onstad Kunstsenter, 2010).

11 See the exhibitions 'La fureur poétique,' Musée d'Art Moderne de la Ville de Paris, 1967; 'La planète affolée. Surrealism, dispersion et influences. 1938–1947,' Vieille Charité, Marseille, 1986; 'Le surréalisme dans l'art américain,' Vieille Charité, Marseille, 2021; and 'Surrealism Beyond Borders,' Metropolitan Museum of Art, New York / Tate Modern, London, 2021–22.

historiographical reception of her work. This discrepancy is illustrated by her inclusion in Michel Seuphor's 1957 *Dictionnaire de la peinture abstraite* and her absence from *Elles font l'abstraction*, compiled by the Musée National d'Art Moderne – Centre Pompidou in 2021, at a time when the history of abstraction was being re-read and the specific contributions of women artists being revalued. Yet it is clear that Bergman maintained close formal links with the greatest proponents of abstraction and American minimalism. The comparison with several of them, foremost among them Mark Rothko,[9] which recent research now allows, was indeed made in a press dispatch during the artist's lifetime, but it remained far too allusive and isolated to carry much weight. This kinship, which has never been the subject of in-depth theoretical study or visual presentation, can now legitimately come to the fore.

The same is true of the surrealist reading of her early period, in particular the works from the late 1940s and early 1950s associated with the initiatory series 'Fragments d'une île en Norvège.' This particular reading, the result of the rehabilitation work of Norwegian art historians, is in dialogue with the rooting of the lyrical abstract movement in surrealism, which was echoed in Norway in the development of other artists contemporary with Bergman.[10] While this reading is somewhat at odds with the tradition of the strictest surrealist historiography, which tends to confine the movement to the inter-war years, it seems acceptable today, given the analyses that emphasise the survival of the surrealist movement after the war in a more globalised perspective.[11] Now that it has been rediscovered, the intrinsic singularity of Bergman's work, together with the dialogue it maintains with the main trends of her time, bears witness to its continued topicality.

Sources

Eckhoff, Audun (ed.). *Fokus 1950. Norsk billedkunst i etterkrigstiden*, exhibition catalogue. Oslo: Spartacus / Museet for samtidskunst, 1998.

Fondation Hartung-Bergman's archives

Hellandsjø, Karin and Lars Toft-Eriksen (eds.). *Surrealism, Line and Form. Anna-Eva Bergman Formative Years 1949–52*, exhibition catalogue. Høvikodden: Henie Onstad Kunstsenter, 2010.

Bergman, Anna-Eva. *Pistes/Stier*. Edited by Ole Henrik Moe and Christine Lamothe. Translated by Luce Hinsch. Antibes: Fondation Hartung-Bergman, 1999.

ill. 4   Karl Ringstrøm, 'To utstillinger samtidig,' *Morgenbladet*, 27 April 1955

ill. 5   Pierre Humbourg, 'À Paris…,' *Nice-Matin*, 3 December, 1968

ill. 6   'Malerinne med non-figurative bilder,' *Aftenposten*, 6 October 1950

Painting with metal
Ida Antonia Tank Bronken

1 Ole Henrik Moe, *Anna-Eva Bergman. Liv og verk / Vie et Œuvre* (Oslo: Dreyer, 1990).
2 Letter dated 24 August 1949, Fondation Hartung-Bergman archive.
3 Augusta Lund, *Mitt samliv med Macody* (Oslo: J.W. Cappelens forlag, 1945).
4 Fredrik Macody Lund, *Ad Quadratum: Det geometriske System for Antikens og Middelalderens sakrale Bygningskunst. Opdaget paa Kathedralen i Nidaros* (Kristiania: Aktieselskabet Helge Erichsen & Co.s Forlag, 1919).
5 Lange and Lund's plans were never realised; instead, the restoration of Nidaros Cathedral was led by the architect August Albertsen.

Anna-Eva Bergman painted with metal. By using metal leaf and geometry, she succeeded in making paintings with both light and depth, without the use of perspective. In her home in Antibes she left countless notes, scribblings, paint tubes, tools and other sources that today are invaluable to our understanding of her oeuvre. Her techniques and use of materials are important keys to her art, as too is her emphatic statement: 'I just wanted to be honest and admit that I'm not a pure gold painter.'

The postwar years in Norway were formative for Bergman. During this period, she gradually transformed both her painting technique and her motifs. Her experiments between 1948 and 1951 led her to a way of using metal leaf that became the basis for her artistic project. In 1951, her work with materials, motifs and new techniques culminated in *Komposisjon/Composition* [p. 96–97], which is considered her most important work from her time in Norway. Examinations made for the purpose of conserving this three-part work, or triptych, give us new insights into Bergman's methods and artistic inclinations. The monumental triptych, which has a total width of just over 4 metres, was purchased by the National Museum in 2013. Prior to the National Museum's 2024 exhibition, it had not been displayed in its entirety since 1956. Bergman painted the triptych for the bar at Farris Bad, a spa hotel in Larvik.

The art historian and Bergman biographer Ole Henrik Moe (1920–2013) claimed that Bergman achieved 'maturity' as a painter only in 1952.[1] Studies of *Komposisjon/Composition* (1951) suggest that Bergman had found her way as a painter while still living in Norway. A technical breakthrough, the application of metal, formed the basis for her distinctive approach – painting light with metal.

Komposisjon/Composition (1951) is painted on wooden boards. The wooden support and tripartite format make it natural to consider the work in relation to ecclesiastical art, particularly given the use of metal leaf. The areas of metal contrast strongly with the areas of matte and high-gloss colours. Another important feature of specifically this work is the application of blue, red and lilac glazes over the areas of metal leaf. *Komposisjon/Composition* (1951) is the result of Bergman's quest for a new kind of painting and blends various different impulses. Bergman's time in Norway influenced her work not only because of the impression made on her by the landscape, but also due to her studies of mediaeval art, geometry, and archaeology.

Painting with metal

According to Bergman, it was her friend and then father-in-law, the architect Bernt Arlet Christian Lange (1864–1951), who taught, or inspired her to use metal leaf. In a letter to her previous husband, Hans Hartung, with whom she would soon be reconciled, she described Lange as a wonderful, elderly teacher, a Gothic architect.[2] Together, Bergman and Lange discussed geometry and the golden ratio. Lange had extensive experience with the golden ratio, including from his work on illustrations for Fredrik Macody Lund's (1863–1943) *Ad Quadratum* [ill. 2, p. 49].[3] Macody Lund, who was also distantly related to Bergman, was a self-taught historian with a particular interest in mediaeval Norway. Among other things, he had many ideas about the restoration of Nidaros Cathedral in Trondheim.[4] Lange and Lund had collaborated closely on restoration plans.[5]

ill. 2   A pentagram from Macody Lund's book *Ad Quadratum* (1919), possibly drawn by Lange

6   3 July 1948 Anna-Eva Bergman's
     diary, Fondation Hartung-Bergman
     archive; Lund, *Ad Quadratum*; Randi
     Gerd Garstad, 'Anna-Eva Bergman:
     Mellom europeisk modernisme og
     norsk natur. Utvikling av identitet:
     Vekt på eksperimentering mot
     modning 1947–1952' (master's
     thesis, University of Oslo, 2006).

7   'Bernt Arlet Lange,' *Norsk Kunstner-
     leksikon*, snl.no, downloaded 9 July
     2023; Albert J. Lange, *Slektebok
     over en fra Holsten indvandret slekt
     Lange* (Christiania: Jacob Dybwalds
     forlag, 1917).

8   Lund, *Ad Quadratum*, XII.

9   'Anna Eva Bergman stiller ut på
     begge sider av Seinen,' *Dagbladet*,
     21 February 1958.

10   Tove Aadland Sørvåg, 'Alt blir som
     en visjon: En lesning av Anna-Eva
     Bergmans verk *Grande montagne
     d'argent*' (master's thesis,
     University of Bergen, 2009), 88.

11   Annie Claustres, *Anna-Eva
     Bergman: Peindre feuille à feuille
     / Painting Leaf by Leaf* (Antibes:
     Fondation Hartung-Bergman,
     2000), 36. Sørvåg, 'Alt blir som
     en visjon,' 86.

Lund and Lange's work resonated with Bergman. From 1946 to 1949, she worked with and wrote about architecture and geometrical forms [ill. 3, p. 49], quoting from the work of Macody Lund, among others.[6] Lange's background as an architect was Central European. He had studied first in Kassel and then in Hanover. Before returning to Norway, he had worked in Budapest for the architects Josef Kauzer and Professor Imre Steindl.[7] Among other projects, he had worked on the Cathedral of St. Elisabeth in Košice and the Basilica of Saint Egidius in what is now the Slovakian city of Bardejov (formerly known as Kaschau or Bartfeld).[8]

Although Lange played a crucial role in Bergman's decision to use metal leaf in her paintings, Bergman conducted her tests and experiments on her own. In an interview, she considered her own technique in the context of 'the Old Masters':

> – And your technique?
> – It's the one the Old Masters used. A gilding ground prepared with earth colours. An old architect taught me about it, although his knowledge about it was only theoretical. We experimented and developed a kind of process, which I've improved since then.[9]

Lange became an important discussion partner for Bergman. Like Lange, Bergman was well-travelled. She had seen much art and architecture in Germany, Austria, France and Italy, before returning to Norway in 1939. She had first-hand knowledge of many major works of art history. Her notes are evidence that she was well informed about art beyond that of her own era: 'Byzantine art and the art [that arose] in the wake of Giotto interest me more and more, with their extraordinary expressive power created with minimal means and their great respect for pictorial technique.'[10]

This quotation reveals her interest in technique. The art historian Annie Claustres considers Bergman's use of gold in the context of mosaics and icons.[11] The reflection of light is a characteristic of both mosaics and icons, and Bergman aspired to achieve this effect. Although her approach was not the same as that of mediaeval craftsmen, the painted boards of *Komposisjon/Composition* (1951) look back to the past, more specifically to the Middle Ages, rather than the Byzantine era with its large-scale mosaics. Bergman's works from 1948 to 1951 were designed to reflect light. In these paintings, Bergman applied metal leaf over paint and then applied a further layer of paint, producing a material effect that bore little resemblance to the hard-edged geometry and tesserae of a mosaic. Glass, ceramic, and gold tesserae also reflect light, but when Bergman painted with metal, she achieved reflection through the use of a completely different technique.

Lange has been given most of the credit for introducing Bergman to metal leaf. No doubt he told her about the large triptychs in the churches he had worked in during his time in Slovakia and Budapest. But of greater importance is what Bergman may have seen herself. In Norway, it is obvious to think of the ecclesiastical art of the Middle Ages, where we find examples of transparent layers of colour being applied over silver. The best-preserved surfaces continue to capture and reflect light even today – more than 800 years after they were created. The effect is almost impossible to capture in photographs. The visual effect of metal leaf, with or without a coating of glaze (coloured transparent paint), is thus difficult to reproduce in books. So what mediaeval art might Bergman have seen in real life?

ill. 3   Anna-Eva Bergman, *Formatene og deres deling*
         [The formats and their division], 1949

The great transition – 1948

After World War II ended, collections of art and historical artefacts went back on public display in Norway. In this context, an important acquaintance of Bergman's was the Norwegian archaeologist and ethnographer Gutorm Gjessing (1906–1979). Several letters from Gjessing show that he stayed in contact with Bergman for at least two decades.[12] In addition, a letter dated 1955 from Gjessing to Bergman shows that Gjessing was eager to share his scholarly findings. In Bergman's book collection we find a total of seven books by Gjessing, including volumes about prehistoric art, Viking ship discoveries and ethnography, with inscriptions from Gjessing.[13] From 1940 to 1946, Gjessing was employed at the University of Oslo in the Oldsaksamling (University Antiquities Collection), where his superior was Anton Wilhelm Brøgger (1884–1951).[14] Gjessing had completed a doctorate in archaeology, specializing in Norway during the Merovingian period (ca. 500–800). He covered a wide range of subjects in his writing and teaching, including Viking ship discoveries, burial mounds, magical symbolism, figuration and abstraction in rock art, and carved stone slabs.[15] During the war, all the most important objects in the University Antiquities Collection had been hidden away, making it difficult for both museum employees and members of the public to study the collection or even access the libraries. As well as being the largest archaeological collection in Norway, the University Antiquities Collection has one of the world's most important collections of painted church art from the Middle Ages. In 1947, Gjessing was appointed to a professorship at the University of Oslo and took over as director of the university's Ethnographic Museum. As is still the case today, both the University Antiquities Collection and the Ethnographic Museum were located in central Oslo in the Historical Museum. Right next door to the then National Gallery building, the Historical Museum was also close to Bergman's home in the nearby street of Bogstadveien.

In newspaper interviews, Bergman stated that she had studied geometry, archaeology and mediaeval art.[16] In an interview with Ulf Renberg, it emerged that she was inspired by Norwegian mediaeval history, the history of religion, and studies of philosophy, archaeology and geometry.[17] In another interview, she conveyed her fascination with archaeology.[18] In her diary she noted the following thoughts:

> Ancient [art] (Chinese, Indian, Persian, Egyptian, Archaic, Greek) and [art] of the Middle Ages is still alive today – it is the same art – because it is still relevant regardless of time and differences – because it stems from religious sincerity, a religious urge for truth.[19]

For Bergman, the art of the Middle Ages was still alive. In her quest for a new kind of art for a new era, the past was relevant. She was searching for something universal, perhaps even hopeful – perhaps as though it was necessary to uncover ancient truth and beauty for a new era.

Ole Henrik Moe, the Bergman biographer mentioned in the introduction, discussed what he called the 'stone style' of her works made in 1952.[20] He called the motifs 'the singular water-polished stone,'[21] but is this what we see in Bergman's images? Bergman's shapes are uneven, often sharp-edged and pointed, unlike pebbles washed up by the ocean, which are rounded by the motion of the waves. Could Bergman's shapes have been influenced as much by culture as by nature? Just before Bergman returned to Norway, an exhibition about the Iron Age opened at the Historical Museum.[22] She may well have studied the stone tools on display in the exhibition, as well as illustrations in archaeological texts. In 1945, Gjessing published his book *Norsk steinalder* [The Norwegian Stone Age].[23] Looking through the illustrations, it is tempting to draw parallels with the

12 Fondation Hartung-Bergman archive. For more about contacts between Gjessing and Bergman, see Thomas Schlesser, *Luminous Lives: A Biography of Anna-Eva Bergman* (London: ERIS, 2023).

13 Fondation Hartung-Bergman archive.

14 Gutorm Gjessing and Marie Krekling Johannessen, *De hundre år: Universitetets Etnografiske Museums historie 1857–1957* (Oslo: Forenede Trykkerier, 1957).

15 Gutorm Gjessing, 'Urtidens monumentale kunst,' *Kunst og kultur* 24 (1938); Gutorm Gjessing, *Arkeologiens metoder. Forelesninger av Gutorm Gjessing* (University Student Office, University of Oslo, 1946).

16 'Hans Hartung foregangsmann i abstrakt maleri. Anna-Eva Bergman Parisermalerinne med utstillingsplaner,' *Arbeiderbladet*, 3 June 1965; 'Kunstnerparet i olivenlunden,' *Aftenposten*, 18 January 1980.

17 Ulf Renberg, 'Sjelden Norgesgjest,' *Arbeiderbladet*, 7 July 1986.

18 Gerd Hennum, 'Kunst fra en hvit verden,' *A-magasinet*, 21 April 1979.

19 Fondation Hartung-Bergman archive. Several of Bergman's books carry inscriptions with greetings from Gjessing. His publication *Mennesket er ett* [Mankind is One] and statements made by him elsewhere about the importance of comparing different cultures have similarities with several of Bergman's notes from 1949. Gutorm Gjessing, *Mennesket er ett: Kulturforskning og kulturkrise* (Oslo: Aschehoug, 1948). The book was a response to meeting of the Kunsthistorisk Forening (Art History Society) arranged by the art historian Reidar Revold, at which Gjessing had made a presentation. See also Schlesser, *Luminous Lives*, 196.

20 Moe, *Anna-Eva Bergman*, 106.

21 Moe, *Anna-Eva Bergman*, 108.

22 'Our ancestors from the years 500–600 were just as vain as us. Was the Iron Age a golden age?', *Morgenposten*, 13 December 1938.

23 Gutorm Gjessing, *Norsk steinalder. Norsk arkeologisk selskap* (Oslo: Johan Grundt Tanum, 1945), 82–83, 217–219, 325 349 368–369, 430–431, 435.

24 Gerhard Fischer's personal archive, box 1 – exhibition 1946. Notes together with a plan of the previous exhibition. Museum of Cultural History, Oslo.

25 Gerhard Fischer's personal archive, box 1 – exhibition 1946, typewritten text, 4–5. Museum of Cultural History, Oslo. Fischer's text reveals some gaps in his knowledge of mediaeval painting techniques, which were only researched at the museum many years later, since he describes the Heddal frontal as a gold-ground painting, when in fact the background is imitation gold. Unn Plahter, *Materials and Technique*, volume 2, *Painted Altar Frontals of Norway 1250–1350* (London: Archetype Publications 2004), 227.

26 Johan Adolf Gerhard Fischer, *Middelalderen* (Oslo: Historical Museum's archive, 1946), typewritten text, 6.

many motifs that Bergman repeated again and again after her departure from Norway, for example in *N°5-1952 Deux formes noires* from 1952 [ill. 5, p. 50]. Bergman was photographed by Hartung recreating these shapes as drawings in the sand at La Croix-Valmer [ill. 1, p. 47]. The University Antiquities Collection at the Historical Museum includes many stone tools, and in Gjessing's 1945 book we find, for example, stone axes from the Nøstvet culture [ill. 4, p. 50]. Bergman's motifs can be described as swinging like a pendulum between culture and nature.

In 1946, a new exhibition opened at the Historical Museum. Curated by the senior conservator Gerhard Fischer (1890–1977), the items on display were drawn from the University Antiquities Collection. In his notes about the exhibition, Fischer wrote:

> Presentation of the Mediaeval Section 1945. G.F.
> Main points: The Norwegian material must be displayed to its best advantage ... The altar frontals must be placed in a prominent position, but not beneath the 2 Late Gothic altarpieces.[24]

The Late Gothic altarpieces he mentions were probably produced in Germany. Fischer wanted to focus on – and raise awareness of – the art of mediaeval Norway. He continued in more detail:

> More than anything else, this ecclesiastical art is what will characterize the rooms we will now walk through. It is true that many of the sculptures and other artefacts are partly destroyed and often lack the strong colours that we see remnants of only here and there. To a large extent, it is necessary to imagine these colours. Moreover, we must remember that churches tended to be rather dark, so the individual objects would have appeared doubly powerful in the warm light of candles on the altars. Alongside these imported late mediaeval ecclesiastical objects, we must put particular emphasis on a number of extremely fine early Norwegian works that are also displayed in this room. The three painted altar frontals are superb examples of Gothic painting. The oldest is the altar frontal from Heddal Church. With its simple division into sections, and the Christ figure's dignified, completely frontal pose, this must be an Early Gothic work from the first part of the 13th century, probably executed in Oslo. The figures still appear on a gold ground and are depicted with strong dark contours.[25]

Displayed in the space behind the two altar frontals (wooden panels made to stand in front of an altar) from Tingelstad and Heddal, was a copy of the St. Olav altar frontal, the original of which was then on display in Nidaros Cathedral in Trondheim [ill. 8, p. 51].

Displayed alongside these objects were examples of mediaeval French metalwork with inlaid enamel made in Limoges, and several examples of painted mediaeval sculptures.[26] Although Fischer wrote about paint loss, there are several examples where a surprising amount of paint is preserved, and where colour applied over metal creates an effect of life and movement on the surface, for example in the Heddal altar frontal [ill. 6, p. 51].

There is a striking parallel between all the stone axes and early Stone Age daggers in the collections of the Historical Museum and Bergman's art of the early 1950s. In addition to stone axes, the museum has several carved slabs and rune stones. One of the more monumental pieces is the large Alstad stone, which was acquired in 1913 by the University Antiquities Collection. While the stone is not mentioned in Fischer's documentation of the 1946 exhibition, it seems

ill. 5   Anna-Eva Bergman, *N°5-1952 Deux formes noires*, 1952
ill. 1   Anna-Eva Bergman in La Croix-Valmer, France, 1953
ill. 4   A Nøstvet axe from Råde in Østfold County, Norway
ill. 8   From Fischer's exhibition in Fredriksgate 2, Oslo, Norway, 1946
ill. 6   Heddal altar frontal, on which much of the polychromy is preserved

an obvious example of an object that could have inspired Bergman's painting *N°2-1953 Stèle avec lune* (1953), which is in the National Museum's collection [ill. 9, p. 51 and p. 109]. Several of the Historical Museum's carved stones had been displayed outside on the grounds and indoors in its vestibule at various times, and Bergman may also have become aware of them through publications and illustrated wall charts.

In relation to stones and prehistory, it is relevant to consider the periods that Bergman spent on Citadelløya (an island off Stavern, not far from Larvik on the coast of Vestfold County). Bergman spent three summers on the island and in the area while she was working a short distance away in Larvik, at the Farris Bad spa hotel. The landscape of Vestfold County bears abundant evidence of prehistoric activity. Close to Nevlunghavn, at Brunlanes, is the pebble beach Mølen, with 230 mounds of various sizes. Several of these assembled stone formations are thought likely to be burial mounds. Also in Vestfold County, the large boat-shaped stone settings (groups of stelae or standing stones) at Istrehågan are also relevant to Bergman's motifs such as *N°2-1953 Stèle avec lune*.[27]

It was while he was teaching at the University of Oslo that Gjessing switched from archaeology to ethnography. In a lecture text from 1946, we can see a clear overlap between his studies of ancient human artefacts and art:

> In Bronze Age art, religious motifs such as images of the sun, religious processions and other obviously cult-related activities, play a decisive role. The constantly recurring axes are often found positioned in such a way that they cannot be given any other explanation than as religious symbols, cult-related paraphernalia etc. … Even so, the important thing in this context is for us also to consider the development of Stone Age art on the basis of its religious-magical significance.[28]

Travelling north – 1950

The importance of the landscapes and nature of northern Norway to Bergman's oeuvre is well documented. Bergman's diary from her trip north in 1950 also provides additional evidence of which artworks and buildings she saw.

She wrote about her visit to Trondenes Church (completed in 1440) a short distance north of Harstad, and to Nidaros Cathedral (ca. 1150–1300) in Trondheim.[29] Accordingly, we can be very confident that in Trondheim she would have seen the original St. Olav altar frontal, dating from around 1300. The St. Olav altar frontal had been returned to Norway by the Danish government in 1930. When Bergman visited Nidaros Cathedral, it was being kept in the Octagon or Shrine Chapel that comprises the eastern end of the cathedral.[30] Accordingly, Bergman would very likely have seen it when she spent three hours visiting the cathedral on 26 June 1950.[31] The cathedral's large stained glass windows are also examples of ecclesiastical art that combines the use of light and colour [ill. 10, p. 52]. On 26 August 1949, some months before these visits in 1950, she had written in her diary: 'Architecture is a fossilized history of the world. Nature is divinity materialized. The divine concept is abstraction that gives itself visibility — and materializes itself through nature.'[32]

Today there are still three altarpieces in Trondenes Church. Two were almost certainly made in northern Germany and the third probably in the Netherlands, before being transported to this small Arctic church.[33] When Bergman entered the newly restored church in 1950, the interior would have been dominated by light reflected from the gilded surfaces of the altarpieces, particularly of the central triptych above the high altar (1460–70) [ill. 11, p. 52]. In her diary, Bergman wrote that the priest had lit candles and that it was 'an exceptionally

27 A relatively recent book that presented Vestfold County's prehistoric monuments (published in 1943 by Sigurd Grieg of the Historical Museum's in-house publisher Oldsaksamlingen forlag), had greatly increased awareness of these sites. Gjessing mentions this publication in his 1946 lectures. Gjessing, *Arkeologiens metoder*, 93.

28 Gjessing, *Arkeologiens metoder*, 76–77.

29 On the dating of these churches, see Øystein Ekroll, *Middelalder i stein*, volume 1, *Kirker i Norge* (Oslo: ARFO forlag, 2000).

30 The altar frontal now in the cathedral is a replica that replaced the original in 1973. Information supplied personally by Birgitta Syrstad, Nidaros Cathedral, 29 September 2022. Erla Hohler, *Artists, Styles and Iconography*, volume 1, *Painted Altar Frontals of Norway 1250–1350* (London: Archetype Publications, 2004).

31 Anna-Eva Bergman, *Pistes/Stier*, edited by Ole Henrik Moe and Christine Lamothe (Antibes: Fondation Hartung-Bergman, 1999).

32 Bergman, *Pistes/Stier*, unpaginated

33 Kristin Kausland, 'Late medieval altarpieces in Norway: Domestic, Imported or a Mixed Enterprise?' (PhD thesis, University of Oslo, 2017), 16.

ill. 9   Eva Wilson, technical drawing of the Alstad Stone
ill. 10   The West Front of Nidaros Cathedral in Trondheim, Norway
ill. 11   Trondenes Church with its three altarpieces

34 Gjessing visited the church regularly in the years 1937–39, and it was his work that laid the basis for its restoration, which was finally completed in March 1950. Asbjørn Eidnes, *Trondenes kjerke. 'Den Kircke har noget å sige'* (Harstad: Hålogaland historielag, 1993).

35 Eidnes, *Trondenes kjerke*, 81. Extract from Gjessing's report on the restoration works to the National Antiquarian, Harry Fett.

36 Letter from Anna-Eva Bergman to Dietrich Mahlow, director of Kunsthalle Nürnberg, Paris, 9 May 1967. Fondation Hartung-Bergman archive. Translated from German to Norwegian by the author, and then from Norwegian to English by the translator.

37 Ida Antonia Tank Bronken, 'La feuille de métal dans l'œuvre d'Anna-Eva Bergman. "Je ne peins pas vraiment à l'or",' in *Voyage vers l'intérieur: Anna-Eva Bergman*, edited by Hélène Leroy (Paris: Musée d'art moderne de Paris, 2023), 90.

atmospheric and beautiful church.' The simple, white-washed mediaeval stone church is located close to the shoreline, surrounded by the dramatic north-Norwegian landscape – a landscape we encounter repeatedly in Bergman's later paintings. In Trondenes Church she experienced for herself the painterly effects that she must have discussed with Lange.

Gjessing had studied the church in 1939, when he was working for Tromsø Museum.[34] At that time, he described the church as follows: 'Trondenes Church is after all no ordinary church of the Middle Ages. Its ecclesiastical status has undoubtedly made it the most important church in northern Norway.'[35]

Inspired by the Middle Ages in Norway

Bergman developed her own technique by using, among other things, tempera paints and many different metals, a far wider range than had been in general use in the Middle Ages. In 1967, she wrote to the director of the contemporary art gallery Kunsthalle Nürnberg:

> First of all, I never burnish gold, because it becomes too shiny for my purposes (I've tried burnishing gold with a piece of agate several times in the past, but it doesn't succeed in conveying what I'm trying to express). Secondly, I use metal leaf in a completely different way than the painters of the Middle Ages, who used gold leaf or tin foil or silver almost exclusively as backgrounds, in order to achieve a ceremonial, holy effect. I myself use different metal leafs, different colours of gold – silver – lead – tin – bronze – aluminium (which is very beautiful and hardwearing) – bismuth etc. – also to achieve an unreal effect – but for me it is also a painterly medium – a plastic element that I design with freely, and that I often use to replace ordinary paints and brushes. In addition, I often allow the gold to have transparent colours, and very often it is the actual forms that are made of metal instead of the background.

> … Apropos silver and tin, these would have been used very much – more often than gold – in the old Norwegian stave churches in the Middle Ages, often covered with a golden varnish – (very fine) – also in southeastern Europe. Bismuth was found in Switzerland, burnished with a piece of agate, as I do too (on the very large Finnmark painting). Apologies that I'm writing at such length, but I just wanted to be honest and admit that I'm not a pure gold painter.[36]

Bergman's description of her technique tells us several things, including that she was extremely aware of both her own and mediaeval techniques almost two decades after she first began to experiment with metals. She also tells us that she was aware of the effect of burnishing – or not burnishing – metals. In the press, she had been described many times as using gold and silver, so it is understandable that she felt the need to highlight her more nuanced approach, namely, that she did not paint only with gold.[37]

Bergman's late paintings have such a wide variety of metallic sheen and colour that one realises simply by looking at the surface that she must have used various metals and alloys. But what was the metal she first started to paint with? To answer this question, the National Museum has studied and analysed her earliest dated work using metal leaf, *N°ca-1948-50*, and her triptych *Komposisjon/Composition* (1951), created at Hotel Farris Bad.

ill. 12   Farris Bad Winter Hotel, 1946

N°ca-1948-50 and *Komposisjon/Composition* (1951)
Bergman's artworks themselves are the best source for understanding her influences and how she carried these influences with her into later works.[38]

Bergman said that she experimented with burnishing and with different types of ground:

> It was necessary to continue with a water-based application of gold onto the already-burnished Armenian bole [a clay gilding ground]. Subsequently I've used a mixture that is more solid, but which does not give the same effects. On this latter [kind of mixture], however, one can apply sheets of leafs, tin, aluminium and bronze.[39]

The very first painting in which Bergman used metal leaf was *N°ca-1948-50,* which was presumably completed in 1950. The motif is a composition of two golden shapes on a matte black background [p. 85]. Chemical analysis reveals the presence of copper in the golden areas. Consequently, Bergman appears to have used copper or brass leaf, rather than pure gold. In addition, these areas of copper or brass are unburnished. The surface is lively and uneven and at the same time, there are no marks from the use of burnishing tools. In addition, there is apparently a transparent protective layer on the surface.

When referring to these first attempts at gilding, Bergman mentions Armenian bole, which is a type of clay.[40] Clay consists of tiny plate-shaped particles that can slide over each other under the pressure of a burnishing tool, making it possible to achieve an even surface. Several of Bergman's works from 1950 and 1951 have visible traces of burnishing. One example is *N°160-1950.* Here the surface of the metal is more even and reveals several traces of the use of a burnishing tool, such as scratches in certain places in the metal.

In these earliest metal-leaf works, it is clear that a protective layer has been applied only to the areas of metal, as we can see a glossier and darker edge along the edge of the metal leaf, where the protective layer has run over onto the surrounding paint.[41] In *Komposisjon/Composition* (1951), Bergman unfolded her experiments onto a larger format.

In *Komposisjon/Composition* (1951), a series of colours and shapes gleam back at us. Bergman has applied metal leaf – neither silver nor gold – directly onto a transparent layer (type of gilding size) over the painted surfaces, rather than first applying a layer of bole, and has left the metal leaf unburnished. Her application of large areas of yellowish and dark red transparent colour over the metal produces luminous surfaces that look back to the ecclesiastical art of the Middle Ages. In addition, Bergman has added three shades of transparent blue and two of transparent lilac over the metal leaf.

On these surfaces, Bergman has developed a repertoire of metallic nuances and effects. With her clear understanding of the effects of applying coloured glazes over metal, she could achieve surfaces that were reflective while also retaining a sense of depth. She had discovered a sense of painterly certainty that paved the way for her subsequent international success. But what is there to say about where and how *Komposisjon/Composition* (1951) was painted?

The hotel bar at Farris Bad – large-scale works
During the last of the three summers that Bergman spent at the artists' colony on Citadelløya, she was asked to exhibit her work at the summer restaurant of the Farris Bad spa hotel. The man behind this initiative was the hotel's director, Anton Olsen Bakke (1889–1958). The exhibition was also to include works by several of Bergman's fellow artists at Citadelløya.[42] Bakke explained to the press that

38 A more detailed understanding of individual works is also important for the preservation of Bergman's oeuvre. What is particularly important is to understand that while her works will change in appearance and that some glazes will yellow, some of these glazes were indisputably coloured by Bergman herself when she originally applied them. As a result, any conservation treatments that could potentially involve the removal of layers of varnish must only be implemented after thorough consideration and for sound reasons, and should preferably be avoided altogether.

39 Andrzej Tomasz Mielniczek, 'Anna-Eva Bergman,' *Conservation Restauration*, no. 7/8 (1987): 9–10. Translated from French to Norwegian by the author, and then from Norwegian to English by the translator.

40 Mielniczek, 'Anna-Eva Bergman,' 9.

41 In conversations with Mielniczek in 1987 about her painting technique, Anna-Eva Bergman mentioned that she used both shellac and damar varnish as protective layers to prevent the metals from oxidizing. Shellac over the metal, and then damar varnish over the whole [surface]. Mielniczek, 'Anna-Eva Bergman,' 10.

42 Harald Ruud, 'Citadelløyas malere stiller ut,' *Østlands-Posten*, 25 August 1951; 'Kunstnerne fra Citadelløya lager improvisert utstilling. Som åpner i dag i frokostsalen i Societetsbygningen på Farris Bad,' *Østlands-Posten*, 17 August 1951.

43 'Ominnredninger i restauranten på Farris Bad. Kunstnere fra Citadelløya skal dekorere den nye baren,' *Østlands-Posten*, 12 September 1951.

44 Svend E. Hansen, 'Fra Farris Bad til kunstens sentrum,' *Østlands-Posten*, 11 April 1998.

45 'Selskapslokaler og bar innredet i Kurhotellet. Dir. Anton Bakke har nå overtatt ledelsen av Farris Bad,' *Østlands-Posten*, 3 October 1951.

46 'Ny og smakfull utvidelse ved Farris Bad,' *Østlands-Posten*, 15 December 1951.

47 'Enstemmig herredstyre i Hedrum vedtok i går å kjøpe Kurhotellet på Farris Bad,' *Østlands-Posten*, 7 June 1952.

48 Personal communication from Astri Olga Sunde, 30 June 2023. Sunde worked for Bakke at the Hotel Royal from 1952 to 1956.

49 Personal communication from Sunde, 30 June 2023.

50 Bronken, 'La feuille de métal dans l'œuvre d'Anna-Eva Bergman,' 91.

one of the artists from the exhibition would be commissioned to make works to decorate the hotel's breakfast room.[43] The chosen artist was Bergman, who was allowed to stay at the hotel for a month to complete *Komposisjon/Composition*.[44] Bakke had meanwhile created a bar on the ground floor of the winter spa hotel, and the paintings were mounted here in the large brick building [ill. 12, p. 54].[45] There is little written evidence about the subsequent history of the triptych, but after the bar with its new interior was inaugurated on 15 December 1951, the local newspaper described it as 'a cheerful and intimate bar with hypermodern decorations [that] are conducive to pleasant conversation. There's nowhere else you can find anything more enjoyable and attractive.'[46]

Visitors to the ground floor of Bakke's winter hotel would thus have been able to see Bergman's paintings. But winter and spring did not pass without drama in Larvik. Disagreements between the local authorities and Bakke concerning the operation of the hotel led to the revocation of the hotel's liquor licence. In the summer of 1952, Bakke was finally forced to abandon his plans to continue operating the hotel. Following much protest and accusations flying in all directions in the local newspaper, he sold the building to the municipality. Bakke had many irons in the fire, however, and took over the refurbished Hotel Bellevue in Oslo. The paintings would thus have been a consignment of goods that must have departed Larvik before 1 August 1952.[47] The Hotel Bellevue occupied the first and second floors of a building at the intersection of Kirkegaten and Karl Johans gate. Bakke renamed it the Hotel Royal and fitted it out with items from the Farris Bad winter hotel. The breakfast room on the second floor was painted red and decorated with Bergman's triptych.[48] Not all the hotel's guests were equally positive about Bakke's cutting-edge tastes. His niece remembers how some guests at the Hotel Royal were unwilling to eat in the breakfast room because the paintings were so modern.[49] When the hotel was sold in 1957, Bakke took down the paintings yet again and used them to decorate a newly purchased apartment at Fredrik Stangs gate 42, which he then sold. The paintings have thus received little attention in discussions of Bergman's oeuvre, as they were publicly accessible only from 1952 to 1956, and then only to a limited extent. After the triptych was acquired by the National Museum, the largest panel was displayed in the then National Gallery until 2019, but without the two side panels.

The key legacy from Norway and the path onwards
Observations about Bergman's use of materials in *Komposisjon/Composition* (1951) prompt us to consider how the triptych encapsulates several key aspects of Bergman's technical advances in Norway. Analyses using infrared light have also revealed clear traces of Bergman's characteristic geometrical underdrawings,[50] which we recognise particularly from her sketches [ill. 7, p. 51]. This finding is significant, as it shows how Bergman partially constructed her pictorial fields before applying paint, metal leaf and varnish/surface layers.

In *Komposisjon/Composition* (1951), Bergman used water-based paints, such as tempera and casein. When applying water-based paints, an artist has to work faster and more decisively than when working with oil paint. Bergman would apply a layer of matte water-based colour, such as black, allow it to dry, and then cover it with a thin, glossy lacquer or varnish, resulting in a surface that was almost enamel-like. The metal leaf was applied onto a preparatory layer, and then above the metal further layers were added, probably to protect the metal, but in several cases also to add colour. The combination of these different layers, which all needed to work together, meant that Bergman's technique was anything but spontaneous. It required control and planning to achieve her intended result.

ill. 7   Anna-Eva Bergman, sketch for *Stele avec Lune*, 1953

The fact that the paint was water-based was no doubt a considerable help with what was otherwise a laborious technique.

Bergman's preservation of her notes, labels, letters and books and other materials is evidence of her wish to facilitate the study of her art. She did not see any contradiction between the creation of art and sound artisanal practices. While she was still working in Norway, she imposed stringent requirements on herself: 'Artistic quality means spiritual quality and artisanal quality.'[51]

It took her many years to get there, but she found her artistic identity. Bergman's works can be said to evoke a horizon that is long, a landscape that reflects light, and a sense of time that extends far back into the past. There are few traces of people in her motifs, but at the same time, her paintings tell us a lot about life, both in the present and in the past. Although Bergman, to use her own words, was far from being a pure gold painter, she was most certainly a painter of light.

51 Diary notes 1949, Fondation Hartung-Bergman archive.

Sources

Bergman, Anna-Eva. *Pistes / Stier*. Edited by Ole Henrik Moe and Christine Lamothe. Antibes: Fondation Hartung-Bergman, 1999.

Bronken, Ida Antonia Tank. 'La feuille de métal dans l'œuvre d'Anna-Eva Bergman. "Je ne peins pas vraiment à l'or", ' in *Voyage vers l'intérieur: Anna-Eva Bergman*, edited by Hélène Leroy. 87–92. Translated by Louis-Emmanuel Moisan. Paris, Musée d'art moderne de Paris, 2023.

Claustres, Annie. *Anna-Eva Bergman: Peindre feuille à feuille / Painting Leaf by Leaf*. Antibes: Fondation Hartung-Bergman, 2000.

Eidnes, Asbjørn. *Trondenes kjerke. 'Den Kircke har noget å sige.'* Harstad: Hålogaland historielag, 1993.

Ekroll, Øystein. *Middelalder i stein*, volume 1 of *Kirker i Norge*. Oslo: ARFO forlag, 2000.

Fischer, Johan Adolf Gerhard. *Middelalderoppstilling*. Oslo: Historical Museum's archives, 1946.

Fondation Hartung-Bergman's archives

Garstad, Randi Gerd. 'Anna-Eva Bergman: Mellom europeisk modernisme og norsk natur. Utvikling av identitet: Vekt på eksperimentering mot modning 1947–1952.' Master's thesis. University of Oslo. 2006.

Gjessing, Gutorm. 'Urtidens monumentale kunst.' *Kunst og Kultur* 24, (1938): 147–144.

Gjessing, Gutorm. *Arkeologiens metoder. Forelesninger av Gutorm Gjessing*. University's Student Office, University of Oslo, 1946.

Gjessing, Gutorm. *Norsk steinalder*. Norsk arkeologisk selskap. Oslo: Johan Grundt Tanum, 1945.

Gjessing, Gutorm. *Mennesket er ett: Kulturforskning og kulturkrise*. Oslo: Aschehoug, 1948.

Gjessing, Gutorm and Marie Krekling Johannessen. *De hundre år – Universitetets Etnografiske Museums historie 1857–1957*. Oslo: Forenede Trykkerier, 1957.

Hohler, Erla. *Artists, Styles and Iconography*, volume 1 of *Painted Altar Frontals of Norway 1250–1350*. London: Archetype Publications, 2004.

Kausland, Kristin. 'Late Medieval Altarpieces in Norway: Domestic, Imported or a Mixed Enterprise?' PhD thesis. University of Oslo. 2017.

Lange, Albert J. *Slektebok over en fra Holstein indvandret slekt Lange*. Christiania: Jacob Dybwald forlag, 1917.

Lund, Augusta. *Mitt samliv med Macody*. Oslo, J.W. Cappelens forlag, 1945.

Lund, Macody Fredrik. *Ad Quadratum. Det geometriske system for antikens og middelalderens sakrale bygningskunst. Opdaget paa Kathedralen i Nidaros*. Kristiania: Aktieselskabet Helge Erichsen & Co.s Forlag, 1919.

Mielniczek, Andrzej Tomasz. 'Anna-Eva Bergman.' *Conservation Restauration* no. 7/8 (1987): 9–10.

Moe, Ole Henrik. *Anna-Eva Bergman. Liv og verk / Vie et Œuvre*. Oslo: Dreyer Forlag, 1990.

Plahter, Unn. *Materials and Technique*, volume 1 of *Painted Altar Frontals of Norway 1250–1350*. London: Archetype Publications, 2004.

Schlesser, Thomas. *Luminous Lives: A Biography of Anna-Eva Bergman*. Translated by Charles Penwarden. London: ERIS, 2023.

Sørvåg, Tove Aadland. 'Alt blir som en visjon: En lesning av Anna-Eva Bergmans verk *Grande montagne d'argent*.' Master's thesis. University of Bergen 2009.

From Fra Angelico to Rothko
Thomas Schlesser

1   Anna-Eva Bergman's memoirs dictated to Andrea Schomburg, 1985, Fondation Hartung-Bergman archives, 16.
2   Anna-Eva Bergman's memoirs, 16.
3   Anna-Eva Bergman's memoirs, 16.
4   Anna-Eva Bergman's memoirs, 17.

Anna-Eva Bergman was born in 1909, and that same year, thanks to a gift from the patron and industrialist Olaf Schou, Edvard Munch's *The Scream* (1893) entered the National Gallery in Kristiania (today the National Museum, Oslo). Munch's iconic work as well as his *Puberty* (1894), *Madonna* (1894) and *The Girls on the Bridge* (1901) were on display when Bergman was a teenager visiting the museum. She was blown away by *The Scream* from the age of fourteen, and raved about the 1927 retrospective, which she visited on 21 June, when she was eighteen. Six decades later, she would concede that, for her, 'Munch was undeniably the greatest.'[1] As it happens, the spectral, howling face in the foreground of *The Scream* was taken up by the young Bergman in a 1927 Indian ink drawing depicting a fisherman being tossed by a stormy sea [ill. 1, p. 59] – a drawing that would itself serve as the basis for a 1928 linocut.

Bergman's fondness for Munch's 'extraordinary evocative power' and 'fantastic expressiveness' was countered by her dislike of 'other Norwegian artists, whom [she] found unadventurous and boring.'[2] On the face of it, it seems that she had no particular enthusiasm for painters such as J.C. Dahl, Peder Balke, Thomas Fearnley and Frits Thaulow. Nor does she mention her female predecessors such as Harriet Backer, Kitty Kielland, Oda Krohg and Asta Nørregaard. Does this mean that none of these names counted in her career? I don't think so. Bergman never mentioned the German artist Caspar David Friedrich either, even though she stayed in Dresden between 1929 and 1932, inevitably discovering him, and from the 1960s onwards he seemed to be intensely present in her series of horizons, valleys and mountains. These silences, rather than indifference, reflected her youthful need to connect with the strongest, most burning sensations of the modern movement, which mechanically overshadowed the productions imbued with the 'old' nineteenth century. The only old master she mentions is the English artist William Turner. She praises the 'atmospheric light' of his paintings, 'their romantic, misty atmosphere, their enigmatic, almost mystical effect.'[3] There is no doubting this enthusiasm, but it should be pointed out that Bergman certainly only saw Turner in the form of reproductions during the 1920s, and more likely in black and white than in colour.

Discoveries, from capital to capital
In 1928, Anna-Eva Bergman set out for Vienna with her mother to further her already substantial training, now at the Kunstgewerbeschule. The school was a prestigious one, marked by the presence of the architect Josef Hoffmann, co-founder of the Wiener Werkstätte. Bergman's time in Austria was a sad one. The boarding house where she lived was filthy; she fell ill and did not like the class in which she enrolled, taught by the graphic artist and ceramist Bertold Löffler. But she was satisfied for two reasons. The first was that she had been taught by Eugen Steinhof, whose emancipating value she praised. The second was the discovery of two new modernist references after Munch: Gustav Klimt and Egon Schiele, who had died ten years earlier, and whose respective works made such a 'strong impression' on her that she said she had 'tried a little to work after the latter' without, unfortunately, any known studies, copies or explicit borrowings.[4] Could Schiele's line have played a role in her training as a draughtswoman? Not impossible, although the influence of George Grosz is clearly the most pervasive.

ill. 1   Anna-Eva Bergman, *Non titré*, 1927

5   Letter from Anna-Eva Bergman to
     Inger Lund, 14 February 1930
     (erroneously dated 14 February
     1929), Fondation Hartung-
     Bergman archives.
6   Anna-Eva Bergman, typescript
     of *En svensk- norsk bagatele*,
     c. 1940–45, Fondation Hartung-
     Bergman archives.
7   Anna-Eva Bergman's memoirs, 22.
8   Anna-Eva Bergman, *Pistes/Stier*,
     ed. Ole Henrik Moe and Christine
     Lamothe, trans. Luce Hinsch
     (Antibes: Fondation Hartung-
     Bergman, 1999), unpaginated,
     binder dated 7 July 1948.
9   Ole Mæhle, 'Realisme og abstrak-
     sjon,' *Dagbladet*, 15 October 1950.

The case of Klimt is even more complex, as some of Bergman's works in metal leaf, foremost among them her series of fires [ill. 2, p. 60], may evoke certain passages from *The Beethoven Frieze* in the Secessionsgebäude, *Judith*, *Danae*, *Portrait of Adele Bloch-Bauer* and, above all, *The Kiss* [ill. 3, p. 60].

From Central Europe (note that she briefly visited Prague with Hans Hartung for her twenty-second birthday, in 1931), Bergman also absorbed a literary culture that was far from insignificant. In 1930, she read *Im Westen nichts Neues* (*All Quiet on the Western Front*), a pacifist plea by Erich Maria Remarque, and Thomas Mann, who had just been awarded the Nobel Prize.[5] She adored Franz Werfel and quoted his *Die vierzig Tage des Musa Dagh*, published in 1933, a novel about the Armenian resistance during the genocide perpetrated by Turkey. She also listed Stefan Zweig, Arthur Schnitzler and Hermann Hesse among her favourite writers. On the other hand, she seems not to have really discovered Franz Kafka until 1949. In any case, it is clear that the Nazi autodafés, which affected all her favourite authors, dismayed and overwhelmed her and motivated, among other things, her detestation of that regime, as recounted in her unpublished autobiography *En svensk norsk bagatele* [A Swedish-Norwegian Trifle].[6]

In Paris, which she visited for the first time in 1929, she had a marvellous experience of the Louvre, first with André Lhote, whose teaching she followed half-heartedly, and then with Hartung, whom she had just met. Bergman explains:

> Hans accompanied me everywhere and took me to the museums and galleries of Paris; he introduced me to French painting. We spent hours in front of the treasures of the Louvre. I realised that it wasn't just Klimt and Schiele. Even though my enthusiasm for Turner remained, I made room for other names: Cézanne, Van Gogh, Gauguin, Rouault. Modern artists such as Braque, Picasso, Modigliani, and many others. What little money we had, we left in Montparnasse, where we bought reproductions of the works we had studied in the museums'.[7]

At the Louvre, as long passages in her 1948 binder pages attest, she was also fascinated by the French miniatures, 'the most perfect works ever created [and which] reach a level that is almost too high,' she said, sensitive also to a context of production where 'the artist is absolutely anonymous as a human being, but sovereign as an artist.'[8]

Fra Angelico, the revelation
Anna-Eva Bergman's recollections, as quoted above, give the impression that it was Paris that tempered her early artistic passions in the space of a few months. In fact, the phenomenon is more diffuse, more complex, and if there was a turning point in Bergman's tastes, we have to look elsewhere, in a taboo phase of her life that she never recounted, precisely because it corresponded to her separation from Hartung. A shock occurred in 1938. But to understand it, I would like to start with a slightly later episode, after the war, when Bergman gave the name of the painter she loved the most.

On 6 October 1950, Bergman exhibited around sixty works at the Unge Kunstneres Samfund (UKS), the association of young Norwegian artists. She was in the final stage of her pictorial maturation, which had begun in 1946. Her work was strongly influenced by her discovery of the transparent landscapes of Finnmark under the midnight sun, and by the geological beauty of the island of Citadelløya, where she spent two summers. Not without relevance, Ole Mæhle, critic for *Dagbladet*, linked the exhibition to 'prehistoric art' and to 'modern painters such as Klee, Kandinsky, Miró and others.'[9] However, Bergman herself

ill. 2   Anna-Eva Bergman, *No. 26-1962 Feu*, 1962
ill. 3   Gustav Klimt, *The Kiss*, 1908–09

told *Aftenposten*: 'This may sound a bit strange, but I would say that Fra Angelico is my favourite painter. Not everyone will believe it when they see my paintings.'[10] And yet she spoke the truth.

A few months earlier, in a letter to Hartung in which she confided in an ardent, sincere manner, she had explained that she found in Fra Angelico – and in Johann Sebastian Bach, who would remain her favourite composer for the rest of her life – a kind of 'cosmic piety [kosmische Frömmigkeit].'[11] In all likelihood, and in the absence of irrefutable archival evidence, one can imagine that Bergman discovered Fra Angelico in the spring of 1938 during a Grand Tour of Italy, where she visited Pisa, Siena, Orvieto, Florence and Rome. She had just divorced Hartung. For many years, she had been undergoing painful surgery and convalescing. In 1938, she wrote in a small notebook: 'I want to! [Jeg vil!]'[12] This expression of will and energy was accompanied by handwritten notes that bore witness to a veritable personal revolution. Bergman began to work on what she called her 'philosophy,' in which she rejected all forms of complaint and relied on an increasingly spiritual vision of the world. It is very likely that her crystallisation of the subject of Fra Angelico was all the more vivid because it coincided with a serious and profound Stoic existential quest, at a time when the geopolitical situation in Europe was darkening.

In 1939, Bergman admitted that she was increasingly sceptical about the avant-gardes of her time and claimed to be a proponent of ancient, classical art, whose cultural ambitions she wished to make prosper and extend. In a very direct, rather harsh letter to Hartung, she explained bluntly that he was in danger of exhausting himself by pursuing the path of 'dissolution [oppløsning]' that, in her opinion, was characteristic of modern art, and she added that what she had seen in Italy the previous year had opened her eyes.[13]

Leonardo da Vinci, the tutelary father

Italy, from the mosaicists of Ravenna to the Medici era, became a cardinal point of reference for Bergman, where Fra Angelico was a beacon among other subjects of fascination. In 1948, at a time when she was carrying out a great deal of personal research and also had the opportunity to see the collections of Vienna's Kunsthistorisches Museum, which were travelling around Europe and stopping off in Stockholm, she took a very close interest in the Venetians: Tintoretto, whose chromatic ranges and zones of radiance she analysed [ills. 4 and 5, p. 61], Veronese, Giovanni Cariani, Lorenzo Lotto and, above all, Titian, whom she particularly admired: 'A giant whom we feel is almost still alive,' she said, before exclaiming: 'What a great mind Titian was! What an enormous expanse he embraces in his paintings!'[14] She cited *Danaë* (1554) and *Diana and Callisto* (c. 1566), both from Viennese collections. She was also bowled over by Leonardo da Vinci, and when she underwent 'decorporation, on the verge of astral projection' in October 1948,[15] he appeared to her, sporting a white beard, alongside Goethe and Franz Werfel, in a cathedral where a workshop dedicated to art and religion was in operation. Leonardo da Vinci was a tutelary father of sorts, an absolute model. The day after this hallucinatory dream, she had a second one, and a voice told her: 'Remember that you are nothing more than a simple worker for God. You are the last link in the chain; it is not you who paints your pictures. The picture you paint follows your inspiration and God's will.'[16] As for the *Mona Lisa*, Bergman described it in these words:

> Its nature is twofold. Warm in colour, reserved in demeanour … Her attitude seems promising, but in truth she is distant and cold, inaccessible like the

10 'Malerinne med non-figurative bilder,' *Aftenposten*, 6 October 1950.
11 Letter from Anna-Eva Bergman to Hans Hartung, 18 May 1950, Fondation Hartung-Bergman archives.
12 Anna-Eva Bergman, 1938 diary, Fondation Hartung-Bergman archives.
13 Anna-Eva Bergman, draft of a letter from 1939, Fondation Hartung-Bergman archives.
14 Bergman, *Pistes/Stier*, unpaginated, binder dated 7 July 1948.
15 Thomas Schlesser, *Anna-Eva Bergman. Vies lumineuses* (Paris: Gallimard, 2022), 181. For details of this experience, see pp. 170–171.
16 Anna-Eva Bergman, handwritten notes dated 6 and 7 October 1948, Fondation Hartung-Bergman archives.

ill. 4   Jacopo Tintoretto, *Susanna Bathing*, c. 1555–56
ill. 5   Anna-Eva Bergman, *Tintoretto, Susanna and the Elders*, 1948

17 Anna-Eva Bergman, binder page dated 19 September 1948, Fondation Hartung-Bergman archives.

18 Giorgio Nicodemi, *Leonardo da Vinci* (Leipzig: Johannes Asmus, 1940). This book is kept in the Fondation Hartung-Bergman archives.

19 Anna-Eva Bergman's memoirs, 80.

20 Giuseppe Marchiori, 'Algido mondo di Anna Eva,' in *Anna-Eva Bergman*, exh. cat. (Milan: Galleria Annunciata, 1975), unpaginated, [p. 6].

21 The visit is evidenced by a handwritten thank-you note from 1969 signed by Hartung and Bergman and kept at the Barnett Newman Foundation in New York, 'Show at Knoedler's 1969, letters and messages from friends,' file.

22 Anna-Eva Bergman's memoirs, 81.

distant, icy mountains of Tuscany ... An attractive, mysterious beauty, full of fire and ice at the same time.[17]

She kept a 1940 edition of Giorgio Nicodemi's *Leonardo da Vinci* in her library.[18]

In the course of the artistic impressions she recorded in 1948, she showed herself to be extremely severe towards the German Renaissance, whose treatment of the body she did not appreciate, judging it to be too complacently violent. She recognised the genius of Cranach, Dürer and Grünewald, of course, but she felt uneasy about them, certainly because of the post-traumatic context of the post-war period.

Meeting in Rothko's studio

Anna-Eva Bergman never said much about her contemporaries that would reveal a form of admiration worthy of that which she had for the old masters. There's Hartung, of course, but that's a case that should be treated separately for obvious emotional reasons. On the other hand, there was Mark Rothko. She saw works by him late in life, on the occasion of the retrospective exhibition devoted to him at the Musée d'Art Moderne de la Ville de Paris in 1962–63, then she met him personally in New York in 1964, visited his studio and saw him again on subsequent trips, although the dates and circumstances are unfortunately not entirely clear. For Bergman, Rothko was the only living contemporary painter in her pantheon of 'masters.' Bergman's recollection of Rothko, coupled with a highly revealing slip of the tongue, attests to this. She describes him as 'an incredibly kind and warm man' and then recalls: 'On one of our visits to New York, he showed us some impressive paintings [beeindruckende] fourteen metres high.'[19] There were fourteen paintings, not fourteen-metre-high paintings ... But this unconscious vision of total excess is an excellent sign of the impact Rothko had on Bergman, who was truly saddened by his suicide in 1970.

But beware: a cursory study of painting from the 1960s onwards and the development of the horizon motif might lead one to think that the American painter had an aesthetic influence on Bergman's work. This is not the case. Bergman may have found in Rothko a confirmation of her own explorations and intuitions; she may have sensed a convergence but not a source. She produced her first horizons in 1962 and, better still, some of her paintings from that period seem to predate Rothko's series of *Black on Gray*, which began in 1967, by some years [ills. 6 and 7, p. 62] Among the Americans, she curiously makes no mention of Barnett Newman, even though there seem to be many similarities, highlighted for example by the critic Giuseppe Marchiori,[20] and she had seen his crucial 1969 exhibition at M. Knoedler & Co.[21] Nevertheless, she mentioned Ad Reinhardt: 'I was fascinated by what he was doing, especially his geometric, abstract "black paintings." His strange black paintings feature crosses, visible only under a certain light. There is an incredible depth to his paintings.'[22]

An insatiable curiosity

The opportunities Bergman had to express her views on the artists she most admired, while not non-existent, were few, too few to be satisfactory as an exhaustive source of her tastes. The archives are obviously an effective complement for extending our thinking. In this respect, although part of the work has already been done, particularly in her correspondence, files and notebooks, there is still research to be refined, by going through her library and her magazines, as well as her postcards. Bergman and Hartung kept boxes full of them, with reproductions of a wide variety of works. They merit a precise quantitative analysis and reveal, for example, a penchant for Édouard Manet and the Spanish Golden Age.

ill. 6   Mark Rothko, *Untitled (Black on Gray)*, 1970
ill. 7   *No. 6-1963 Carboneras*, 1963

Beyond direct testimonies or archives, it remains essential to put forward hypotheses without these being directly corroborated by a written or oral trace or a clue of any kind. For example, it would not be out of the question to ask what role the naturalist, realist, impressionist, and post-impressionist movements of the nineteenth century might have played in Bergman's work, just as it has already been said that the Scandinavian landscape painters and the German Romantics 'fashioned' her without her expressly saying so. We could also look at the links it maintains with its foils: the surrealists, for example, and Salvador Dalí in particular. We should also bear in mind that Bergman's cultural universe went beyond the visual, that she was a great music lover, that she read a great deal, from detective novels to Artaud, Jung and anthropology, that she was fond of poetry and archaeology, and that she travelled a lot. Finally, I would like to take this opportunity to express a wish. Bergman's work, invisible for a long time for a variety of contextual and historical reasons, is finally coming into its own. May it, in turn, inspire future generations to push back the frontiers of painting.

Sources

Bergman, Anna-Eva. *Pistes/Stier*. Edited by Ole Henrik Moe and Christine Lamothe. Translated by Luce Hinsch. Antibes: Fondation Hartung-Bergman, 1999.
Fondation Hartung-Bergman's archives
Marchiori, Giuseppe. 'Algido mondo di Anna Eva,' in *Anna-Eva Bergman*, exhibition catalogue. Milan: Galleria Annunciata, 1975.
Nicodemi, Giorgio. *Leonardo da Vinci*. Leipzig: Johannes Asmus, 1940.
Schlesser, Thomas. *Anna-Eva Bergman. Vies lumineuses*. Paris: Gallimard, 2022.

À chacun son paradis
Thomas McQuillan

1   Claude-Jean Philippe, *Hans Hartung (Personnage de la vie)*, Office de Radiodiffusion Télévision Française, 1978) 46:10. All translations into English by the author.
2   Hans Hartung, *Autoportrait* (Paris: Grasset, 1976), 102.
3   Previous work on the houses that Hartung and Bergman built for themselves has identified Hartung as the architect (together with a number of professionals). Bergman has not been seen to have played an influential part, other than her role as a client. But in speaking of the buildings, Hartung is careful to note Bergman's involvement, even if it is just 'helping with the drawings.' This is supported by Bergmans's description of the construction of the house on Menorca, when her avatar Turid 'is busy with making the drawings.' Bergman's skill as a draughtswoman may have contributed to this division of labour. For an earlier treatment of the houses, focused on Hartung's role, see Jean-Lucien Bonillo, 'Hans Hartung "Architecte." Ombres et lumière d'une passion méditerranéenne,' in *Domus mare nostrum: Habiter le mythe méditerranéen*, edited by Tim Benton, Jean-Lucien Bonillo et. al. (Toulon: Hôtel des Arts, 2014).
4   On the motivation for building, see the letter by Hartung to Will Grohmann, 21 Decembre 1933, in Karl Gutbrot, *Künstler schreiben an Will Grohmann* (Cologne: DuMont Dokumente, 1968).
5   Hartung, *Autoportrait*, 92.
6   Fondation Hartung-Bergman archive, Contract 2628.

'What brings you together?' The question issued from the television journalist Monique Lefebvre, behind the camera fixed on Anna-Eva Bergman and Hans Hartung in his atelier. Bergman turned her eyes searchingly to Hartung's, his upraised face in an expression of mock challenge. 'Distance,' he offered. The word lingered in their air before he continued, with a chuckle, 'No, it's painting, I think…' She added, 'Philosophy of art, to use a big word. And we love each other very much.'[1]

The moment captures their relationship in the last decade of their lives, 45 years after their first marriage, and reflects the multiple orbits that they had held with each other and those around them. The turbulent years before and during World War II forced upon them – or offered? – an itinerant lifestyle that traversed Europe. Distances could be made, from provincial societies, like the Norway where she grew up; or the badgering of fascist societies, like his German homeland or Franco's Spain, where they both were summarily expelled, as children threw rotten tomatoes at their bus.[2]

Building together, for them, became an important feature of their relationship, and offered among this transitoriness the calm necessary to pursue their work. The places that they built for themselves – a house on Menorca at Fornells, an atelier-villa on 5 rue Gauguet in Paris, and their final home on the slopes above Antibes called *Les Rastines* or *Le champs des oliviers*, now the Fondation Hartung-Bergman, are interesting not only in architectural terms, but in also what they tell us about the lives they hosted. Bergman and Hartung worked separately, assiduously, and the distance they sought when working, together with spaces for coming together again, is evident in the houses.

Previously, little has been written about a fourth project, one to be built in Carboneras, Spain, that paralleled work on the house at Antibes. Despite the ostensible opposition between these two projects – the one, a rigid pentagonal form, the other, a loose grouping of volumes – a deeper look at the Carboneras house provides an oblique view on the development of the plans at Antibes that suggests relations that are not obvious at a first glance. It is also in the Carboneras project that we can detect the hand of Bergman and her ideas about their cohabitation. Earlier commentary of their buildings has focused on Hartung's role and neglected Bergman. In their painting, they remained resolutely independent. But the construction of their houses was a collaborative work.[3]

The rationale for the building of the first house at Fornells was surprising: rents were too high.[4] Bergman and Hartung arrived on the island of Majorca in 1933, on the advice of her mother, and to escape the oppressive mood of living in her apartment in Paris.[5] She told them that it would be cheaper to live there, and that they could find peace and quiet. On Majorca they were 'overwhelmed' by tourists and ventured further to Menorca, against the advice of the local tourist agency for whom it was a barren spot. They were immediately smitten and set about building a house. Speaking little Spanish and none of the local dialect, they communicated through drawings and the help of a local contractor and built a little, white cube on the bluffs above the ocean, an atelier with skylight, a kitchen and bedroom [ill. 1, p. 67].[6] Its clear geometry and whitewashed walls seemingly echoed the modernist style of contemporary European architecture, but in fact, it is more accurately the adaptation of the local building type. 'It was impossible for us to convince the masons to build windows as wide as those in

ill. 1   Menorca, 1933

7   Anna-Eva Bergman, *Il était une fois un paradis*, undated and unpublished manuscript at the Fondation Hartung-Bergman archive.

8   As retold in Anna-Eva Bergman, *Turid i Middelhavet* (Oslo: J.W. Cappelen, 1942), 106.

9   Anna-Eva Bergman's memoirs dictated to Andrea Schomberg, 1985, manuscript in the Fondation Hartung-Bergman archive, 38.

10 Istvan Korda Kovacs and Kari Borg Mannsåker, *Møte med malerne Anna-Eva Bergman og Hans Hartung*, NRK, 23 January 1980, 6:14; Hartung, *Autoportrait*, 187–188.

11 Anna-Eva Bergman's memoirs, 65.

12 See drawing by architect Pierre Bailleau. Fondation Hartung-Bergman, 12 December 1957.

13 Anna-Eva Bergman's memoirs, 89.

14 Document is kept in the Fondation Hartung-Bergman archive.

their own houses,' related Hartung, since the locals believed foreigners should have tall windows, commensurate with their status. For Bergman, the house was a 'completely modern house, but in harmony with the Menorcan style.'[7] There was no electricity or running water. They discovered that building was no easy task, with repeated rebuilding of errors and the difficulty of keeping out the rain. A cyclone – symbolically coincidental with the arrival of Bergman's mother Bao – tore a window from its frame, inundating the atelier and required even more repairs.[8] They became acquainted with the travails of construction. But they also experienced a real joy, one they sought in later years to recapture: alive, together, and full of hope.

But it was not to last. Franco 'suddenly kicked us out of our house,' as Bergman put it; they had to leave Spain.[9] In the 1930's, they struggled for money. She was beset with gallstones and spent months in German hospitals while he stayed in Paris. For a cocktail of reasons, but also to escape from the stereotypy of a female role, Bergman filed for divorce. He remembered, 'She wanted to live free, independent, by herself. And make her own living.'[10]

15 years intervened, years in which their lives took dramatic trajectories apart, but the return of a package of sketches that Hartung had saved to Bergman through an intermediary reconnected them. In 1952, Bergman travelled to Paris and immediately ran into Hartung. Their love was rekindled. In time, they found an apartment with an atelier on rue Cels. Hartung, already established as a well-known artist, occupied the atelier, and she had to make do with working on 'the kitchen table, on the bed or wherever else I found space.'[11] Despite these constraints, her work grew ever stronger. In 1959, they found a town house at 5 rue Gauguet, an atelier built for the American art collector Théodore Schempp, by the architect Marcel Zielinski in 1928–1931, one of three contiguous urban villas in a language indebted to Le Corbusier [ill. 2, p. 68]. The area near the Parc Montsouris had been the haunt of many prominent artists. Nicolas de Staël had lived and worked next door to the right at number 7, while the architect Pierre Bailleau in number 3 to the left helped them expand, building another studio in a nearly identical style above the first.[12] Here, for the first time, Bergman had her own space, even if Hartung had pride of place in the newly built atelier above, which necessitated the extension of the elevator. Still, some wondered at her temerity. 'A painter friend of ours was appalled that I wanted and needed my own studio just for my own painting,' wondering why she still painted with a famous husband like Hartung. 'It was inconceivable to him that my own work was important to me. His own wife had stopped painting after they got married.'[13]

It was maybe these sorts of societal norms they sought to distance themselves from, but they retained the dream of a house far from the maddening crowds, in a natural setting near the coast. Finally, after an extended search, they found a site near Antibes, a beautiful overgrown plot with an olive grove, but reportedly littered with mines from World War II, and without electricity or water. It was wild and beautiful, and it was here that they would realize their ideal house. Hartung put a down payment on the site in October 1960.[14]

He first turned to Andreï Svetchine, an architect that had built houses in the area for Marc Chagall and Christian Dior and authored a book on the typology of the Provençal house. Svetchine's sketch dated 3 March 1961 (the day after the purchase of the site was finalized) shows a rambling collection of volumes and courtyards, providing separation between functions and leaving space for existing olive trees. Three months later, Claude Viseux, an artist who had studied architecture and worked with the innovative architect and fabricator Jean Prouvé, provided another similar, if more restrained, proposal. And a third similar variation

ill. 2   Façade 5 rue Gauguet, photographed in 1992

appeared three years later from the architect Robert Turbot, about whom little is known. None of these were followed up.

Meanwhile in Paris, Bergman and Hartung had become acquainted with the novelist Dominique Aubier, who, after her divorce, had become enamoured of Spain and frequented the village of Carboneras on the southern Mediterranean coast.[15] There, Aubier began to assemble around her what she called the *Amigos de Carboneras*, an initiative to build a colony of houses with her Parisian friends. These included the owner of *Architecture d'Aujourd'hui*, André Bloc, the architect Olivier-Clément Cacoub, the physician Alfred Tomatis, the painter Edgar Pillet, and the sculptor Takis, among others. Bergman and Hartung were brought into this orbit. 'In the years 1962, 1963, 1964 and even after, we often travelled to Spain, Hans and I,' Bergman later recalled. 'We left with Dominique Aubier and some friends for Spain: we arrived … in a paradise! It looked exactly like the landscape of Menorca, where we had spent the happiest months of our lives: a beautiful sandy beach with a view, and around: not a living soul!'[16] A large site was available, one farthest from the town, at a very low price. Bergman bought the land in her own name.[17]

The plan of the house that they envisaged there was striking: a taut pentagon whose prow faced the sea, enclosing an internal patio and swimming pool [ill. 5, p. 71].[18] To the north, on each side of the approach, a pair of identical ateliers enframed a court at whose centre lay an unknown object pentagonal in form. The drawings bear the marks of Bergman's hand, but they are annotated with room names and dimensions in that of Hartung. Situated on a promontory towards the sea, it rehearses the relation that their Menorcan house had with the sea.

Bergman had brought with her from Norway a number of books that had belonged to a relative, Fredrik Macody Lund, an autodidact historian and cultural figure. These included his major work *Ad Quadratum*, a sustained and scholarly treatment of the ideas of architectural proportion, especially in the light of the golden ratio, what he called *the geometric system of ancient and medieval architecture*. Both Hartung and Bergman had long been fascinated by the kind of internal order that the golden ratio could bring to a work of art, and it had been for them a topic of study since the early 1930's. But while Hartung found in this ratio a more gestural intuition in the composition of form, for Bergman the work of Macody Lund became the starting point for the explicit use of this geometric construction in her work. According to her close friend Bjarne Rise, who spoke to *Dagbladet* while hanging her exhibition in Oslo in 1950, 'she elevates the inheritance of Macody Lund in her painting.'[19]

While there are numerous ways to construct the irrational ratio (ϕ = 1.618033988…), Macody Lund's is elegant and easily done, using the division of a circle into a pentagon [ill. 4, p. 70]. The plan of Carboneras utilizes this method. In the same folder as the plan, various elaborations on the project are contained, including situation plan, sections and elevations, as well as a number of geometric constructions on sheets torn from an artist's pad, as well as a preliminary study for *N°11-1960 Grande vallée*, one of her major works of the period, showing the golden ratio pentagon as an underdrawing for the undulating lines of the painting. Interestingly, while in the painting the geometry is subsumed in a more flowing whole, it is boldly exhibited in the plan of the proposed house.

There is no record of Hartung mentioning this house, just that they spent time in Spain in the early 1960's. But in Bergman's retelling, the Carboneras project holds a special place. 'We were determined to live and paint here for some time. We drew many plans for our house, and in our minds, we saw it already finished.' On one of their trips to Spain, Bergman wanted to revisit Menorca and

15 Dominique Aubier was the pen name of Marie-Louise Labiste, who produced several speculative works on Miguel de Cervantes's Don Quixote and its hidden kabalistic meaning, as well as a guidebook to Spain. She also wrote two of the earliest monographs on Hartung and Bergman, respectively. See Dominique Aubier, *Hartung* (Paris: G. Fall, 1961); Aubier, *Anna-Eva Bergman* (Paris: G. Fall, 1964); Aubier and Manuel Tuñón de Lara, *Espagne* (Paris: Éditions du Seuil, 1956); Aubier, *Don Quichotte, Prophète d'Israël; Essai* (Paris: R. Laffont, 1966); Aubier, *Don Quichotte, Le prodigieux secours du Messie-qui-meurt: Je sais qui je suis*. (Damville: L. Labiste-Dominique Aubier, 1977).

16 Anna-Eva Bergman's memoirs, 82–83. The French version includes the phrase 'the happiest months of our lives' ('les mois plus heureux de notre vie'), 46. The German version, which is the original, is drier.

17 Document in the Fondation Hartung-Bergman archive, dated 12 October 1966.

18 In the film *Hans Hartung, du geste à l'infini*, Bergman says she wanted a patio, since many Scandinavian houses are constructed in this way. This is a puzzling statement, since there are virtually no patios in traditional Scandinavian houses. Perhaps she had in mind the courtyard houses of the leading Danish modernist architects Jørn Utzon or Arne Jacobsen just then appearing? For Hartung, the pool was important, his main form of exercise now that he had lost his leg. See Yves Kovacs, *Hans Hartung, du geste à l'infini*, France 2, 6 August 1980, 27:25.

19 '"Abstraherende kunst" i UKS: Macody Lund går igjen,' *Dagbladet*, 5 October 1950. For a fuller treatment of the meaning of the golden ratio for the work of Hartung and Bergman, see Franz-W. Kaiser, 'Anna-Eva's Abstractions,' in *Anna-Eva Bergman*, edited by Christine Lamothe and Marie-Noël Rio (Dijon: Les presses du réel, 2011).

ill. 3   Carboneras, 1962, plan
ill. 4   Letter from Fredrik Macody Lund to Christian Lange found
         in Bergman's edition of *Ad Quadratum*

20 Anna-Eva Bergman's memoirs, 83; Hartung, *Autoportrait*, 111.

21 Anna-Eva Bergman's memoirs, 87. A letter from her bank in 1966 scolding her for opening a foreign bank account 'without authorization,' notes the date 26 September 1963 for the site transaction. Hartung paid an advance on the Antibes site and a fee for site planning in October 1960. These documents also reveal that while the Carboneras site was remarkably inexpensive (12,000 pesetas), the French site was quite another matter, at 17.1 million francs.

22 Emile Lucas is noted in a document in the Fondation Hartung-Bergman archive as 'not an architect, an ex-draftsperson,' later corrected to 'architect.' But his title block, 'Emile Lucas, architecture,' suggests that he was not a licensed architect.

23 Hartung, *Autoportrait*, 94.

24 Anna-Eva Bergman's memoirs, 82–83.

the site of their first house. Hartung remembered, 'Our house was nothing but a ruin, and the charm of our paradise gone. You can't try to recover the landscapes of happiness. Only memory is faithful.'[20]

Her telling also suggests an alternative chronology: 'Spain was out of the question because of its strict export laws for works of art, so we went to the south of France to look for a suitable house or piece of land,' even though the purchase of the site at Antibes proceeded that of Carboneras by three years.[21]

Whatever the causality, whether difficulties with export, the ambitious and quixotic nature of the pentagonal project, or closer proximity to health and social services, attention turned again to the Antibes house. In December of 1965, the Antibois architect François Valérien produced a design that resembled in great detail the final project that would only be finished 8 years later. It resembles the courtyard typology favoured by the Catalan architect Josep Lluis Sert. Indeed, at a moment when the design and construction had drawn out, Hartung consulted Sert, whose studio for Joan Miró in Palma and the Maeght Foundation in nearby Saint-Paul de Vence had brought him into contact with the artistic avant-garde. It appears that the extreme clarity of the Carboneras plan had inspired a clearer concept for Antibes: a patio with a swimming pool, surrounded by living spaces. As at Carboneras, corridors were eliminated by using the patio as a connecting space. The various elements of the house had found their final form, with one exception: the ateliers were located where today's living room is, stacked one above each other, an echo of rue Gauguet. But Bergman's space on the lower floor with a rather low ceiling, and the orientation of the glass towards the South, would have been intolerable. At Carboneras, the ateliers had been broken out from the main volume as freestanding blocks. On the basis of Valérien's plans, Hartung engaged Emile Lucas to draw up a new set of plans, now with ateliers below the house on the south slope [ill. 6, p. 73].[22] Increasingly, Hartung took over work on the plans, devoting all of 1968 to their development, with the assistance of Mario Jossa and the engineer Jean Heams. As Hartung described the house in his autobiography, 'A house is for me a cube. White cubes with simple lines like the house of Spanish fishermen from the island of Menorca or southern Spain, like the one we had built in Fornells. Ours, that of Antibes, is similar to them. This is how I wanted it … with Anna-Eva, I made the plans, drafted down to the smallest detail.'[23]

The buildings they constructed and cohabited reflected their dual requirements: on one hand, accommodating the comfort and compatibility of their shared life, and on the other, ensuring distinct spaces tailored to their individual artistic practices, in which solitude was an important feature, the 'distance that brought them together.' The design of these buildings was a deeply collaborative affair, both with each other, but also with many others, including architects and builders. All the while, their shared architectural vision found its inspiration in the memory of a fleeting yet impactful chapter of their lives. The experience that they had tasted for a brief time on Menorca – 'the happiest months of [their] lives' – represented for them a touchstone for the architectural designs that would occupy them for the subsequent three decades.[24]

ill. 5   By the pool, Antibes, 1972. Written by Hans Hartung on the back side: 'Anna-Eva aime bien cette photo', 'Anna-Eva likes this photo a lot'

ill. 6   Emile Lucas, the house in Antibes, 1967, plan

Sources

Aubier, Dominique. *Anna-Eva Bergman*. Paris: G. Fall, 1964.

Aubier, Dominique. *Don Quichotte, Le prodigieux secours du Messie-qui-meurt: Je sais qui je suis*. Damville: L. Labiste-Dominique Aubier, 1977.

Aubier, Dominique. *Don Quichotte, Prophète d'Israël; Essai*. Paris: R. Laffont, 1966.

Aubier, Dominique. *Hartung*. Paris: G. Fall, 1961.

Aubier, Dominique and Manuel Tuñón de Lara. *Espagne*. Paris: Éditions du Seuil, 1956.

Bergman, Anna-Eva. *Turid i Middelhavet*. Oslo: J.W. Cappelen, 1942.

Bonillo, Jean-Lucien. 'Hans Hartung "Architecte." Ombres et lumière d'une passion méditerranéenne,' in *Domus mare nostrum: Habiter le mythe méditerranéen*. Edited by Tim Benton, Jean-Lucien Bonillo et. al. 92–101. Toulon: Hôtel des Arts, 2014.

Fondation Hartung-Bergman's archives

Gutbrot, Karl. *Künstler schreiben an Will Grohmann*. Cologne: DuMont Dokumente, 1968.

Hartung, Hans. *Autoportrait*. Paris: Grasset, 1976.

Kaiser, Franz-W. 'Anna-Eva's Abstractions,' in *Anna-Eva Bergman*. Edited by Christine Lamothe and Marie-Noël Rio. 57–83. Dijon: Les presses du réel, 2011.

Kovacs, Istvan Korda and Kari Borg Mannsåker. *Møte med malerne Anna-Eva Bergman og Hans Hartung*. NRK, 23 January 1980.

Kovacs, Yves. *Hans Hartung, du geste à l'infini*. France 2, 6 August 1980.

Philippe, Claude-Jean. *Hans Hartung (Personnage de la vie)*. Office de Radio-diffusion Télévision Française, 1978.

Biography
Anna-Eva Bergman, 1909–1987

1909
Bergman is born in Stockholm on 29 May to a Norwegian mother, Edvardine Magdalene Margrethe 'Bao' Lund (1878–1967), and a Swedish father, Broder Julius Gustafsson Bergman (1877–1958). Bao is an absent parent, training and then working abroad as a Mensendieck exercise therapist. As a result, Bergman is brought up by her maternal aunt and uncle, Sara (née Lund) and Daniel Tønnesen in the Hardanger region of western Norway (although she also spends time in Fredrikstad and Oslo). Daniel is an amateur painter who encourages Bergman's artistic interests. Bergman spends her summers in the village of Lofthus in Hardanger, where Bao and Sara grew up, and continues to return there on regular visits after leaving her aunt's care.

1925–1927
Studying at the Norwegian State College of Craft and Applied Art (SHKS).

1927–1928
Studying at the National Academy of Fine Arts in Oslo under Axel Revold, who studied with Matisse. Bergman's fellow students include Bjarne Rise, Johs. Rian, Kai Fjell and the Danish artist Vilhelm Bjerke Petersen.

1928
Studying at the Vienna School of Arts and Crafts (Vienna Kunstgewerbeschule) under Professor Eugen Gustav Steinhof. Here she is introduced to new techniques and materials and is encouraged to work in an abstract manner. She produces a number of abstract paintings, which are subsequently lost.[1] Later, she describes her studies with Steinhof as particularly influential.

1929
Arrives in Paris and enrols at l'Académie André Lhote, a private art academy that is popular with Scandinavian students. Lhote teaches her about the various branches of Cubism. At a dinner dance she meets Hans Hartung (1904–1989), a German student at Lhote's academy. They marry on 28 September in Karpacz (now in Poland), in a Norwegian stave church that had been moved from Vang in the 19th century.

1929–1937
Bergman and Hartung live a nomadic existence. They spend periods living in Dresden, Leucate, Oslo, Homborøya, Paris, Menorca and Hardanger, before moving back to Paris.

1932
Bergman has her first solo exhibition, at Galleri Heinrich Kühl in Dresden.

She becomes acquainted with the respected art historian Will Grohmann, who later becomes an important advocate for her work. Later in the same year, she and Hartung have a joint exhibition at Blomqvist in Oslo. The couple spend the summer on the island of Homborøya in southern Norway.

1933–1934
Bergman and Hartung build a house on Menorca. They both contribute to the building's design. Bergman produces paintings based on the town of Fornells – its church, houses and public spaces.

1937
Bergman travels alone to Italy. She visits various places, including Ravenna.

1938
She files for a divorce from Hartung.

1939
She returns to Norway, heading first to Hardanger and then to Oslo. War breaks out and from spring 1940, Norway is occupied by Nazi Germany. Bergman stops painting and immerses herself in writing and illustration.

1942
She publishes a book, *Turid i Middelhavet* [Turid in the Mediterranean] (1942), based on her life with Hartung in Paris and Menorca. She becomes acquainted with the architect Bernt Arlet Christian Lange (1864–1951). Lange trained in Germany, worked on cathedral restoration projects in Europe, and is knowledgeable about architecture, art and literature. He introduces her to the idea of using metal leaf in her art.

1944
She marries Lange's son, the artillery captain, factory owner and advertising consultant Frithjof Christian Maria Lange (1895–1988). The couple divorce in 1952.

1946
Bergman starts painting again. After the war, she starts to write down her thoughts about art in 'diaries' and her research and writing become increasingly important to her efforts to carve out a new artistic direction after the war. She immerses herself in subjects ranging from art history, colour theory and architecture to religion, archaeology and literature. She subscribes to French art journals and keeps track of developments on the international art scene. She tends not to write directly about her own art; rather, she discusses art that will provide the seeds for her own subsequent works. She resumes contact with the artist Bjarne

Rise, one of her fellow students at the Academy of Fine Arts in Oslo. One of the few Norwegian artists to embrace Surrealism, Rise has now abandoned Surrealism after his works received negative critical and public responses. Rise becomes an important sounding board and supporter for Bergman.

1947
She is accepted as a member of the Oslo-based Unge Kunstneres Samfund / Young Artists' Society (UKS).

1948
She resumes contact with Hartung. As both are married to other people, they write to each other in secret. Bergman makes her debut at Høstutstillingen (a prestigious annual exhibition still held each autumn in Oslo) with a painting from 1929.

1949–1951
She joins the artists' collective on the island of Citadelløya, close to Larvik. Other members include Carl Nesjar, Rigmor Holter and Harald Ruud. She makes studies of coastal rock formations that have been scoured smooth by glacial weathering and erosion, which develop into her series 'Fragments d'une île en Norvège.'

1950
She travels on a coastal steamer from Bergen to the North Cape and back, keeping a diary during her trip. As well as experiencing the landscapes of northern Norway, she visits various churches and witnesses post-war reconstruction. She formulates a vision of an abstract style of painting that will be crucial for her later works. She has a solo exhibition of abstract works at UKS that attracts much media attention.

1951
Has three works included in 'Norsk Nutidskonst', an exhibition of contemporary Norwegian art at Liljevalchs Konsthall in Stockholm. Completes a monumental triptych commissioned for the bar at Hotell Farris Bad in Larvik. This work is her Norwegian 'grand finale' before she returns to Paris.

1952
Departs from Norway in January. She travels first to Germany where her art critic acquaintance Will Grohmann puts her in touch with various artists and also initiates an exhibition of her work at Kunstantiquariat Wasmuth in Berlin. She arrives in Paris in May and is reunited with Hartung. They divorce their respective spouses and set up home in rue Cels. Bergman quickly becomes part of the Parisian art scene.

From this year onwards, she exhibits at the Salon de Mai every year until 1970.

1956
She is taken on by Galerie de France, a leading proponent of the post-war painters often referred to as the New School of Paris, who were known for their *tachisme* or lyrical abstraction.

1957
Bergman and Hartung marry for the second time. She is included in *A Dictionary of Abstract Painting*, a general overview of abstract art by the artist and critic Michel Seuphor, who wrote: 'Her paintings are characterised by large solid blocks of colour often isolated in the middle of the canvas. They are almost hypnotic in their effect.'[2]

1958
Has her first exhibition at Galerie de France. She exhibits there regularly until 1977.

1959
Has three paintings included in Documenta II. Bergman and Hartung move to 5 rue Gauguet. Bergman has her own studio, enabling her to work on a larger scale.

1962
Bergman and Hartung travel to Carboneras, a small coastal town in southern Spain, with the intention of building a home there. The landscape inspires Bergman to develop her horizon motifs.

1964
Bergman and Hartung travel to northern Norway. Both take photographs, and the resulting images form important starting points for Bergman's future sketches, watercolours, paintings and prints. Bergman travels to New York, where she visits Mark Rothko in his studio, as well as other artists.

1966
Exhibitions at Kunstnernes Hus in Oslo and Bergens Kunstforening.

1967
Exhibition in Turin, Italy.

1969
Bergman represents Norway at the São Paulo Biennial in Brazil, where she exhibits 16 monumental paintings.

1973
Bergman and Hartung move into Le Champs des Oliviers, their newly built home in Antibes. The house and studios were designed by the couple with the assistance of architects. Bergman starts to incorporate 'French' motifs into her art.

1977–1978
Exhibition at Musée d'Art Moderne de la Ville de Paris.

1978–1979
Exhibition at Henie Onstad Kunstsenter, just outside Oslo.

1987
Bergman dies on 24 July in Grasse, France.

1994
The Foundation Hartung-Bergman is established to preserve not only the couple's art, but also their home and studios, along with the interiors and contents, their collections of artworks and books, and their correspondence. The art historian, Ole Henrik Moe, who was a close friend of the couple, plays a central role in establishing the foundation.

Notes

1   Anna-Eva Bergman, *En svensk norsk bagatele*, written in around 1940–45, Archives of the Fondation Hartung-Bergman, 21.

2   Quoted from the English translation: Michel Seuphor, *A Dictionary of Abstract Painting, Preceded by a History of Abstract Painting*. Transl. Lionel Izod et al. (New York: Tudor Publishing Company, 1958), 130.

Katalog
Catalogue

Kat. 1
Autoportrait
1946
Olje på masonittplate
Oil on Masonite
46 × 38 cm
Fondation Hartung-Bergman

Kat. 2
N°ca-1948-50
1948–50
Olje og bladmetall på masonittplate
Oil and metal leaf on Masonite
41 × 27 cm
Fondation Hartung-Bergman

Kat. 3
N°-1951
1951
Olje og bladmetall på masonittplate
Oil and metal leaf on Masonite
35 × 24 cm
Fondation Hartung-Bergman

Kat. 4
N°4-1951 Ubevisst kosmisk (statisk)
1951
Tempera og bladmetall på lerret
Tempera and metal leaf on canvas
90 × 60 cm
Fondation Hartung-Bergman

Kat. 5
*N°31-1951 Sort stilistisk
(sort hvidt oker)*
1951
Tempera på masonittplate
Tempera on Masonite
46 × 38 cm
Fondation Hartung-Bergman

Kat. 6
*N°32-1951 Fragment d'une île
en Norvège*
1951
Tempera på masonittplate
Tempera on Masonite
38 × 46 cm
Fondation Hartung-Bergman

Kat. 7
*N°33-1951 Musikalske former
(sort hvit oker)*
1951
Tempera på masonittplate
Tempera on Masonite
66,5 × 41,5 cm
Fondation Hartung-Bergman

Kat. 8
Komposisjon
1951
Kaseintempera, eggtempera, harpiks
og bladmetall på finerplate
Casein tempera, egg tempera, resin
and metal leaf on plywood
101 × 203 cm / 101 × 50 cm /
101 × 154 cm

Nasjonalmuseet for kunst,
design og arkitektur
NMK.2013.0214.001
NMK.2013.0214.002
NMK.2014.003

Kat. 9
N°5-1952 Deux formes noires
1952
Olje på lerret
Oil on canvas
130 × 97 cm
Fondation Hartung-Bergman

Kat. 10
N°1-1953 La griffe
1953
Tempera på lerret
Tempera on canvas
146 × 97 cm
Fondation Hartung-Bergman

Kat. 11
N°2-1953 Stèle avec lune
1953
Tempera og bladmetall på lerret
Tempera and metal leaf on canvas
146 × 97 cm
Nasjonalmuseet for kunst,
design og arkitektur
MS-04053-1998

Kat. 12
N°11-1955 Lune d'argent
1955
Olje og bladmetall på lerret
Oil and metal leaf on canvas
130 × 97 cm
Fondation Hartung-Bergman

Kat. 13
N°20-1955 Der Hochschwebende
1955
Olje og bladmetall på lerret
Oil and metal leaf on canvas
162 × 97 cm
Fondation Hartung-Bergman

Kat. 14
N°26-1955 Quatre formes
1955
Olje på lerret
Oil on canvas
81 × 100 cm
Fondation Hartung-Bergman

Kat. 15
1954-1956 Forme orange
1954–1956
Tempera på lerret
Tempera on canvas
130 × 97 cm
Fondation Hartung-Bergman

Kat. 16
N°1-1956 Arbre d'argent
1956
Olje og bladmetall på lerret

Oil and metal leaf on canvas
146 × 97 cm
Fondation Hartung-Bergman

Kat. 17
N°11-1956 Le Chinois
1956
Olje og bladmetall på lerret
Oil and metal leaf on canvas
162 × 96,5 cm
Nasjonalmuseet for kunst,
design og arkitektur
MS-02518-1988

Kat. 18
N°4-1957 La grande montagne
1957
Olje og bladmetall på lerret
Oil and metal leaf on canvas
162 × 130 cm
Fondation Hartung-Bergman

Kat. 19
N°10-1957 (Moise ou) Grand arbre
1957
Tempera og bladmetall på lerret
Tempera and metal leaf on canvas
195 × 130 cm
Fondation Hartung-Bergman

Kat. 20
N°6-1960 Pyramide
1960
Olje og bladmetall på lerret
Oil and metal leaf on canvas
200 × 300 cm
Fondation Hartung-Bergman

Kat. 21
N°7-1960 Grand tombeau
1960
Olje og bladmetall på lerret
Oil and metal leaf on canvas
200 × 300 cm
Fondation Hartung-Bergman

Kat. 22
N°11-1960 Grande vallée
1960
Olje og bladmetall på lerret
Oil and metal leaf on canvas
200 × 300 cm
Fondation Hartung-Bergman

Kat. 23
N°12-1960 Grand miroir
1960
Tempera og bladmetall på lerret
Tempera and metal leaf on canvas
250 × 200 cm
Nasjonalmuseet for kunst,
design og arkitektur
MS-02520-1988

Kat. 24
N°13-1960 Le tombeau de Théodoric
1960
Olje og bladmetall på lerret

Oil and metal leaf on canvas
200 × 300 cm
Fondation Hartung-Bergman

Kat. 25
N°20-1962 L'eau
1962
Olje og bladmetall på lerret
Oil and metal leaf on canvas
180 × 270 cm
Fondation Hartung-Bergman

Kat. 26
N°26-1962 Feu
1962
Olje og bladmetall på lerret
Oil and metal leaf on canvas
250 × 200 cm
Fondation Hartung-Bergman

Kat. 27
N°38-1965 Finnmark
1965
Vinyl og bladmetall på lerret
Vinyl and metal leaf on canvas
180 × 271 cm
Henie Onstad Kunstsenter

Kat. 28
*N°2-1966 Finnmark hiver
(Hiver horizon du nord)*
1966
Vinyl og bladmetall på lerret
Vinyl and metal leaf on canvas
150 × 300 cm
Fondation Hartung-Bergman

Kat. 29
N°67-1966 Grand océan
1966
Vinyl og bladmetall på lerret
Vinyl and metal leaf on canvas
250 × 200 cm
Fondation Hartung-Bergman

Kat. 30
N°1-1967 Fjord
1967
Vinyl og bladmetall på lerret
Vinyl and metal leaf on canvas
150 × 250 cm
Fondation Hartung-Bergman

Kat. 31
N°4-1967 Montagne transparente
1967
Vinyl og bladmetall på lerret
Vinyl and metal leaf on canvas
180 × 270 cm
Fondation Hartung-Bergman

Kat. 32
N°12-1967 Grand Finnmark rouge
1967
Vinyl og bladmetall på lerret
Vinyl and metal leaf on canvas
150 × 300 cm
Fondation Hartung-Bergman

Kat. 33
N°11-1968 Grand rond
1968
Vinyl og bladmetall på lerret
Vinyl and metal leaf on canvas
200 × 250 cm
Fondation Hartung-Bergman

Kat. 34
N°16-1968 Paysage nuit
1968
Vinyl og bladmetall på lerret
Vinyl and metal leaf on canvas
240 × 100 cm
Fondation Hartung-Bergman

Kat. 35
N°17-1968 Paysage jour
1968
Vinyl og bladmetall på lerret
Vinyl and metal leaf on canvas
240 × 100 cm
Fondation Hartung-Bergman

Kat. 36
N°8-1969 Grand horizon bleu
1969
Vinyl og bladmetall på lerret
Vinyl and metal leaf on canvas
200 × 300 cm
Fondation Hartung-Bergman

Kat. 37
N°55-1969 Autre terre, autre lune
1969
Vinyl og bladmetall på
kryssfinerplate
Vinyl and metal leaf on plywood
130 × 97 cm
Fondation Hartung-Bergman

Kat. 38
N°49-1973 Vague Baroque
1973
Akryl, modelleringspasta og
bladmetall på lerret
Acrylic, modelling paste and
metal leaf on canvas
97 × 130 cm
Fondation Hartung-Bergman

Kat. 39
N°17-1974 Pluie
1974
Akryl, modelleringspasta og
bladmetall på lerret
Acrylic, modelling paste and
metal leaf on canvas
100 × 81 cm
Fondation Hartung-Bergman

Kat. 40
N°19-1974 Vague I
1974
Akryl, modelleringspasta og
bladmetall på lerret
Acrylic, modelling paste and
metal leaf on canvas

97 × 195 cm
Fondation Hartung-Bergman

Kat. 41
N°21-1974 Pluie
1974
Akryl, modelleringspasta og
bladmetall på lerret
Acrylic, modelling paste and
metal leaf on canvas
73 × 60 cm
Fondation Hartung-Bergman

Kat. 42
N°12-1975 Terre ocre avec ciel doré
1975
Akryl, modelleringspasta og
bladmetall på lerret
Acrylic, modelling paste and
metal leaf on canvas
180 × 250 cm
Fondation Hartung-Bergman

Kat. 43
N°14-1975 Mistral,
1975
Akryl, modelleringspasta og
bladmetall på lerret
Acrylic, modelling paste and
metal leaf on canvas
97 × 195 cm
Fondation Hartung-Bergman

Hun blir Anna-Eva Bergman
Becoming Anna-Eva Bergman
Utstilling / Exhibition
Nasjonalmuseet 13.06–24.11.2024

Kurator samling og faglig redaktør
Curator and curatorial editor
    Wenche Volle
Redaktør / Editor
    Kristian Wikborg Wiese
Tekstredaktør / Copy editor
    Ida Hove Solberg
Bilderedaktør / Image editor
    Therese Husby

Oversettelser / Translations:
Norsk til engelsk / Norwegian to
English («Foreword», «Becoming
Anna-Eva Bergman», «Painting with
metal» & «Anna-Eva Bergman
1909–1987»): Fidotext translation
by Caroline Glicksman
Engelsk til norsk / English to
Norwegian («À chacun son paradis»):
Fidotext translation by Eivind
Lilleskjæret
Fransk til norsk / French to Norwegian
(«Anna-Eva Bergman, gjenoppdaget»
& «Fra Fra Angelico til Rothko»):
Christine Amadou
Fransk til engelsk / French to English
(«Anna-Eva Bergman. A rediscovery»
& «From Fra Angelico to Rothko»):
Chrisoula Petridis

Tidligere versjoner av tekstene til Ida
Bronken, Wenche Volle, Hélène Leroy
og Thomas Schlesser er trykket i /
Previous versions of the texts by Ida
Bronken, Wenche Volle, Hélène Leroy
and Thomas Schlesser are printed
in: *Anna-Eva Bergman. Voyage vers
l'intérieur* (Paris Musées, 2023)

Design
    Jens Johan Tandberg
Skrift / Typeface
    Theinhardt (Optimo)
Repro / Lithography
    Humme, Leipzig
Trykk / Print
    DZA Druckerei zu Altenburg GmbH

© Nasjonalmuseet for kunst, arkitektur
og design 2024
Postboks 7014 St. Olavs plass
0130 Oslo
Tel. (+ 47) 21 98 20 00
www.nasjonalmuseet.no

ISBN 978-82-8154-160-3

Foto s. / Photo p. 4: (oppe / above),
75 (begge / both): André Villers
(1930–2016). © André Villers / BONO,
Oslo 2024
Foto s. / Photo p. 5: Studio Maywald /
Willy Maywald (1907–1985). © Willy
Maywald / BONO, Oslo 2024
Foto s. / p. 6: Anna-Eva Bergman:
Fra venstre / From left: *N°1-1956 Arbre
d'argent*, 1956; *N°11-1955 Lune
d'argent*, 1955; *N°4-1957 La grande
montagne*, 1957; *N°11-1956 Le Chinois*,
1956; *N°2-1964 Stèle*, 1964;
N°20-1955 Der Hochschwebende, 1955
Foto s. / Photo p. 10: Knut Skarland
(1923–2002). Anna-Eva Bergman med
N°-1950, 1950 / Anna-Eva Bergman
with *N°-1950*, 1950
Foto s. / Photo p. 11: Mirka Kryzko
(fl. 1962)
Foto s. / Photo p. 13: (begge / both), 35
(ill. 10), 36: François Walch (1939).
© François Walch / BONO, Oslo 2024
Foto s. / Photo p. 13: (begge / both), 35
(ill. 10), 36: François Walch (1939).
c François Walch / BONO, Oslo 2024.
S. / p. 13 (første foto / first photo)
Anna-Eva Bergman med *N°39-1973
Groupe de montagnes*, 1973 / Anna-Eva
Bergman with *N°39-1973 Groupe de
montagnes*, 1973, og / and *N°15-1975
Rocher sauvage*, 1975, (andre foto /
second photo); uidentifisert verk /
unidentified artwork
Foto s. / Photo p. 15: Eddy Novarro
(1925–2003). © Estate of Eddy
Novarro. All Rights Reserved 2024 /
Bridgeman Images
Foto s. / Photo p. 96, 97, 103, 115, 127:
Nasjonalmuseet / Børre Høstland

«Hun blir Anna-Eva Bergman» /
«Becoming Anna-Eva Bergman»
Ill. 5: Peder Balke (1804–1887), olje på
lerret / oil on canvas, 71,5 × 58,5 cm.
Nasjonalmuseet. Foto / Photo:
Nasjonalmuseet / Frode Larsen
Ill. 9 A: Foto / Photo: Vasclo Agencia.
Anna-Eva Bergman: Fra venstre /
From left: *N°9-1969 Barque bleue*,
1969; *N°5-1969 Planète d'argent sur
fond bleu*, 1969; *N°8-1969 Grand
horizon bleu*, 1969; *N°16-1968 Paysage
nuit*, 1968; *N°17-1968 Paysage jour*,
1968; *N°3-1967 Montagne bleue*, 1967
Ill. 9 B: Foto / Photo: Vasclo Agencia.
Anna-Eva Bergman: *N°8-1969 Grand
horizon bleu*, 1969; *N°67-1966 Grand
océan*, 1966; *N°11-1968 Grand rond*,
1968. Skulpturer i forgrunnen /
sculptures in the foreground: Uidentifi-
sert kunstner / unidentified artist
Ill. 12: Anna-Eva Bergman med uidenti-
fiserte verk i bakgrunnen / Anna-Eva
Bergman with unidentified artwork in
the background

«Anna-Eva Bergman, gjenoppdaget» /
«Anna-Eva Bergman. A rediscovery»
Ill. 1 A: Anna-Eva Bergman, *N°14-1968
Horizon bleu avec fjord*, 1968; *N°15-
1968 Horizon bleu II*, 1968; *N°9-1968
Multihorizons*, 1968
Ill. 1 B: Anna-Eva Bergman, (Fra høyre /
From right) *N°67-1966 Grand océan*,
1966; *N°17-1968 Paysage jour*, 1968;
N°16-1968 Paysage nuit, 1968;
N°4-1967 Montagne transparente,
1967
Ill. 2: Foto / Photo: Tony Van Den Broeck
(fl. 1970). Anna-Eva Bergman,
N°11-1968 Grand rond, 1968;
N°17-1968 Paysage jour, 1968;
N°16-1968 Paysage nuit, 1968,
N°18-1964 Mur, 1964
Ill. 3: Anna-Eva Bergman med / with
N°34-1965 Montagne sombre, 1965
og / and *N°2-1967 Glacier*, 1967

«Å male med metall» /
«Painting with metal»
Ill. 2: Fredrik Macody Lund, *Ad
Quadratum*, Kristiania Aktieselskabet
Helge Erichsen & Co.s Forlag, 1919.
Foto / Photo: Nasjonalbiblioteket /
public domain
Ill. 4: Foto / Photo: Arkivet etter /
Archive after Oldsaksamlingen, Kultur-
historisk Museum / Museum of Cultural
History, Universitetet i Oslo / University
of Oslo (UiO) / uidentifisert fotograf /
unidentified photographer
Ill. 6: Foto / Photo: Historisk Museum /
Historical Museum, UiO / Svein Wiik
Ill. 8: Foto / Photo: Kulturhistorisk
Museums arkiv / Museum of Cultural
History's archive, UiO / uidentifisert
fotograf / unidentified photographer

Ill. 9: Tegnet av / Drawn by Eva Wilson.
Foto / Photo: Runearkivet ved Kultur-
historisk Museum / The Runic Archives
at the Museum of Cultural History, UiO
Ill. 10: Foto / Photo: Nidaros Domkirkes
Restaureringsarbeider / Nidaros
Cathedral Restoration Workshop
Ill. 11: Foto / Photo: Norsk Institutt for
kulturminneforminneforskning /
Kjartan Haugli
Ill. 12: Foto / Photo: Normanns
kunstforlag, Nasjonalbiblioteket /
public domain

«Fra Fra Angelico til Rothko» /
«From Fra Angelico to Rothko»:
Ill. 3: Gustav Klimt (1862–1918), olje på
lerret, 180 × 180 cm. Oesterreichische
Galerie Belvedere, Wien / Vienna,
Østerrike / Austria. Foto / Photo:
Austrian Archives / Scala, Firenze /
Florence
Ill. 4: Jacopo Tintoretto (1518–1594),
olje på lerret, 146 × 193,6 cm.
Kunsthistorisches Museum, Wien /
Vienna. Wikimedia Commons /
DcoetzeeBot / public domain
Ill. 6: Mark Rothko (1903–1970), akryl
på lerret / acrylic on canvas,
203,3 × 175,5 cm. © 1998 by Kate
Rothko Prizel and Christopher Rothko /
Artists Rights Society (ARS), New York /
BONO, Oslo. Gave fra / Gift from The
Mark Rothko Foundation. Foto / Photo:
The Solomon R. Guggenheim
Foundation / Art Resource, NY / Scala,
Firenze / Florence
Ill. 8: Anna-Eva Bergman, *N°19-1960
Tavle* [Table, ardoise, tableau noir],
1960; *N°7-1960 Grand tombeau*, 1960;
N°15-1960 Un univers, 1960

«À chacun son paradis»:
Ill. 3: Blyant på papir / Pencil on paper,
82 × 33 cm. Arkivet hos / Archive from
Fondation Hartung-Bergman
Ill. 4: Blandet teknikk på papir /
mixed media on paper, 30,5 × 21,5 cm.
Arkivet hos / Archive from Fondation
Hartung-Bergman
Ill. 6: Emile Lucas (fl. 1967), trykk på
papir / print on paper, 105 × 72 cm.
Arkivet hos / Archive from Fondation
Hartung-Bergman

Omslag / Cover:
Anna-Eva Bergman, *N°55-1969 Autre
terre, autre lune* (detalj / detail), 1969.
Fondation Hartung-Bergman
Fondation Hartung-Bergman, UT4559.
Anna-Eva Bergman på Citadelløya,
Sør-Norge, 1949 / Anna-Eva Bergman
at Citadelløya Island, Southern Norway,
1949

Nasjonalmuseet   AKO Foundation   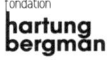 Henie Onstad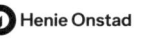